A. M. 헌터의

신약성서개론

A. M. 헌터 지음
윤 종 은 옮김

한국장로교출판사

A. M. Hunter

INTRODUCING THE NEW TESTAMENT

by
A. M. Hunter

tr. by
Yoon Jong Eun

1997

Publishing House
The Presbyterian Church of Korea
Seoul, Korea

역자 서문

저자가 이 책의 머리말에서 이 책의 성격을 서술한 바와 같이 이 *Introducing the NEW TESTAMENT*는 신약성서에 대한 이해를 학문적이면서도 평이하게 서술하는 데 그 특징이 있다. 이 책은 헌터의 많은 저서 가운데서 가장 많이 읽혀지는 책이다. 초판은 1945년에 나왔으나 신약성서 전체가 아니어서 1957년에 개정판을 낼 때에는 신약성서 전체를 다루고 다듬어 보다 완벽한 「신약성서개론」으로 출판되었다.

내가 이 책을 번역하기 전인 1975년에 나는 Jhon Knox 출판사에서 출판된 본서보다 작은 The New Testament for Today를 입수하게 되어 교회에서 장로 장립 후보자들에게 최소한도의 신약성서 이해를 하도록 교육하는 데 부분적으로 번역하여 사용한 바 있었다. 작은 책이지만 내용적으로 너무 좋아서 매년 장로 후보자들에게 가르쳐 오다가 드디어 본 「신약성서개론」이 1980년에 제5판이 나왔을 때 이 책을 접하게 되었다. 그리고 1984년에 재일대한기독교회총회가 인가한 관서성서신학원(關西聖書神學院)이 개교(開校)되면서 교회 신도 지도자 양성을 위한 신약성서개론을 강의하기 위해 부분적으로 번역하여 교재로 사용한 바 있었다. 그리고 1987년에 동경성서신학교가 개교되면서 계속해서 신약성서개론을 맡아 강의하는 중에 이 책을 번역판으로 출간해 주기를 바라는 수강생들이 많았다. 그러나 목회를 하는 목사로서 전체를 완역한다는 것은 시간상 허락되지 않았었다. 그러는 중에 재일대한기독교회 제43회 총회의 결의로 오랫 동안 바라던 우리의 독자적인 교역자 양성 기관인 동경총회신학교가 1996년 9월부터 발족하게 되자 여기서도 이 책을 신약성서개론의 교재로 사용하게 되어 완역 출판하게 되었다.

내가 새삼스럽게 이 책에 대하여 말하지 않더라도 이 책을 읽은 이들은 그 책에서 무수한 새로운 성서의 지식을 얻겠지만 10수년간 이 책을 교재로 사용해 온 사람으로서 말할 수 있는 것은 이 책은 비평하기 위한 분석을 목표로 서술되지도 않았고 좁은 의미에서 극단적인 영감설을 주장하는 책도 아니고 건전한 믿음을 양성하며 교회를 건설하는 것을 목표로 쓰여진 책이라는 느낌이 있다.

저자는 현대의 영국의 성서신학과 유럽 대륙의 성서신학을 충분히 음미한 다음에 이 책을 서술하였다. 그러므로 그의 대륙의 신학에 대한 비판은 진지하다. 양식사 비평, 편집사 비평에 대해서도 적절한 평가를 하고 있다. 저자는 가설이 완전하게 설명이 되지 않는 한 역사적인 전통에 따르고 있다. 그러한 의미에서 우리의 신앙과 교리의 입장에서 안심하고 읽을 수 있다. 신약성서개론에 대한 책들이 많이 출간되어 나오지만 그중에 본서는 부피로 보아서 영문으로는 불과 216페이지밖에 안 되는 작은 책이지만 내용적으로는 이 만큼 다듬어진 책은 별로 찾아볼 수 없을 것이다. 별로 얻을 것이 없는 책 열 권을 읽는 것보다 꼭 필요한 책 한 권을 읽고, 그것을 좌우명(座右銘)으로 삼는 것이 신앙생활에 얼마나 유익한지 모른다.

요꼬하마에서

윤 종 은

머 리 말

내가 1945년에 「신약성서개론」을 썼을 때, 나는 신약성서의 학자들이 탐구하여 찾아낸 사항들을 전문적인 용어가 아닌 간단한 문체를 사용하여 일반 신도들이 쉽게 읽을 수 있도록 하기 위해 노력하여 왔다. 1957년에 SCM 출판사에서 개정하자는 교섭이 있었을 때 나는 이 책의 초판에서는 단지 신약성서의 주요한 책만 취급하였기 때문에 신약성서의 27권을 전부 포함하기로 하였다.

이 책의 초판 이래 많은 세월이 지나는 동안 신약성서 연구에 많은 변화가 일어났다. 예를 들면 개정표준역성서(RSV), 신영어성서(NEB), 예루살렘 성서(JB) 등 성서의 새로운 번역, 또한 여러 가지 점에서 신약성서의 배경에 빛을 비추게 된 사해사본과 같은 문서가 발견된 일들이다. 복음서의 연구에 있어서는 '양식비평'은 '자료비평'을 뒤따라서 일어났는데, 이 양식비평 후에 '편집비평'이 계속되었다. 또한 요한복음서에 '새로운 유행'이 나타났다. 또 '사랑하는 의사 누가'는 역사가일 뿐만 아니라 자기 자신의 견해(viewpoint)를 가진 신학자라는 사실도 발견되었다. 또한 히브리서나 요한 계시록과 같은 수수께끼에 싸인 문서에도 새로운 빛이 투사되었다.

이 최신판에 있어서 나는 이상과 같은 사항들을 고찰하려고 하였다. 그렇기 때문에 책 전체를 완전히 개정하게 되었으며, 신약성서의 연구의 진보를 보이기 위하여 대체적으로 철저히 개정하지 않을 수 없었다. 그러나 이 책의 전반적인 체제와 기획 등은 변경하지 않았다.

이 책은 단지 신약성서에 대하여 역사적인 분석만을 하는 개론서는 아니다. 신약성서의 각 문서를 논할 때 우리가 살고 있는 세계에 대하여 여러 문서의 부단한 관계를 신중하게 나타내도록 시도하였다. '신앙을 양육하는 것'(edification)을 지향하는 것이 신약성서 학자의 할 일이 아니라고 항의할 사람이 있을지 모르나 나는 변명하지 않는다. 나의 의견으로는 신약성서는 '신앙을 양육하는'(edifying) 책이다. 더구나 좁은 경건파의 의미에서라기보다는, 신약성서의 '오이코도메'(οἰκοδομή)라는 말의 뜻에 있어서, 다시 말해 믿음, 소망, 사랑 안에서 교회생활을 세워 나가는 의미에 있어서 신약성서는 신앙을 양육하는 책인 것이다.

1972년 A. M. 헌터

신약성서개론

차 례

제 I 부

서 설

제 1 장

왜 신약성서를 연구하는가?

하나님을 믿지 않는 자 혹은 하나님을 추구하는 사람들이 우리에게 "왜 신약성서를 연구해야 하는가? 이 신약성서 안에 다른 책에서 발견할 수 없는 무엇이 있는가?"라는 질문을 한다면, 우리는 그들에게 어떻게 대답해야 할 것인가?

오늘날 사람들(영국 사람들)은 문학으로서 영어성서(the English Bible)에 관하여 많은 말들을 하고 있다. 헉슬리(T. H. Huxley ; 영국의 생물학자, 1825 - 1895)는 성서를 영국인의 '민족적인 서사시' (national epic)라고 불렀고, 퀴일러 코치(Quiller - Couch ; 영국의 소설가, 비평가, 1863 - 1944)는 성서를 '우리의 문학 가운데 가장 고상한 작품' 이라고 불렀으며, 딕슨(Macneile Dixon)은 '언어의 최고의 장식품' (the chief ornament of out language)이라고 불렀다. 우리가 성서를 읽어야 하는 것은 그 표현이 아름답기 때문일까? 영국의 유명한 시인에 관한 이야기이다. 어느 날 아침에 그의 아내가 서재에 들어와서 '하나님의 말씀' 을 읽으라고 권했고, 그는 그대로 순종했다. 조금 있다가 그의 아들이 서재에 들어와서 그가 읽고 있는 것을 보았을 때, 그 시인은 아들을 바라보며 "너는 항상 성서를 읽어야 한다. 너의 문장에는 이렇게 훌륭한 품위가 없다."고 말했다고 한다. 이 이야기에 우리가 성서를 읽지 않으면 안 될 이유가 암시되고 있을까? 우리가 성서를 연구해야 하는 것이 단지 그 문학적 관심, 특히 영어흠정역성서(Authorized Version)를 작성한 47명의 사람들의 장중한 음률로 인하여 감동시킬 만한 문학적인 관심 때문일까?

아니다. 그렇지 않다. 실제 문제로서 순수히 문학적 견지에서 본다면, 신약성서는 적절하게 그것(신약성서)과 합본되어 있는 구약성서보다 저열(低劣)하다는 것이다. 덧붙여서 말한다면 영어 산문의 어떤 명언집이라도 한번 음미해 볼 필요가 있다. 그러면 여러분은 문학인들이 신약성서보다는 구약성서를 훨씬 높이 평가하는 것을 알 수 있을 것이다. 과연 신약성서의 상당히 많은 문장은 세계문학에 있어서 불변하는 하나의 위치를 차지하고 있다. 로버트 브리지(Robert Bridges ; 영국의 시인, 수필가 1844-1930)와 같은 까다로운 비평가도 '탕자의 비유'(the parable of the Prodigal Son)는 '완벽한 작품'이라고 단언하고 있다. 고린도 전서 13장의 '바울의 찬가 중의 찬가'라는 문장을 찬미하는 것은 당연한 것이다. 히브리서 11장에 기록되어 있는 신앙의 영웅의 점호나팔과 같은 완전한 웅변의 아름다운 작품이 어디에 있단 말인가? 그리고 웅대함에 있어서 요한계시록 21장의 '새 예루살렘'에 대한 묘사보다 더 나은 것이 있을까? 그러나 그럼에도 불구하고 우리가 신약성서를 연구하라고 사람들에게 말하는 것은 이러한 이유 때문이 아니다. 사람들이 처음에는 문학적인 관심에서 신약성서 연구를 시작하지만 나중에는 전혀 다른 가치로 신약성서를 평가하게 되는 것이 사실이다. 그 적절한 사례는 리우(E. V. Rieu)이다. 펜긴(Penguin) 고전총서는 리우에게 신세를 진 것이 많다. 그의 아들은 교회에서 평신도 예배를 드릴 때 성서 낭독자였는데, 그는 자기의 아버지가 복음서 번역을 시작했다는 말을 듣고는 "나는 아버지가 복음서에서 무엇을 만드느냐 하는 것에 큰 관심이 있다. 그러나 더욱 관심이 있는 것은 복음서로 말미암아 아버지가 어떻게 개조되는가를 보는 것이다."라고 말했다. 사실 리우는 일을 끝냈을 때 자기가 이 일을 하고 있는 사이에 변했다고 고백했다. 그는 복음서에는 "인자와 하나님과의 낙인이 찍혀 있다. 복음서는 인간의 정신의 대헌장(the Magna Carta)이다. 현재 물질적인 환경의 어려운 문제에 기울어지고 있는 사심없는 정열이 조금이라도 복음서 이해를 위하여 쓰여진다면, 기독교는 임종에 있다고 말하지 않을 것이다. 오히려 기독교는 방금 시작한 것이라고 느낄 것이다."라고 기록하였다.[1)]

이러한 사례가 있다 하더라도 우리가 사람들에게 신약성서를 고려하라고 권하는 것은 첫째로 문학으로서도 아니고 그 문체를 위해서도 아니다.

그러면 성서에 대한 연구는 성서의 순수하고 고결하고 도덕적인 교훈을 얻기 위해서일까? 기독교는 일반적으로 선(goodness)을 만들어 내는 방법－하나님께서 악인을 선인으로 만드는 방법－이라고 인정받고 있다. 그런데 인간이 신약성서를 연구해야 한다는 것이 그 안에 선량한 생활로 인도하는 데 비교할 수 없는 안내서가 있기 때문일까? 신약성서가 올바른 생활문제에 관심을 가진 모든 사람들의 주의할 가치가 있는 것은 윤리에 관하여 세계 최고의 교과서이기 때문일까?

어떤 사람들은 그렇다고 대답한다. 그러나 신약성서 특유의 가치가 그 윤리에 있다고 한다면, 신약성서의 4분의 3은 분명하게 그것에 관계가 없는 것이라고 말하지 않을 수 없다. 왜냐하면 신약성서의 가장 훌륭한 교훈은 산상설교와 바울의 편지의 3장 내지 4장, 야고보서와 소량의 문장 중에 나타나는 것뿐이기 때문이다. 그리고 우리는 신약성서의 대부분은 실제적인 목적을 위해서는 온전히 찌꺼기 문학이며, 내버려도 별로 곤란하지 않다고 결론지어야 할 것이다. 그러나 어떤 사람들은 그렇지 않다고 생각한다. 그러한 사람들은 산상설교나 고린도 전서 13장에는 칭찬을 아끼지 않겠지만, 이와 같은 보물이 신화나 초자연론의 공상적인 테두리 안에 박혀 있는 것을 읽어야 한다고 안타까워한다. 저희는 다음과 같이 말한다 : 우리가 해야 할 일은 이 윤리적인 귀중한 잔류물을 귀중히 보존하여 신약성서 전체를 '비신화화'(非神話化)하여 기적의 대부분을 잊어버리는 것이다. 이와 같이 하여 저명한 유대인의 학자 클라우스너(Joseph

Klausner)가 '예수의 윤리서'[2)]라고 부르는 것을 보존하여 신약성서에서 '기적과 신비주의의 옷'을 제거하려고 하였다. 또 현대의 대부분의 인도주의자들은 의심하지도 않고 이 견해를 지지할 것이다.

물론 그리스도인은 누구나 할 것 없이 이러한 제안에 찬성하지는 않는다. 기적과 신비주의를 내던진다면 그리스도인에게 있어서 신약성서의 귀중한 많은 것－부활의 현실성, 그리스도가 머무르며 그리스도가 내재하는 기적 등－을 내던져 버리는 결과가 될 것이다. 그리고 그리스도에게 돌려야 할 이것저것의 '능력있는 역사'가 마음에 걸린다 하더라도, 발췌한 극히 소수의 윤리적인 문장만으로 이룩된 신약성서라 함은 주역이 등장하지 않는 이야기처럼 보여질 것이다. 그 위에 종종 조금이라도 신약성서를 알고 있다면 신약성서에서 기적이나 신비주의 요소를 제거하려 한다는 제안은 아주 실행 불가능한 일임을 알 것이다. 왜냐하면 싫어하든 좋아하든 기적과 신비주의를 포함하고 있는 신약성서의 신앙과 윤리는 뿌리와 열매와 같이 하나인 것에 속해 있기 때문이다. 요컨대 공원 이곳저곳을 두루 다닌 것같이, 신약성서의 복음서와 편지의 이곳저곳을 두루 다니며 우리의 생활철학의 장식품으로서 이곳저곳에서 윤리의 꽃을 꺾으려고 한다면 그것은 온전히 변덕스러운 방법이 될 것이다.

그래서는 안 된다. 신약성서 특유의 가치는 윤리적으로 훌륭한 데 있는 것이 아니다. 즉, 우리는 그것을 위해서 성서를 읽는 것은 아니다.

다른 사람들은 그리스도교의 본질을 '하나님께 관한 그리스도의 견해와 산상설교'에 있다고 하며, 이 점에 신약성서의 가치가 있다고 본다. 이러한 견해는 대체로 신학적으로 자유주의적인 견해이다. 이러한 견해가 신약성서를 중요하게 보는 것은 신약성서 안에 하나님과 선에 대한 최고이며, 가장 순수한 메시지가 있기 때문이다.[3)] 이러한 견해의 배후에는, 기독교는 인간이 무한하신 분에 관한 최후적이고 최고의 해설이라는 것이 가정되어 있다.

예를 들면, 그리스도교적인 하나님의 관념은 "탐구하여 하나님을 발견하였다."는 영적 세계의 콜럼부스(Columbus)인 종교적 천재 나사렛 예수의 숭고한 발견이다. 그 위에 이 천재의 가르침에서 인간의 행위에 관하여 우리의 최고의 관념과 만난다. 산상설교에서 볼 수 있는 도덕은 예수가 만들어 낸 새 창조이다. 산상설교 안에서 우리는 지상에서 인간의 의무 중에 가장 고귀한 표현을 찾아볼 수 있다. 신약성서는 하나님에 관한 이 숭고한 가르침과 의무의 보물창고인 고로 우리는 인류의 종교적인 다른 고전 이상으로 성서를 연구하며 성서를 중요시해야만 한다.

이 견해는 앞에서 말한 견해보다 조금 전진이 있다. 신약성서에서 이 이상의 것을 발견하지 못한 사람들에 대하여 경멸적으로 말하지 말자. 그러나 신약성서 특유의 가치가 '하나님에 관한 그리스도의 견해와 산상설교'에 있다고 한다면 한번 더 이것을 쓰레기통에 내던지든지 아니면 골동품 수집가의 관심을 위해서만 보존해야 할 것이다. 이 사실을 우리는 분명하게 말하자. 이 견해의 논리적인 결론에 의하면 바울, 요한, 히브리서의 저자, 기타의 신약성서의 저자들은(그리스도 안에서 우리 인류의 정신적인 콜럼부스를 발견한 것이 아니고 참된 의미에서 우리의 구원을 위하여 몸을 낮추신 하나님 자신을 발견하였지만) '갈릴리의 아름다운 전원시'를 우주적인 구원의 드라마로 변화한 당황된 열광가로서 매장하지 않으면 안 될 것이다. 이 견해는 신약성서 전체의 취지에 반대된다. 우리는 신약성서의 저자들로 말미암아 주어진 귀중한 것은 그것이 아무리 숭고한 것이라 하더라도 하나님에 관한 인간의 사상이라고 상상할 마음은 없다. 신약성서의 저자들이 우리에게 주려고 하는 것은 하나님 자신과 하나님의 목적에 관하여 인간에게 말씀하시는 하나님의 말씀-하나님의 궁극적인 말씀-이다. 우리는 이제 한걸음 더 나가려는 점에까지 달하였다.

(이제 사실의 핵심에 육박하고 있으나) 그렇다면 무엇 때문에 신약성서를 연구해야 할 것인가?

어떤 위대한 작품을 논하는 경우라도 우리가 첫째로 노력해야 할 것은 (아리스토텔레스가 말한 바와 같이) '그 의도한 것'을 이해하는 것이 비평학의 중요한 기준이다. 이 기준을 신약성서에 적용하여 그 저자가 우리에게 주려고 하는 것이 무엇이었는가를 묻는다면, 그것은 아름다운 글이나 섬세한 윤리가 아니고, 또 하나님께 관한 고상한 견해도 아닌 오히려 하나님께로서 말씀하신 죄인을 구속하며, 죄인을 구원하려는 하나님의 의지에 관한 좋은 소식이다. 오늘날 평범한 사람들이 신약성서에서 찾는 것이 바로 이것이다. 그들은 아름다운 문학을 구하는 것이 아니다. 왜냐하면 그들은 성서 이외의 다른 곳, 세익스피어나 기타의 많은 문학에서 그것을 얻을 수가 있다. 사람들은 단지 윤리적인 빛이나 지도를 구하는 것은 아니다. 그들은 그것을 이 세상의 선인이나 현자의 책에서도 얻을 수 있다. 그렇다고 사람들이 하나님께 관한 견해를 구하는 것도 아니다. 왜냐하면 그들은 그것을 비교종교학의 지침서에서도 얻을 수 있기 때문이다. 사람들이 구하는 것은 이러한 것이 아니다. 죄와 죄책감에 사로잡혀서 인생의 불확신과 무거운 짐에 당황한다. 그래서 그들은 '우리 인간의 궁상(窮狀)에 대하여 저편에서 하신 말씀'을 듣고 싶은 것이다. 성서가 세상의 문학에 있어서 독특한 위치를 차지하고 있는 것은 신약성서가 복음서에서 묵시록에 이르기까지 하나님이 이 말씀을 말했다고 당당하게 증언하고 있기 때문이다. 환언한다면, 신약성서의 중요성은 그것이 하나님이 인간의 역사의 무대 위에서 특별히 자기를 계시한 기록이라는 점에 있다. 다시 말해서 역사의 내적인 모든 의미를 푸는 열쇠를 주는 계시의 기록이라는 점이다.

이 계시는 여러 가지로 요약할 수 있을 것이다 :

> "하나님은 그리스도 안에서 세상을 자기와 화해시켰다"(바울).
> "말씀이 육신이 되어 우리 가운데 거하셨다"(요한).
> "하나님은 그 아들을 통해서 우리에게 말씀하신다"(히브리서).

그 표현이 어떻게 달라지더라도, 계시는 항상 하나님이 그 아들 예수 그리스도의 인격에 있어서 상상도 할 수 없지만, 우리 인간이 있는 곳에까지 그 자신을 낮추셨다는 기록이다.

세계의 다른 어떤 종교적인 책이라도 이러한 놀랄 만한 것을 주장하는 책은 없다. 어떤 미국의 학자가 공교롭게 이 일에 대하여, "진짜 신화가 있다면, 또한 신성이 어떤 때, 무슨 방법으로 그 자신을 인간에게 계시하였다고 한다면, 또한 침묵의 무한한 영역에서 무슨 소리가 우리에게 닿는다면 우리는 복음서의 말씀 이외에 어디서 그것을 구할 수 있을까?"라고 말하고 있다. 그러나 이와 같이 말한 그는 위대한 사도 교부 중의 한 사람인 안디옥의 이그나티우스(Ignatius)의 "예수 그리스도는 침묵 중에서 나타난 하나님의 말씀이다."라고 했던 말을 모방하여 다만 되풀이한 것에 지나지 않는다.

이러한 계시와 그 기록에 관하여 다음 세 가지 사실을 말하지 않을 수 없다 :

첫째, 계시는 말씀으로 일어났다고 하기보다는 '행위'로 말미암아 일어났다. 즉, 가르침으로 말미암아 일어났다고 하기보다는 행동으로 말미암아 일어났다는 것이다. 이것은 계시가 '살아 계신 하나님'의 계시며, 하나님은 그 행위로 알려지며, 하나님의 본성은 역사의 소재 가운데서 식별된다는 것을 서술하는 데 지나지 않는 것이다. 괴테(Goethe)는 "가장 고상한 것에 대해서는 말할 수가 없다. 그것은 다만 행하는 것 뿐이다."라고 말했다. 신약성서가 주장하고 있는 것은 가장 높으신 이가 일단 결정적으로 역사 속에서 일어난 일련의 특별한 사건들 – 그리스도의 도래 – 에 있어서 하나님의 가장 심오한 생각을 영원토록 인간에게 나타낼 수 있는 방법으로 활동하셨다는 것이다.

둘째, 신약성서 가운데 하나님의 독특한 자기 계시가 기록되어 있다고 주장하더라도 하나님은 그것과는 다른 방법으로 그 자신을 일반적으로 계시하지 않는다는 것은 아니다. 실제로 성서 안에 하나님은 "그 본성에 대한 어떤 실마리 없이 너희에게 버려두지 않으셨다."라고 언명하는 말이 몇 군데 있다(행 14 : 17 NEB). 그것은 그리스도의 계시와는 전혀 다르게 창조에 있어서, 섭리에 있어서, 역사에 있어서 일어난다(롬 1 : 19 이하, 2 :

14 이하). 그러나 특별한 백성인 유대인에 대한 하나님의 구원사업의 기록은 성서 안에서 주어지며, 그리스도의 도래와 그리스도 교회인 하나님의 새로운 백성의 창조에 있어서 절정에 달하는 것이나, 이 기록 안에 하나님의 자기 계시의 경과로서의 역사가 있다고 신약성서 저자들은 주장하고 있다.

셋째, 성서 안에 하나님의 말씀이 포함되어 있다고 말하고 있는 것은 그 절정과 면류관이 신약성서인 성서가 이 계시의 기록이기 때문이다. 아바딘의 윌리암(William Robertson Smith of Aberdeen)이 이단으로 심문받았을 때 그가 말한 것보다도 재치있게 이것을 표현한 것을 다른 데서 찾아볼 수 없다 : "성서가 하나님의 말씀이라고 받아들이는 이유는 성서는 하나님의 구속하신 사랑의 유일한 기록이며, 성서 안에 있어서만이 하나님이 예수 그리스도 안에서 인간에게 접근하며, 예수 그리스도 안에서 우리에게 구원의 의사를 선언하고 계신 것을 발견하기 때문이다. 우리는 자기 마음에 성령의 증언으로 이 기록이 옳다고 알고 있다. 이 기록으로 하나님 자신 이외의 다른 어떤 것을 갖고라도 이와 같은 말씀을 우리 영혼에게 말할 수 없다고 확신한다."

제 2 장

신약성서의 언어와 본문, 그리고 정경

우리는 신약성서를 개관하기 전에 다음의 세 가지 문제에 대해 예비적으로 대답해야 할 것이다 :

· 신약성서는 원래 어떤 언어로 기록되었는가?
· 우리가 현재 가지고 있는 신약성서의 문서는 실질적으로 그것이 저자의 손을 떠났을 때의 그대로라고 확신할 수 있을까?
· 신약성서의 27권은 어떻게 수집되었으며, 어떻게 해서 그리스도교의 권위 있는 정경으로 인정되었을까?

1. 신약성서의 모든 문서(책)는 원래 헬라어로 기록되었다. 그 일에 대하여 우리가 놀랄런지도 모른다. 아람어라는 히브리어의 동족의 언어가 바로 예수의 모국어였다. 예수께서 아마도 헬라어를 말할 수 있었다고 생각되지만, 예수께서 설교하거나 가르치신 것은 헬라어가 아니고 아람어였다. 게다가 당시의 문명사회의 정복자는 로마인이었다. 그래서 로마제국 속국의 사람들을 독자로 한 신약성서의 책들은 라틴어로 기록되었으리라고 상상할런지 모른다. 예를 들면, 바울이 로마의 그리스도인들에게 편지를 썼을 때 왜 라틴어를 사용하지 않고 헬라어를 사용하였을까? 신약성서

의 언어가 헬라어로 쓰여졌다면, 그것은 어떠한 헬라어였을까? 기원전 4, 5세기, 플라톤(Plato ; 고대 헬라의 철학자로서 소크라테스의 제자, 427?-347? B.C.)은 헬라어로 철학을 썼으며, 소포클레스(Sophocles : 헬라의 비극시인, 496?-406? B.C.)는 헬라어로 비극을 썼으며, 데모스테네스(Demosthenes : 아덴의 정치가, 웅변가, 384?-322 B.C.)는 헬라어로 연설하였다. 그렇다면 바울, 누가, 요한, 기타의 사람들은 같은 헬라어를 사용하였을까?

이에 대한 대답은 "그렇다."이며 또한 "아니다."이다. 성서의 저자들이 사용한 언어는 헬라어였다. 그러나 헬라의 전성기시대에 사람들이 사용했던 헬라어와는 다른 것이었다. 저들의 헬라어는 '고전 헬라어' 라고 불렀고, 신약성서의 헬라어는 '널리 사용된 헬라어' (Common Greek)로 나타내는 코이네(κοινή)의 헬라어라 불려졌던 것이다.

코이네의 헬라어는 그리스도시대에 있어서 오늘의 영어처럼 당시에 국제어였다. 그레샤 북부의 마게도냐의 알렉산더 대제(Alexander the Great)는 헬라어를 국제어로 하는 데 큰 역할을 하였다. 기원전 4세기에 알렉산더는 당시에 알려진 세계의 대부분을 정복한 것 뿐만 아니라 진군하는 곳은 어디라 하더라도 자기 나라의 국어를 보급시켰다. 이렇게 하여 전에 작은 나라의 국어였던 것이 동쪽으로는 인도의 입구에서, 서에는 헤라클레스의 기둥(Pillars of Hercules : Gibraltar 해협 동서의 양 해안의 두 개의 갑)까지 지중해 연안 전체의 국제적인 언어가 되었다.

신약성서의 저자들이 복음서와 서신(편지)을 쓴 것은 이 국제적인 말, 다시 말해서 널리 사용된 헬라어(Common Greek)였다.

과거 80년에서 100년 사이에 애굽(Egypt)의 모래 속에서 파피루스(papyri) 사본이라고 부르는 것이 발견됨으로 말미암아 이 헬라어에 빛이 던져진 것이다. 이 파피루스 사본이란 그리스도 전후(기원전후) 수세기 동안에 널리 사용되었던 헬라어로 쓰여졌고, 사실상의 문서, 세금 영수증, 개인 편지 등이었다. 이 사본의 연구로 말미암아 신약성서의 많은 말의 의미가 더욱 정확하게 인정되었다. 이렇게 하여 이제 영국의 흠정역성서(Authorized Version)에 번역된 것같이 탕자는 막연하게 아버지에게서 받은 재산을 '다 모아 가지고' (συναγαγὼν πάντα=having gathered all things, 눅 15 : 13)라는 것은 아닌 것을 알게 되었다. 본절의 헬라어의 동사의 αναγαγών은 '현금으로 바꾸었다', 곧 아버지의 재산 중에서 자기 몫을 돈으로 바꾸었다는 것을 의미하였다. 이와 같이 데살로니가 후서 3 : 11이 영흠정역성서에 의하면, 바울이 데살로니가 교회의 신도들을 '규모없이 행한다' (περιπατοῦντας ἀτάκτως=walking idly)라고 비난한 것같이 번역되었으나, 파피루스의 사본에 의하면 바울의 헬라어는 언제 그리스도가 돌아올런지 모른다고 핑계하여 자기의 일을 '게으름 피우다' (playing truant)를 의미하고 있다는 것을 알았다. 또한 영흠정역성서에는 베드로가 자기 편지의 독자들에게 "순전하고 신령한 젖을 사모하라."(τὸ λογικὸν ἄδολον γάλα ἐπιποθήσατε=the spiritual pure milk desire you, 벧전 2 : 2)고 번역되어 있으나, 이 헬라어의 형용사 'ἄδολος' 는 '물을 타지 않은' 혹은 '혼합하지 않은' 젖을 의미하였다.

그러나 신약성서의 헬라어가 완전히 제1세기의 로마 세계에 널리 사용되었던 헬라어였다는 것이라면 그것은 잘못이라 하겠다. 만일 그렇다면 고전어의 학자가 가끔 신약성서의 헬라어를 읽는다면 당황한다는 것을 우리는 어떻게 설명해야 좋을까? 고전학자들은 신약성서 안에서 기묘하고 이질적인 요소를 발견하게 되는데 그것은 바로 셈족어적인 요소이다. 저자들의 히브리적인 배경은 저희의 헬라어 전반에 아주 드물게 나타나며, 그 문법 안에 그 자체를 밀어넣어서 저희가 사용하는 말의 의미에 영향을 끼치고 있다.

이 점에 있어서 다음과 같이 유추하면 그 의미가 분명해질 것이다. 「천로역정」(*The Pilgrim's Progress*)을 읽는 사람들은 존 번연(John Bunyan : 영국의 설교자, 「천로역정」의 저자, 1628-1688)이 옛 영어의 산문의 명인인 것을 알고 있다. 그러나 그의 산문은 단지 옛 영어의 산문만이 아니라, 성서의 어감이 있는 산문이다. 그것은 번연이 영어성서 속에 자신을 담고 있었기 때문이다. 꼭 그것과 비슷하게 신약성서의 헬라어는 셈족어의 어감이 스며들어서 널리 사용된 헬라어이다. 이것은 우리가 예상할 수 있는 것이다. 왜냐하면 누가를 제외하고는 신약성서의 저자들은 모두가 유대인들이었기 때문이다. 저희의 헬라어 중에 셈족어적인 요소가 있다는 것은 히브리어 성서의 영향으로 인한 것이고, 또한 예수와 그의 최초의 제자들은 아람어로 말하였다는 것이다. 헬라어 신약성서의 셈족어적인 색채는 종종 가장 초기의 그리스도인들이 사용했던 70인역 성서에서 발원한다－70인역 성서는 기원전 2, 3세기에 알렉산드리아에서 번역한(Alexandria : 애굽의 공화국 북부, 나일강 델타의 윗 항구도시로 기원전 332년에 알렉산더 대제가 건설하였다. 고대의 학문의 중심지였다.) 히브리어의 구약성서를 문자 그대로 직역한 것이다. 70인의 학자들이 번역하였기에 70인역이라 칭한다. 학문적인 약자는 LXX로 사용한다. 필연적으로 복음서 기자들이나 사도들이 기록한 헬라어는 70인역 성서의 문체로 착색되었다. 그러니까 신약성서를 이해하는 데 실마리가 되는 많은 말이 히브리어의 구약성서와 그 헬라어 번역의 배경을 생각하지 않고는 이해할 수 없을 것이다.

신약성서의 헬라어가 히브리어의 의미로 말미암아 어떻게 착색되었는지를 나타내기 위하여 두 가지 예를 열거하면 충분할 것이다. 그중의 하나의 좋은 예는 '교회'(에클레시아=the church)이다. 아덴 사람에게 있어서 에클레시아(ἐκκλησία)라는 헬라어는 시민이 정치적인 목적을 위하여 집합하는 '집회'를 의미하였다. (사도행전 19 : 32, 39, 41에 있어서 '모임', '민회'라는 의미로 사용되었다). 그러나 초기의 그리스도인들은 자기 자신들을 '에클레시아' 더욱 정확하게 말한다면 '하나님의 에클레시아'라고 불렀으나, 그들은 자신들을 하나님의 친백성이라고 주장하였다. 이러한 비헬라어적인 말의 의미를 이해하는 열쇠는 70인역 성서에서 찾아볼 수 있다. 대개 70인역 성서에 있어서 '에클레시아'라는 말은 히브리어의 카아하알(*qāhāl*)에서의 번역이다. 이 카아하알이란 말은 통상 하나님의 백성인 이스라엘을 나타내는 구약성서의 말씀이다. 제1세기의 아덴 사람들에게 있어서 '하나님의 에클레시아' 라는 말의 뜻으로 보아서는 무의미한 것이지만, 히브리인에게 있어서는 명료한 의미가 있는 말씀이었다.

또 '회개' (repentance)라는 말의 예를 열거해 보자. 그 헬라어는 메타노이아(μετάνοια)이며, 플라톤과 같은 헬라인에게 있어서는 '생각을 바꾼다' (change of mind)는 뜻이었다. 그러나 세례자 요한이나 예수께서 외치신 말씀은 무엇인가? 더욱 격렬한 것이며, 더욱 실존적인 것을 의미하는 것으로 단순히 '탄식하는 것' 뿐만 아니라 '방향을 전환하는 것' 을 의미한다. 그러므로 예수께서 "회개하라."고 외쳤을 때 예수님은 완전한 '방향전환', 다시 말해서 180도의 전환을 요구하며 부르짖었다. 그 이유는 신약성서의 '회개' 의 개념은 구약성서의 예언자들의 '회개' 의 개념을 반영하고 있으며, 근본적으로 하나님에게로 돌아가는 것을 의미했기 때문이다. (히브리어의 의미로 착색된 헬라어의 기타의 좋은 예에 있어서 '비유', '율법', '계약', '의', '영광' 등이다.)

요약해서 말하면, 신약성서의 헬라어가 기원 제1세기, 그 당시에 알려져 있는 세계의 대부분에 사용되었던 헬라어였다면, 또 존 번연의 영어가 여러 곳에서 영어성서의 언어로 말미암아 짜여 있는 것같이 신약성서의 헬라어는 셈족적인 관용구로 짜여져 있다.

2. 신약성서가 기록된 이래 18세기 내지 19세기의 세월이 경과되었기에 우리가 현재 가지고 있는 신약성서는 본래의 형태에 가까운 것인가 하는 질문이 필연적으로 일어나는 것이다.

물론 우리는 '원작' (originals) 혹은 '자필의 원고' (autographs)라고 부르는 것을 소유하고 있지 않다. 그와 같은 것들은 이미 분실되고 말았다. 그러나 우리는 그것들이 어떤 것이었는가 함은 대충 알고 있다. 그것은 모두 '파피루스의 두루마리' (papyrus rolls)였다. 파피루스('종이' 〈paper〉라는 말이 여기서 유래하였다.)는 나일의 삼각지와 같은 습지대에 많이 성장하는 사초속과(sedge family)의 식물이다. 옛날 종이를 제조하는 사람들이 일을 착수할 때에 그들이 맨 처음에 할 일은 파피루스 갈대에서 고갱이(pith)를 빼내고, 그것을 길고 가느다란 조각으로 끊는 일이었다. 그 다음에 사람들은 그 길고 가느다란 조각들을 수직으로 깔고 그 위에 다른 조각들을 수평으로 교차시켜 깔아서 대충 25cm의 길이와 12cm의 폭으로 한 장이 되게 하였다. 그 후에 얇은 미완성품을 물에 담그고 고무풀로 처리하여 햇볕에 말린 후, 아이보리 롤러(ivory roller)로 광을 낸 후에 사용하였다. 다음에 필요한 것은 펜나이프(pen－knife)로 적당한 모양으로 끊어 갈대 펜(헬라어로 κάλαμος라고 부르는)과 유연과 고무풀과 물로 만든 잉크였다. (요이 1 : 12, 요삼 1 : 13에는 이와 같은 펜과 잉크에 관해서 말하고 있다.) 만약 그것을 익숙하게 쓸 수 있는 사람이라면 자기 자신이 썼던 것이다. 그러나 쓰기 어려운 사람은 구술하여 대필하도록 하였다. (롬 16 : 22의 "이 편지를 대서하는 나 더디오도 주 안에서 너희에게 문안하노라.")

단 한 장의 파피루스라도 바울의 빌레몬서와 같은 짧은 편지를 쓰기에는 충분하였다. 누가복음서와 같이 긴 저작을 위해서는 아마도 10m나 되는 긴 두루마리를 만들어야 하는데 그렇게 하려면 몇 장의 파피루스를 연결시켜야 했을 것이다. 그와 같은 두루마리 책을 읽을 때에는 그 두루마리 책의 첫머리와 끝머리에 막대기를 대어 맺어 놓고 감았다 풀었다 할 수 있게 하였다.

이것이 신약성서의 저자 자신이 기록하였던 형태였다. 그러나 이와 같은 두루마리 책은 이미 분실되고 말았다. 그렇다 해도 최초에 쓰여진 책에 기인하여 쓰여진 것이 남아 있다고 확신할 수가 있을까? 여러 모로 생각해 보아도 결국 약 1400년 동안에(신약성서가 기록된 후 인쇄술이 발명될 때까지는 대충 기원 1세기 후반부터 1450년까지의 세월) 신약성서는 손으로 필사되었다. 따라서 그 과정에서 틀린 필사가 속출하는 경우도 있었을 것이다. 어떠한 익숙한 숙련자라 하더라도 사본 필경자는 때때로 틀릴 수 있다. 후대의 필경자는 이러한 틀림을 발견하여 전임자의 과실을 개정하지 않고는 있을 수 없었다. 이렇게 하여 틀림이 생기고 그 틀림이 영구히 계속되는 것이다. 신약성서는 몇 세기 동안이나 이와 같은 위험을 거쳐 왔으며, 오늘날 우리가 가지고 있는 신약성서의 가장 좋은 본문이라 해도 최초의 저자가 쓴 것에 가깝다고 확실하게 말할 수 있을까?

이에 대한 대답은 "가깝다."라고 말할 수 있다. 그것은 몇 천 년이나 되는 신약성서의 사본의 발견과 '본문비평가'라고 불리는 전문가들이 그 사본들을 연구한 결과이다.

제임스(King James) 왕이 유명한 학자 47명을 데리고 1611년에 영어흠정역성서를 작성했을 때 손에 들어올 수 있는 사본은 소수밖에 없었고 많은 틀림이 있었다. 영어개정역성서가 1881년에 작성되었을 때는 많이 개선되었다. 바티칸(Vatican) 사본(Codex Vaticanus라고 불려진 사본은 현재 바티칸에 있다.)[1)]이나 시내 사본(Codex Sinaiticus라고 불려지는 사본, 현재 영국박물관에 있다.) 등의 유명한 사본들은 개역자들에게 새로운 지식을 갖게 하였다. 이 두 사본은 대충 기원 350년에까지 소급되고 있다. 오늘날 우리는 신약성서 전체, 혹은 그 일부분의 단편까지 포함하여 약 4,500종의 헬라어 사본을 보유하고 있다. The Chester Beatty papyri라고 칭하는 사본은 1931년에 발견되었는데, 신약성서의 대부분을 포함하고 있으며, 그것은 3세기의 사본으로 the Bodmer papyri는 기원 200년경까지 소급되는 사본이다.[2)] 모든 사본 중에서 가장 초기의 사본은 요한복음서 몇 절의 파피루스의 단편이며, 기원 130년경의 것이다.

이러한 헬라어 사본 이외에도 우리가 성서의 올바른 본문을 찾아내기 위해서 사용할 수 있는 것은 (1) 헬라어 신약성서를 라틴어(Latin)나 수리아어(Syriac)와 같은 언어로 번역한 것이며, (2) 타티아누스(Tatian : 1세기 후반의 수리아의 護敎家)나 이레네우스(Irenaeus : 120년경부터 200년경의 소아시아의 출신 리용의 감독)와 같은 초기의 교회 교부들의 책(문서)에서 신약성서에서의 많은 인용들을 볼 수 있다.

이와 같은 것들이 우리의 자료들이다. 일반적인 고전의 저자들의 본문자료가 얼마나 빈약하다는 것을 생각할 때(덧붙여서 말하면, 로마의 시인 카툴러스〈Catullus : 기원전 1세기의 로마의 서정시인〉에게는 단 하나의 사본밖에 없었다.) 분명하게 신약성서의 본문에 관해서 연구하는 사람들은 사본이 많다는 데 당혹할 것이다. 성서본문의 연구자가 어떻게 해서 틀린 것을 찾아내어 그것을 제거하며, 사본의 가치를 평가하느냐에 대하여 우리는 여기서 논할 시간이 없다. 그러나 여기서 가장 우수한 한 사람 호르트(F. J. A. Hort ; 1828 - 1892년까지의 영국의 성서신학자)의 의견을 인용해 보기로 하자. 그는 감독 웨스트코트(Westcott)와 함께 1881년에 현대의 가장 유명한 헬라어 성서를 출판하였다. 그는 "우리의 의견에는, 지금도 의문스럽게 생각하는 말은 신약성서의 거의 천 분의 일도 되지 않는다."라고 말하였다. 호르트는 아마도 불인정의 요소를 너무 가볍게 보고 있다는 말일까? 지금도 올바르게 독경(읽음)하는 데 대하여 전문가들이 서로 일치하지 못한 부분이 상당히 있다. 예를 들면, 로마서 5 : 1에 "우리는 하나님으로 더불어 평화를 누리자."(ἔχομεν)인지 아니면 "우리가……하나님으로 더불어 화평을 가진다."(ἔχωμεν)인지 확실하지 않다는 점이다. 이와 같이 인정되지 못한 요소가 남아 있는데도 불구하고, 영국에서는 오늘날 개정표준역성서(Revised Standard Version)와 신영어성서(New English Bible)를 사용하고 있는 사람들은 누구나 다 자기가 읽고 있는 영어 번역은 실질적으로는 별로 차이가 없는 원작에 가까운 헬라어 본문에 입각했다고 확신하면서 읽을 것이다. (개정표준역성서는 또 1989년에 'New Revised Standard Version' 판이 나왔고, 신영어성서도 개정신영어성서 'the Revised English Bible' 판이 1989년에 나왔다.) 이렇게 눈부시게 성서학이 진보하고 있다는 것은 성서가 원작과 거의 같다는 말이다.

3. 제3의 예비적인 문제는 정경에 관한 문제다. 이 '정경'이라는 말은 히브리어의 *kanna*라는 말에서 유래했는데 '갈대'나 혹은 '막대기'를 의미한 것이 후에는 '자', '척도', '기준', 또는 '법칙' 등을 의미하게 되었

다. (그래서 바울은 갈 6 : 16에서 그 뜻으로 사용하여 "이 규례〈κανόνι〉를 행하는 자에게…… 평강과 긍휼이 있을지어다."라고 말하고 있다.) 이렇게 하여 '정경' 이라는 말은 '신앙의 기준', 다시 말해서 신앙과 생활에 있어서 권위있는 것으로서 교회가 받아들인 거룩한 책을 나타내는 데 사용하였다. 당면한 문제는 오늘날 우리의 신약성서 안에 27권이 어떻게 해서 그렇게 권위를 인정받도록 되었을까 하는 점이다.

예수님은 아무것도 써서 남기지 않았다. 소수의 하나님의 백성이 그 위대한 사업을 시작했을 때 그리스도인들이 가지고 있는 유일한 성서는 구약성서였으며, 그 구약성서는 그리스도의 도래에 비추어 볼 때 당시의 그리스도인들에게 있어서 완전히 새로운 의미를 가지는 책이 되었다. 그러나 구약성서와 나란히 '주 예수의 말씀' 이 이제 교회 안에서 권위를 가지고 인용하게 되었다(행 20 : 35, 고전 7 : 10 참조). 또한 기원 65년경에 베드로의 친구 마가로 인하여 예수의 지상에서의 선교의 이야기들이 기록되었고, 그후 30년간에 다른 세 개의 복음서가 계속하여 기록되었다. 최초에 이 복음서들은 각 지역에 회람되었고, 그 후에 더 넓게 유포되었다. 그러나 마가복음이 나타나기 약 15년 전에 바울은 자기가 창설한 교회들에게 편지를 써서 보내기 시작하였다. 이 바울의 편지들은 '회중의 집합' (congregational meetings)이라고 부름을 받는 장소에서 읽혔고, 후에는 자매교회에 대출하였고 거기서 필사되었다. 그 후에 제1세기 후반에는 베드로 전서나 요한 일서와 같은 사도들의 이름을 띤 기타의 편지들이 나타났다. 이러한 편지들도 또한 중요시되어 필사되었다. 이와 같이 하여 차차 신약성서는 크기 시작하였다. 우리가 가지고 있는 신약성서만 있었다는 것은 아니다. 지금의 신약성서 외에도 고린도인들에게는 「클레멘스의 첫째 편지」가 있었고, 또 「헤르마스(Hermas)의 목자」라고 이름이 붙어 있는 초기 교회 일종의 「천로역정」, 오늘의 '사도교부' 의 문서로 알려져 있는 책들이 있다. 그 위에 제2세기에는 주와 그 사도들에 관한 초기의 그리스도인의 지식의 공백부분을 메우려고 계획된 아주 공상적인 복음서와 사도행전이 나타났다. 이런한 책들은 오늘날 '신약성서 외경'이라고 알려진 것으로 구성되고 있다.[3] 우리가 가지고 있는 27권의 책은 어떻게 하여 이러한 책에서 구별되어 정경의 위치에 오르게 되었을까?

첫째로, 정경을 결정하는 과정은 대부분 틀에 들어맞는 공식적인 것이 아니라는 것을 이해해야 한다. 존경할 만한 교직자들의 위원이 원탁에 둘러앉아서 그 원탁 위에 복음서, 편지, 기타의 것을 산적같이 쌓아 놓고 엄정하게 하나씩 하나씩 책의 가치를 저울에 달아 본 결과, 드디어 27권을 찾아내어 간행한 것이라고 생각한다면 그것은 잘못이다. 정경 결정의 최초의 단계에 있어서 회의나 위원회는 아무런 큰 역할을 행하지 않았다.

둘째로, 정경에 포함되거나 또 정경에서 제외되는 작업은 정말 서서히 진전되었다는 것이다. 신약성서는 제우스(Zeus)의 머리에서 갑자기 나타나 헬라신화의 아테네(Athene ; 지혜, 풍요, 공예, 전술의 여신)와 같이 돌연하게 존재하게 된 것이 아니다. 여기저기 산재한 문서가 오늘에 알려져 있는 신약성서 가운데 수집되기에는 거의 300년의 세월이 걸렸다.

신약성서가 어떻게 형성되었는가에 관해서는 확실하지 않은 것이 있다.[4] 그것에 관하여는 두 가지 중요한 연대를 드는 것으로 충분할 것이다. 기원전 200년까지는 신약성서의 주요한 내용이 결정되었다. 우리가 알고 있는 27권 중에 7권(히브리서, 야고보서, 유다서, 베드로 후서, 요한 이 · 삼서, 계시록)에만 의문부가 붙게 되었다. (이 사실은 '무라토리 단편'〈the Muratorian Fragment〉이라는 문서로 알려졌다. 이 문서 중에는 그 당시 로마 교회에서 정경이라고 생각되었던 책들이 나타났다.) 또 하나의 연대는 367년이다. 이 해에 아리우스(Arius)에게 반대하는 정통적인 신앙의 옹호자로서 잘 알려진 아타나시우스(Athanasius)가 유명한 부활절 서신 중에서 27권의 정경의 범위를 한정하고 있다. 그 27권은 오늘날 우리가 가지고 있는 신약성서와 정확하게 일치하고 있다. 그 후의 일은 단지 여러 가지 회의에 있어서, 또 교회 전체의 양식으로 말미암아 이미 도달한 결정을 승인하는 것뿐이었다.

교회에서 정경을 제정시킨 것은 무엇이었을까? 그중의 하나는 위 작품의 복음서와 위 작품의 사도행전과 같은 가치와 권위를 의심할 만한 다수의 그리스도교적인 문서가 나타났다는 것이다. 교회는 어떠한 문서가 그리스도교의 진정한 전통과 교훈을 보유할 것인가를 결정하지 않으면 안되었다. 또 하나의 이유는 영지주의(Gnosticism)와 같은 이단이 교회 안에 침투한 것이다. 이 많은 방면에 걸쳐서 종교적인 운동은 지식(γνῶσις)을 나타내는 헬라어에서 유래하여 제2세기에 정점에 달하였다. 영지주의는 이 사악한 물질세계에 잡혀 있는 인간의 정신에 대하여 구제자이며, 계시자이신 분으로 인하여 정신계에서 주어진 신적인 '지식' 으로 말미암아 탈출을 약속하였다. 이 구제자이며 계시자이신 분이 자기의 과업을 완수하고 자기가 나왔던 곳으로 귀환한다. (최근에 애굽에서 발견된 '도마복음서' 는 영지주의적인 책이다.) 교회 회원들이 이와 같은 거짓 교훈에 빠지지 않도록 보호하기 위해서였다면 교회는 올바른 교훈을 어디서 찾아내야 하는가는 말할 필요도 없다.

교회는 어떠한 기준을 사용했는가? 그것은 두 가지가 있는데, 일반적으로 '사도성' (apostolicity)과 '예배 성서목록' (public lection)으로 알려져 있다. 바꾸어 말한다면, 이 두 가지 기준은 (1) 그 책이 사도적 활동범위(apostolic circles)에서 유래했다는 신앙 (2) 그 책이 교회에서 규칙적으로 읽혀져 유익을 끼치고 있는 사실 등이다. 이와 같은 두 가지 기준으로 음미되어 그 책 안에서 쓴 교회를 향하여 말한 것 중 유익한 것이 있으며, 더군다나 이 책이 전하고 있는 것이 그리스도 안에서 하나님의 구원의 계시가 주어진 집단 안에서(in the circle) 기원한 것이 확인되었던 것이다.

이제 정경 안에 들어 있는 책들과 정경에서 제외되어 있는 책들과 비교해 본다면 우리는 초기 교회가 그 선택에 있어서 승화된 상식을 보여 주었다는 것을 의심할 수 없다. 주께서 그 제자들에게 명령하신 바와 같이 초기교회 사람들은 "범사에 헤아려 좋은 것을 취하였다."는 것이다(살전 5 : 21). 이 말씀은 정경에 없는 예수님의 말씀이다.[5]

제 3 장

신약성서의 내용

신약성서는 실지로 성서 전체의 주제인 구원의 서술(story)의 제2권이다. 그 제1권이 창조와 아담(Adam ; 히브리어로는 인간을 의미함.)의 타락으로 시작하고 있다면, 제2권은 제2의 아담(그리스도)이 와서 어떻게 싸우며, 어떻게 구원했는가를 기록하고 있다.

그것은 '때가 찼을 때에' 하나님께서 그의 예언자들을 통해서 이스라엘에게 세운 약속을 성취하시고, 그 아들 예수를 보내심으로 말미암아 그의 백성의 메시야 혹은 구세주가 되셨으며, 또 그 백성이 예수를 영접하지 아니하였을 때 예수를 영접한 하나님의 새로운 백성이 나아가서 예수께서 이룩하신 구원을 어떻게 더욱 넓은 세계에 전파하였는가를 전하고 있다.

신약성서는 27권의 책으로 구성되었다. 그러나 그중에는 아주 짤막한 책도 있다. 대개 신약성서는 구약성서의 3분의 1의 분량이다. 이 27권의 책들은 다음과 같이 분류된다.

첫째, 복음서라고 불리는 네 개의 복음서들이다. 복음서는 어쩌면 예수의 전기처럼 보인다. 그러나 주의 깊게 연구해 본다면 복음서들은 오늘날의 전기작품의 개념과는 거의 일치하지 않는 것을 알 수 있다. 다음으로는 역사책인 사도행전이 뒤따른다. 사도행전은 그 서언에서 보여 주고 있는 것처럼(행 1 : 1), 실은 제3복음서(누가복음)의 속편이다. 그 다음에는 서신(Epistles ; 신영어성서는 그것들을 편지〈Letters〉로 부르고 있다.)으로서, 21편의 문서가 계속되고 있다. 편지라는 용어가 사용되고 있는데, 그것은 아주 융통성 있는 명칭이다. 왜냐하면 커다란 신학논문(로마서)에서부터 매력이 있는 작은 개인의 서신(빌레몬서)에 이르기까지 많은 문학형성에 걸쳐서 고도의 수사학적인 설교(히브리서)와 윤리적인 스크랩북(scrap-book ; 야고보서)도 들어 있기 때문이다. 그리고 그 전체는 요한 계시록으로 알려져 있는 묵시문학적인 환상의 책으로 결말을 짓고 있다.

이 27권의 주된 집필은 바울과 누가이다. 바울은 영어흠정역에서는 14통의 편지를 썼다고 하였다. 누가는 누가복음서와 사도행전을 기록하였다.[1] 그러나 현대의 학자들은 신약성서 전체 안에 그 외에 거의 열두 사람의 저자를 헤아리고 있다.

우리가 가지고 있는 신약성서는 그 각각의 책들이 연대순으로 배열된 것이 아니다. 연대순으로 본다면 바울의 편지가 맨 처음에 놓여야 하며, 그 가운데 데살로니가 전서나 갈라디아서가 먼저 배열되어야 한다. 복음서들 중에는 마가복음이 최초에 놓여야 하고, 요한복음은 아마도 마지막에 놓여야 할 것이다. 그리고 엄밀하게 연대순을 따진다면 요한 계시록보다는(요한 계시록은 기원후 25년경에 기록되었다.) 베드로 후서가 마지막에 놓여야 마땅하다. 그러나 우리는 독자의 편의를 고려해서 성서에 기록되어 있는 일반적인 순서에-복음서들, 사도행전, 서간들(Epistles), 계시록의 순서에-따르기로 하자. 이 순서는 신앙적인 논리로 말해도 정당한 순서이다. 최초의 복음서인 마태복음은 예수를 구약성서의 예언의 성취자로서 강조하여 구 · 신약 두 개의 성서를 연결시키는 역할을 하며, 마지막에 놓여 있는 계시록은 하나님의 심판과 승리의 서신(message)을 말하여 구원의 서술(story)의 완전한 정점이 되고 있다.

본서의 제2부에서는 네 개의 복음서에 관하여 논할 것이다. 첫째로, 복음서들이 어떻게 하여 기록되었는가를 생각하며, 그 후에 복음서들 사이의 문학적인 관계(공관복음서 문제)를 연구할 것이며, 다시 네 개의 각 복음서에 대하여 연구하기로 하자.

이 책의 제2부의 주제는 '초기 교회와 바울'이다. 그리스도의 부활로 끝을 맺는 복음서는 "예수의 행하시며 가르치시기를 시작하셨다."(행 1 : 1)는 것만을 전하는 데 지나지 않는 것에 관하여 상기할 필요가 있다. 그리스도의 행하심은 부활로 끝난 것이 아니었다. 그리스도의 행하심은 그의 '특별한 사자들', 다시 말해서 사도들의 행하심으로 계속되었다. 그러므로 이 부분의 우리의 최초의 연구는 복음서들과 신약성서의 다른 부분과의 사이를 연결시키는 다리를 놓는 책, 다시 말해서 사도행전의 연구가 될 것이다. 사도들 중에 우리는 바울에 관하여 가장 잘 알고 있다. 바울의 생애에 관해서 우리는 한 장을 할애하기로 하자. 그것은 본질적으로 중요하기 때문이 아니라-바울은 공평하게 보아서 복음을 위하여 어느 누구보다도 '더 많이 수고하였다'고 주장했기 때문이 아니라[2)]-바울의 연구를 통하여 그의 편지에 들어맞추는 틀을 얻을 수 있기 때문이다. 바울의 편지는 다음과 같이 세 가지로 구분할 수 있다 : (1) 6권의 전도여행 서신 : 갈라디아서, 데살로니가 전후서, 고린도 전후서, 로마서 ; (2) 4통의 옥중서신 : 에베소서, 골로새서, 빌레몬서, 빌립보서 ; (3) 목회서신 : 디모데 전후서, 디도서

본서의 제3부에는 종종 '공동서신'(Catholic or General Epistles)이라고 불리는 기타의 사도적 인물들의 저작에 관하여 논할 것이다. 그것들이 공동서간이라고 불리는 이유는 특정한 교회나 개인에게 써서 보낸 서간이 아니기 때문이다. 마지막으로 모든 책 중에서 가장 해석하기 어려운 책에 관하여 한마디 해야 할 것이다. 그것은 밧모섬의 선견자 요한에 대하여 행하신 계시에 관하여 말하는 책이며, 종종 이 책을 '계시록'으로만 부르기도 한다.

신약성서는 이 계시록으로 끝나고 있다. 이와 같은 신약성서의 개관을 읽고 독자는 아마도 다음과 같이 질문할 것이다 : "신약성서는 상당한 문

학적 수집의 잡동사니다. 이와 같은 여러 가지 문서 전체를 일관하는 공통된 주제가 있을까?" 그래서 '신약성서의 통일' 이라는 결론적 부분을 덧붙여 공통의 주제가 있다는 것, 그리고 그것은 '한 분의 주(主), 하나의 교회, 그리고 하나의 구원' 이라는 말로 요약할 수 있다는 것을 지시할 것이다.

제 2 부

네 개의 복음서

제 4 장

복음서가 어떻게 기록되었는가?

'복음'은 헬라어 유앙겔리온(εὐαγγέλιον)의 번역으로 '기쁜 소식'을 의미한다.

원래 복음이란 기쁜 소식을 전달하는 사람에게 주는 보답을 의미했다. 그 후에 복음은 기쁜 소식 그 자체를 의미하게 되었다. 그후 신약성서에서 복음은 예수로 말미암아 전파되었고, 예수 안에서 구현된 하나님의 좋은 소식(good news)을 의미하게 되었다. (왜냐하면 예수는 단지 복음을 설교하기 위하여 오신 것만이 아니고 설교할 복음 자체였기 때문이다.)

생명은 항상 문학을 앞서간다. 그리고 약간의 그리스도교적인 문헌이 존재하기 이전에 우리는 기쁜 소식이 전파되었다는 것을 상기하는 것이 좋을 것이다. 그러나 최초의 그리스도인의 세대에 있어서(대략 기원후 30-60년까지) 기술된 복음서는 존재하지 않았다 하더라도 케리그마(κήρυγμα)는 있었다.(귀에 거슬리는 헬라어의 명사는 κηρύσσειν〈전파한다〉의 동사에서 유래한 명사로 선교, 또는 설교하여 듣게 하는 사신을 의미한다.) 그리고 현대 학자의 도움으로[1] 우리는 케리그마의 내용을 거의 재구성할 수 있었다.

사도행전 2~10장까지 진술되어 있는 사도들의 설교[2]와 초기의 그리스도인의 전승을 인용하고 있는 사도 바울의 편지의 일절(예를 들면 롬 1:

3-4, 고전 15 : 3 이하)을 비교 인용한다면 최초의 기쁜 소식을 형성한 '선교'의 개요를 다음과 같이 보고할 수 있을 것이다 :

> 예언들이 성취되었고 하나님의 새로운 체제(new order)가 시작되었다.
> 다윗의 혈통에서 나실 메시야가 지금 도래하였다.
> 그는 나사렛 예수이며 주의 종이다.
> 그는 선을 행하며 하나님의 능력으로 다니면서 병을 고치셨다.
> 그는 하나님의 목적에 따라 십자가에 달렸으며
> 삼일 만에 죽은 자 가운데서 다시 살아나시며,
> 하늘에 오르사 하나님의 오른편에 앉으사 언젠가는
> 심판하려고 영광 중에 강림하실 것이다.
> 그러므로 회개하고 이 복음(this good news)을 믿으라. 그리고 너희의 죄사함과 성령의 은사를 받기 위하여 세례를 받으라.

이렇게 하여 최초의 케리그마가 있었다. 그리고 이 '선교'(proclamation)의 메시지가 최초의 복음이었다. 그리스도의 사도들은 이 복음을 가지고 넓은 세계에 복음을 전하기 위하여 나갔던 것이다. 물론 이 최초의 선교(preaching)에는 그것이 유대인들에게 설교된 것인지, 혹은 이방인들에게 설교된 것인지에 따라서 강조점이 달랐을 것이다. 그러나 그 핵심은 항상 변함이 없었다. 바울은 고린도 전서 15 : 1~11에 있어서 그리스도의 부활 후 10년 이내에 소급한 케리그마의 요약을 인용한 후, "하여간 우리들이나 저희들(베드로, 야고보, 요한 그외 사람들)이나 할 것 없이 이것은 우리 모두가 전파하고 있는 것이라."고 주석을 달고 있다. 그러므로 최초의 복음은 우리가 종종 상기할 필요가 있겠지만 산상설교가 아니고 골고다 언덕 위의 십자가와 빈 무덤과 그것들을 통해서 나타나신 하나님의 구원하시는 행위(God's saving action)에 관한 선언이었다.

이 복음의 최초의 설교에 관하여 두 가지 사실이 이야기되어야 한다. 첫째로, 사도들은 단지 그 케리그마를 받아 옮기는 식으로 그 청중들에게 복창(recite)하는 것은 아니었다. 만일 그렇다면 오순절 날에 베드로의 설교를 듣고 있던 청중들이 실제로 말했던 것처럼 "말을 듣고 마음에 찔렸다."(행 2 : 37)는 것은 없었을 것이다. 오늘의 말로 한다면, 사도들은 '실존주의적으로'(existentially) 설교를 하였으며, 그 메시지를 생사에 관한 것으로 삼았던 것이다. 사도들은 자기들의 설교가 복음 자체의 일부이며—그리스도 안에서 하나님의 구원행위를 연장하여 외치는 행위라고 생각하였고—복음을 **동시대적인 것으로 하여**(*contemporize*) 죄 많은 인간들에게 그리스도 안에 있는 하나님의 구원의 행위에 긴급히 대결시키며, 신앙적인 결단을 하여 응답하는, 즉 그리스도 안에 있는 하나님의 말씀을 듣고 하나님을 받아들이는 것이라 하였다. 이러한 이유로서 바울은 다음과 같이 말할 수 있었다. "이 복음은 모든 믿는 자에게 구원의 능력이 됨이라. 하나님이 우리로 너희를 권면하시는 것같이 그리스도를 대신하여 간구하노니 너희는 하나님과 화목하라"(롬 1 : 16, 고후 5 : 20).

둘째, 우리가 개요하여 나타낸 **케리그마**는 사도들이 말한 바의 골격에 지나지 않는다. 사도들은 그 개요에 부가했다고 우리는 이해하여도 틀림없다. 사도들이 무엇을 부가하였느냐고 묻는다면 예수와 사람들 사이에서 행해진 예수의 선교(his ministry)에 관한 설화들이며, 예수께서 최초에 어떻게 하여 십자가에 달리셨다는 것을 부가했다고 대답할 수 있을 것이다.[3] 이와 같은 이야기에는 결여가 없었다. 왜냐하면 '세상 가운데 있는 예수를 보았고,' 또 예수의 말씀을 들은 사람들이 아직 많이 살아 있었기 때문이다. 많은 사람들은 갈릴리와 유다에서 예수님을 따라간 사람들을 알고 있었다. 그리고 많은 사람들은 예수께서 세리들과 죄인들과 어떻게 은혜롭게 어울리며, '능력있는 역사'를 하셨다는 것을 기억하고 있었으며, 또한 예수께서 어떻게 병자들을 고치셨으며, 어린아이들을 어떻게 축복하셨으며, 또한 어떻게 폭풍과 파도를 잔잔케 하셨으며, 배고픈 많은 군중에게 어떻게 급식하셨으며, 타락한 여자와 경멸받은 세리들에게 새 생명을 주셨다는 것을 상기할 수가 있었다. 또 최후의 밤에 2층 다락방에서 제자들과 어떻게 지내셨으며, 떼신 떡과 포도주로 다가오는 그의 죽음과 인간에 대한 하나님의 새 언약이 시작되는 것을 어떻게 상징하셨는가를 상기할 수가 있었다. 사실상 초기 그리스도교의 어떠한 중요한 중심지–예루살렘, 가이사랴, 안디옥, 로마–에 있어서도 예수에 관한 몇 가지의 설화(stories)의 윤곽이 나타나 있었다. 이것을 그리스도인들은 예배를 위하여 모였거나 공동식사를 하였을 때 서로 전달하였다. 또한 사도들은 그 설화를 자기들의 설교 안에 넣어서 설교를 작성하였다. 이 시기에 있어서는 기억이 아직 생생하였으므로 예수의 설화를 기술하거나 기록할 필요성을 느끼지 못했던 것이다.

그러나 예수의 교훈(teaching)에 관해서는 어떠했을까? 이미 말한 바와 같이 케리그마의 개요에는 예수의 가르침에 대해서는 아무것도 들어 있지 않다. 그러나 초기의 그리스도인들은 '아무도 말하지 않은 것을 말한' 예수의 잊을 수 없는 말씀을 전부 잊어버렸다거나 무시해 버렸다고 생각해서는 안 될 것이다. 두 가지 사실을 든다면 예수의 약 60개의 비유와 106절에 해당하는 산상설교(마 5–7장) 등이 보존되어 있다는 것은 초기의 그리스도인들이 예수의 말씀을 잊었거나 무시하지 않았다는 적극적인 증거이다. 사실상 예수의 말씀은 그리스도인의 생활과 실제상의 문제에 빛과 지침을 주기 위하여 초기 그리스도인들로 인하여 소중하게 보존되었다고 말할 수 있는 충분한 증거이다. 예를 들면, 바울은 예수께서 말씀하신 것에 대하여 무지하지는 않았다. 로마서 12~14장에 있어서 그의 그리스도인의 윤리에 관한 해설에 있어서 예수의 말씀 중의 열 마디를 되풀이하는 내용이 포함되어 있고, 바울은 종종 자기 교회의 난처한 문제를 해결하기 위하여 '주의 말씀'(고전 7 : 10 ; 9 : 14 ; 11 : 23 이하 ; 행 20 : 35)을 인용하였다. (이것은 바울이 '그리스도의 법'〈갈 6 : 2〉이라는 말로 의미했던 것이다.)

그래서 맨 처음부터 사람들은 예수의 말씀을 기억하고 있었으며, 의심할 바 없이 그 말씀 자체를 위하여–그 말씀은 올리우신 주의 말씀, 지금 '왕'이시며 '교회의 머리'가 되시는 분의 말씀인 고로–뿐만 아니라 이미 말한 바와 같이 그 실제적인 가치 때문에 예수의 말씀은 그리스도인들의 생활의 하나의 설계(design)로서 중요시되었다는 것은 확실하다. 대강 기원 50년경에 어디선가 예수의 말씀이 수집되었으며, 그것이 복음설교로 인하여 개종된 사람들을 위해 그리스도인의 행할 길을 안내하는 지침으로서 도움을 주는 것이 되었다.[4)]

그 후에 복음서들 안에 짜여지게 된 예수의 말씀의 자료는 예수의 십자가의 죽음과 부활이 있은 후 약 20~30년 동안에 형체를 갖추게 되었다. 그 동안은 구전(*the oral tradition*)의 시대 – 예수께 관하여 기술된 기록보다는 목격자들의 '생생하며 한결같은 소리'가 더욱 신뢰할 수 있었던 시대 – 였다. 그것은 예수에 관한 기억하기 쉬운 설화와 훌륭한 말씀이 직접적으로 도움이 되었고, 또 관심이 되었기 때문에 구전이 귀중하게 여겨지던 시대였다. 그리스도인들의 손에는 귀중한 자료가 많이 있기는 하였으나 아직 그것으로 면류관을 만들고 싶다는 긴박된 욕망은 없었다.

그러나 그러한 시대는 오고 말았다. 예수께서 죽으시고 부활한 후 약 20~30년의 세월이 흘렀다. 그러한 사이에 복음의 거룩한 불길이 예루살렘에서 로마에까지 번지게 되었다. 많은 목격자들은 이제 잠들어 버렸다. 세베대의 아들 야고보와 주의 형제 야고보는 죽임을 당했고, 지도적인 두 사도였던 베드로와 바울은 로마에서 순교하였다. 이제 "예수의 지상 생애에 대하여 기억하고 있다."라고 말할 수 있는 사람들 중 남아 있는 사람이 죽기 전에 예수의 이야기(설화)를 기록해 두어야 한다는 사실이 중요하게 되었고, 게다가 그리스도교의 신앙교육을 필요로 하는 개종자들이 교회에 모여들게 되었다. 요컨대, 주 예수에 관하여 기술된 기록이 절실하게 필요하다고 느끼기 시작하였다. 그리고 그 필요를 채워 줄 수 있는 인물이 나타났다.

그 사람이 바로 베드로의 친구이며, (전승에 의하면) 베드로의 '동역자'인 요한 마가였다. 마가는 최초의 복음서를 로마에서 썼다. 마가에게는 어떤 자료가 준비되어 있었을까? 첫째, 그는 베드로와 동반하고 있었기 때문에 예수의 선교의 전반 – 예수에 관한 이야기로 채울 수 있는 개요 – 에 관한 지식이 있었다. 그 안에 포함되어 있는 몇 가지는 실제로 베드로의 기억이었다. 그러나 그것만은 아니고, 마가가 활동하고 있던 그리스도인들의 동료들 가운데 구전으로 유포되었던 많은 설화들도 여러 곳에 사용할 수 있었다. 이와 같은 자료를 기초로 하여 마가는 그의 면류관인 복음서를 기술하였다. 이것이 대략 기원 65년, 로마에서 황제 네로가 잔인하게도 그리스도인들을 습격하였던 직후의 일이었다. 그 다음 약 30년 동안에 마태, 누가, 요한으로 알려진 세 사람이 마가의 예를 따라 각각 복음서를 기록하게 되었다.

NOTE

수난설화는 아마 일련된 설화로 편집된 예수 설화의 최초의 것이라 할 것이다. 주의 만찬에 관한 하나의 전승(고전 11 : 23 이하)으로 본다면 그 편집은 아마도 기원전 50년 이전의 것이다. 그것은 '잡히시던 밤'에 관련된 것이라 할 것이다.

그리스도인들은 아주 일찍이 바울이 말하고 있는 것처럼 십자가의 '장애물'에 직면해 있음을 깨달았다. 십자가에 못박히신 메시야가 어떻게 하여 하나님의 구원의 중보자가 될 수 있을까? 이와 같은 이의에 대답하기 위하여 그리스도인들은 십자가의 설화를 이야기하여, 또한 그것을 전체로서 말해야 하겠다고 생각하였다. 실제로 저희가 그렇게 십자가에 대하여 이야기한 것은 다음의 두 가지에 관해서 증명되었다 : (1) 복음서의 전승의 다른 부분보다도 그리스도의 수난의 기록에 강력한 일련의 연속성이 일관되어 있다. (2) 네 개의 복음서에 있어서 모두가 십자가 사건의 순서는 대충 동일하다. 모두 적절하게 기록되었고, 그것이 신뢰할 만한 초기의 보고서인 것을 암시하고 있다.

그러나 단지 십자가와 부활에 관해서 진술하는 것만으로는 충분하지 않았다. 피할 수 없는 것은 듣는 자들이 자기를 구속하기 위하여 죽었다가 부활하신 주님의 지상의 생애에 관하여 더욱 알고 싶어했다. 그래서 수난설화 앞에 기쁜 소식이 모두 어떻게 하여 시작되었는가에 관한 설화가 첨가되었던 것이다.

제 5 장

공관복음서 문제 : 문학적인 수수께끼

처음의 세 복음서 – 마태, 마가, 누가 – 는 일반적으로 '공관복음서'(Synoptic Gospels)라고 부른다. 왜냐하면 이 복음서들은 예수 설화(story)의 하나의 일람, 공통의 개요를 말하고 있기 때문이다. 이 복음서들의 내용을 세 가지로 나란히 줄지어 비교해 본다면 공관복음서의 문제를 곧 알게 될 것이다. 그 문제란 이 최초의 세 복음서 사이에 현저하게 같은 것이 있다는 점이다. 예를 들면, 마틴 루터(Martin Luther)와 같은 위대한 인물의 각각 다른 세 가지 전기 중에서 동일한 사건이 기록되어 있는 것을 발견한다 하더라도 우리는 놀라지 않을런지 모른다. 그러나 최초의 세 가지 복음서에 있어 기이하게 생각되는 것은 예수의 설화에 대하여 동일한 사건이 거의 같은 말로 진술되어 있다는 것이다.

오늘날 세 곳의 신문에서 이와 유사한 것이 일어났다고 한다면 그 특파원들이 공통으로 전했으며, 그 전보가 자유로이 편집되었기 때문일 것이다. 세 복음서가 유사하다는 문제는 꼭 이와 같은 문제이다. 그러므로 우리는 이 복음서들이 각각 독립하여 쓰여졌으나, 그 자료의 많은 부분은 다른 복음서를 쓰는 데 도움이 되는 자료에서 이용한 것이 틀림없다고 추론된다.

이러한 자료의 발견이 공관복음서의 문제이다. 이 문제해결의 최초의 시도는 **구전설**이었다. 이에 의하면 세 복음서의 배후에는 그 중심에 관계되는 한, 많거나 적거나 상관없이 고정된 예수에 관한 공통된 구전이 있었다고 상상하게 된다. 이 해결방법은 공관복음서들 사이에 언어적으로 세부에까지 유사하다는 것을 설명할 수 없었기 때문에 포기해 버렸다. 마태복음 9 : 6과 마가복음 2 : 10, 그리고 누가복음 5 : 24을 비교해 보면 그 유사점을 알 수 있을 것이다. 이 장절에서는 "중풍병자를 향하여……말씀하였다."는 별로 중요하지 않은 삽입구가 세 복음서에 모두 공통되게 있다. 단, **문서설**(documentary theory)만이 이와 같은 사실에 적합하게 된다. 다시 말하면 완전히 동일한 내용이 둘 아니면 그 이상의 기술된 자료를 공통으로 사용했다고 생각하지 않으면 안 될 것이다.

이러한 설명이 오늘날 일반적으로 받아들여지고 있다. 그 설명은 '이중 문서설' 이라 부르며, 두 가지의 기본적인 문서가 공관복음서들의 기초가 되어 있다고 주장하고 있다. 그 두 개의 문서란 '마가복음' 과 일반적으로 Q('자료' 를 의미하는 독일어의 *Quelle*에서 유래되었다.)라고 불리는 말씀자료이다.

이 이중 문서설의 첫째 중요한 원칙은 아래에 서술한 대로이다 :

1. 마가복음의 선행성(The priority of Mark)

이로 인하여 의미되는 바는 예수의 선교(ministry)에 대한 최초의 기사는 마가복음에서 발견되며, 더구나 마가는 마태와 누가의 기록에 중요한 자료의 하나로 사용되었다는 것이다. 이 사실을 지지하는 여러 가지의 논거는 다음과 같이 정리할 수 있다 :

(1) 공통 내용

마태복음은 거의 마가복음의 모든 것이 포함되어 있다(마가복음의 661절

중에 606절이 마태복음에서 재현된다). 그리고 누가복음서에서는 마가복음의 약 절반이 포함되어 있다(그 실제의 숫자는 350절이다).

(2) 공통된 어법

마태와 누가는 마가의 말을 그대로 되풀이하고 있다. 실제로 마태복음에는 마가의 언어의 51%가 전제되었고, 누가복음에는 마가복음의 말의 53%가 전제되어 있다.

(3) 공통된 순서

마태와 누가는 마가의 사건 순서에 따르고 있다. 그리고 마태와 누가의 어느 한쪽이 마가의 순서에서 떠나 있어도 다른 하나는 마가의 순서에 따르고 있다.

이상에서 말한 것만이 이중 문서설의 이론은 아니다. 제4의 것은 마가의 변화된 것이 마태와 누가에서 발견된다는 것이다. 예를 들면 마가복음 10 : 18의 "어찌하여 나를 선하다 일컫느냐?"를 마태는 "어찌하여 선한 일을 내게 묻느냐?"(마 19 : 17)로 변경하였다. 그리고 제5의 것은 마가는 예수의 아바라든가 **달리다굼**이라는 아람어를 보존하고 있으나, 마태나 누가에서는 생략되고 있다는 것이다. 그것은 두말할 나위 없이 이러한 말이 그 독자들에게 있어서 아무런 의미가 없었기 때문이다.

이상의 증거로 말미암아 하나의 결론이 내려진다. 그것은 마태복음이나 누가복음에서 사용된 첫 번째의 자료가 마가복음이었다는 것이다.

'이중 문서설'의 두 번째 원칙은 다음과 같다 :

2. Q의 함축성(The probability of Q)

마태와 누가에는 둘 다 마가에 없는 많은 절들이 포함되어 있다. 그리고 그 양자에는 200 이상의 절이 공통되고 있으며, 종종 문자 그대로 동일하며 이 사실이 대체로 예수의 말씀에 의한다. '티와 들보' (κάρφος και δοκόν)의 비유를 예로 들어 보자.

마태복음 7 : 3~5

어찌하여 형제의 눈속에 있는 티는 보고 네 눈속에 있는 들보는 깨닫지 못하느냐? 보라 네 눈속에 들보가 있는데 어찌하여 형제에게 말하기를 나로 네 눈속에 있는 티를 빼게 하라 하겠느냐? 외식하는 자여, 먼저 네 눈속에서 들보를 빼어라. 그 후에야 밝히 보고 형제의 눈속에서 티를 빼리라.

누가복음 6 : 41~42

어찌하여 형제의 눈속에 있는 티는 보고 네 눈속에 있는 들보는 깨닫지 못하느냐? 너는 네 눈속에 있는 들보는 보지 못하면서 어찌하여 형제에게 말하기를 형제여 나로 네 눈속에 있는 티를 빼게 하라 할 수 있느냐? 외식하는 자여, 먼저 네 눈속에서 들보를 빼어라. 그 후에야 네가 밝히 보고 형제의 눈속에 있는 티를 빼리라.

또 하나의 좋은 예는 마태복음 11 : 25~27과 누가복음 10 : 21~22('위대한 감사' 라고 불리는 부분)이다. 이러한 장절은 마태와 누가가 사용한 제2의 기술된 자료를 가리키고 있다. 그것을 오늘날 공통적으로 'Q' 라고 부르고 있다.

그것이 존재했다는 것은 다음의 세 가지 논거로써 제시된다 :

첫째는 마태와 누가에게는 마가에 따르지 않은 부분에 있어서 높은 비율의 말씀상의 일치(verbal agreement)가 있다는 것이다. 둘째는 마태와 누가에 나타난 예수의 말씀의 순서가 현저히 일치하고 있다는 것이다. 셋째는 마태와 누가에 있어서 쌍을 이루는 유사(doublets)가 있다는 것이다. 즉, 마태복음과 누가복음은 예수의 말씀을 2회—일반적으로 말해서 조금 다른 형태이지만 실질적으로는 같은 의미를 한번은 마가에서 인용한 부분에서 또 한번은 마태와 누가에만 있는 부분에서 보도하고 있다. 예를 든다면 '십자가를 지고' 라는 말이다. 마태복음 16 : 24과 누가복음 9 : 23은 마가복음 8 : 34에서 취한 것이다. 마태복음 10 : 38과 누가복음 14 : 24은 꼭 같이 Q에서 취한 것이다.

Q는 현재 남아 있지 않다. 그러나 마태와 누가가 이와 같이 유사하게 사용한 절들을 비교해 볼 때에 우리는 Q의 대부분을 재구성할 수 있다. 그 대부분이 마태복음과 누가복음에 나타난 예수의 중요한 설교(마 5－7장, 눅 6 : 20－49), 또 예수께서 제자들을 전도에 파견하여 설교와 병을 고치게 했을 때 제자들에게 분부한 명령 등에서 되찾을 수 있다.

이와 같은 예수의 말씀의 수집이 왜 필요했던 것일까? 그것은 신앙 안에서 새로이 개종한 그리스도인들의 행동지침으로 필요했으리라고 짐작이 간다. 이미 하나님 나라에 들어간 최초의 제자들에 대해서는 예수께서 하나님 나라에 있는 사람들이 어떻게 살아야 할 것인가를 하나님이 요망하고 계신 것을 나타내려고 하였다. 초기 교회의 지도자가 예수의 말씀집을 수집함으로 살아 계신 주께서 개종자들을 어떠한 생활과 행동을 하도록 부르셨는가를 나타내려고 했다는 것은 실로 당연한 일이 아니었을까?

그러나 누가 이 예수의 말씀을 수집했을까?[1] 기원후 약 100년경에 히에라볼리(Hierapolis)의 감독 파피아스(Papias)는 다음과 같이 말하였다 : "마태는 히브리어(다시 말해서 아람어)로 말씀(logia)들을 편집하였다. 그러나 사람들은 전력을 다하여 그것을 번역하였다." 이렇게 말하는 것은 마태복음에는 들어맞지 않는다. 마태복음은 아람어에서 헬라어로 번역되었다는 흔적이 없기 때문이다. 오히려 그것은 아마도 Q를 가리키는 것이라 할 것이다. Q는 (1) 그리스도의 말씀의 수집이며, (2) 원래 아람어로 존재하였고, (3) 여러 사람들에 의해 번역된 것이다. 틀림없이 교양이 풍부한 사람인 마태가 편집자였다는 것을 분명하게 증명할 수는 없다 하더라도, 전승은 마태가 유리하여 그는 그 분야에 있어서 가장 유망한 후보자이다. Q가 이방인들에게 강한 관심을 보이고 있음을 보아서 아마도 기원후 약 50년경 이방인 그리스도인들의 요람지였던 안디옥(Antioch)에서 편집되었다고 상상된다.[2]

3. 마태와 누가복음서의 특수자료

마태복음과 누가복음에서 마가와 Q에서 유래한 부분을 제거해 버린다면 각기 복음서 기자에게는 그의 특수한 많은 자료가 있었다는 것을 알 수 있다.

이와 같이 '마태복음의 특수자료', 다시 말해 'M'은 300절 이상에 달한다. 그 중의 어떤 것은 구약성서의 인용이며, 그 인용은 예수께서 어떻게 예언을 성취하셨는가를 보여 주고 있다. 이러한 구약성서의 인용을 따로 한다면 M은 많은 예수의 말씀과 비유로 되어 있다. 그리고 그 많은 부분이 이 복음서의 특징인 훌륭한 설교 안에 들어 있다. 그 외에는 최초의 탄생설화에서 시작하여 유다와 빌라도의 이야기와 마지막 주간 예루살렘에서 일어난 몇 가지의 생소한 사건에 이르기까지 거의 열두 가지의 이야기가 있다. 이 복음서 기자는 이 특수한 자료를 자기 자신의 정보원에서 얻은 것이다. 그러나 그것이 어디까지 구전에 의한 보고였는지, 기술된 자료에 의한 것인지는 확실하게 말할 수 없다. 분명한 것은 대부분의 M에는 유대인적인 색채가 농후하고 그것이 예루살렘에서 일어난 일들이라고 상상된다.

'누가복음의 특수자료', 다시 말하면 누가복음 3~24장의 누가의 특수자료에 관해서는 어떠할까? 이 누가의 특수자료는 'L'이라고 칭한다. (눅 1-2장의 탄생설화를 누가는 아마도 유대의 유대인 그리스도인의 교회에서 얻었을 것이다.) 마가와 Q는 대개 누가복음의 2분의 1에 지나지 않는다. 나머지 절반은 누가의 특수자료로 되어 있다. 누가의 특수자료는 설화와 교훈이다. 단적으로 말하자면 나사렛 회당에서 말씀하셨던 설교, 죄 있는 여자, 삭개오와의 만남, 엠마오 도상의 설화 비유 중에 유명한 것으로서 '선한 사마리아 사람', '탕자'와 같은 많은 비유로 되어 있다. 어째서 '사랑하는 의사'가 이 귀중한 자료를 입수할 수 있었을까? 이 복음서의 서문(1 : 1-4)에 의하면 마가나 Q와 같은 기술된 자료 외에 누가는 구전의 자료를 가지고 있었다는 것을 의미하고 있다. 따라서 누가 자신의 관심과 누가 자신의 문체와의 흔적을 나타내는 'L' 자료는 예수에 관한 구전(oral traditions)이며, 누가 자신이 이것을 수집하여 기록하였다고 추론된다. 그 시기와 장소에 관해서는, 바울이 2년간 투옥당했던 사이에 누가는 바울 곁에 있었던 시기인 기원 57~59년에 가이사랴 지역의 그리스도인들에게서 입수할 수 있었을 것이라고 대답할 수 있을 것이다(행 21 : 8).

마가, Q, 마태의 특수자료(M), 누가의 특수자료(L), 이런 것들은 공관복음서 안에서 찾아볼 수 있다. 예수에 관한 전승에는 네 가지 층(the four strata of traditions)이 있다.[3] 첫째로 마가는 로마와 관계가 있고, 둘째로 Q는 안디옥과 관계가 있고, 셋째로 M은 예루살렘과 관계가 있고, 넷째로 L은 가이사랴와 관계가 있었다는 것은 부정할 수 없는 사실이다.

다음과 같은 시로 우리는 결론을 기술할 수 있다.

> 해결된 문제를 말해 보기로 하자 :
> 마가복음이 맨 처음에 나타났다.
> 그리고 누가와 마태는 마가복음을 사용하였다.
> 그러나 누가와 마태는 마가 외에
> Q(Quelle)를 좀더 부가하기를 기뻐하였다.
> 그리고 각각 특수자료도 사용하였다.[4]

이상과 같이 공관복음서 문제를 연구한다면 마태와 누가는 마가를 도용했다는 문학상의 윤리 – 오히려 그 윤리가 결여되고 있다 – 에 누구라도 충격을 느낄 것이다. 만일 그렇다면 그 당시는 인쇄술이 발명된 결과로서 일어난 저작권에 관한 법률 같은 것은 존재하지 않았음을 상기하도록 하자. 책을 손으로 필사했던 고대에 있어서는 상업적인 저작권에는 아무런 가치가 없었다. 그리고 역사가는 정중하게 인용부를 붙이지 않고 선배의 상당한 부분을 사용해도 괜찮다고 생각했던 것이다.

4. 양식비평과 편집비평

이상 '자료비평'에 관해서 논하여 왔으나, 이 자료비평에서 우리는 복음서의 그늘에 가리워 있는 기술자료로 거슬러 올라갔다. 그러나 약 60년 전 독일의 신약성서 학자 세 사람 쉬미트(K. L. Schmidt), 디벨리우스(M. Dibelius), 불트만(R. Bultmann)은 지금 일반적으로 '양식비평'으로 알려져 있는 복음서의 새로운 접근(approach)을 시작하였다. 실제로 저희가 말하고 있는 바와 같이 저희는 문서 이전의 구전시대에까지 거슬러 올라가려고 노력하였다. 구전시대에 있어서 예수께서 행하시고 말씀하신 바의 설화는 그리스도인들의 동료들 가운데 입에서 입으로 자유롭게 전달되었다. 또 저희 세 학자들은 복음서 전승의 단편에 있어서 복음서 기자가 그것을 기록해 두기 전에 각각 누군가를 통하여, 또 어디서인가 그리스도인들 사이에서 어떤 목적으로 사용되었다는 것을 발견하려고 시도하였다. 양식비평에 종사한 자의 신념은 수난설화는 따로 하고 오늘 우리의 복음서 안에 전해지고 있는 설화는 원래 독립된 단위—페리코페는 그 학술상 용어이다—로서 널리 보급되어 있었다. 그리고 저희의 희망은 이러한 페리코페를 새로 연구함으로써 현실의 예수에게 더욱 가까워질 수 있지 않을까 하는 것이다.

그들은 복음서는 민속문학(民俗文學)이며 다른 민속문학에서 인용된 문학형태나 양식의 검토 방법을 복음서에 적용함으로써 복음서 안에 여러 가지 요소를 분류할 수 있으리라고 논하였다. 저희들은 복음서의 모든 요소들을 분류한 후, 복음서 기자들로 인하여 주어진 편집상의 틀(the editorial framework)을 제거하여 '페리코페'(pericopēs)의 본래의 형태를 발견하여 실지로 어떤 목적(설교나 교육이나 예배)을 위하여 초기 그리스도인들이 그것을 보존하였으리라고 생각하였다.

저희들은 튜튼인(Teutonic)의 철저성에 대하여 복음서의 페리코페를 마치 박물관의 나방(moths)을 취급하는 것처럼 여러 가지로 잘게 분류하여 배열하였다. 복음서의 설화 가운데 저희들은 마가복음 2 : 15~17에서와 같은 '선언설화' (pronouncement stories)를 발견하였다. 이것은 예수께서 "내가 의인을 부르러 온 것이 아니고 죄인을 부르러 왔다."는 말씀에 있어서 정점에 달하고 있다. 또 저희들은 문둥병자를 고치신 설화와 같은 '기적설화' (막 1 : 40－45)를 발견하였다. 또 저희는 성전에 있는 소년 예수의 설화와 같은 '성도전' (legends ; 눅 2 : 41－52)을 발견하였고, 또 그리스도의 세례설화(막 1 : 9－11)와 같은 신화를 찾아내었다. (그중에 마지막의 두 가지 명칭은 잘못된 것이다. 왜냐하면 보통 일반 독자들은 그 명칭으로 말미암아 그 설화가 비현실적이라고 상상하기 때문이다. 양식비평에 종사하는 사람은 반드시 그와 같이 의미했다고 생각할 필요는 없다.) 마찬가지로 저희들은 예수의 말씀을 비유, 예언적인 말씀, 계시록적인 말씀, 기타로 분류하였다. 이와 같은 분류는 지금 생각하건대 우리의 복음 이해를 현저하게 전진시켰다는 것은 아니지만 그 모든 것이 학문적으로 들려진다. 더욱 나쁘다고 생각하는 것은 이 새로운 학문이 얼마 못 가서 악명을 뒤집어쓰게 되었다. 왜냐하면 불트만(Bultmann)에게서 불필요한 회의적인 경향이 보였기 때문이다. 그리고 복음서 안의 설화가 얼마만큼이나 참된 것일까? 얼마만큼의 설화가 초기 교회에서 만들어졌을까? 하는 질문이 우리로 하여금 양식비평을 불신하게 했다.

약 반세기가 지나서 우리는 최초로 양식비평에 종사하였던 사람들의 오류와 실패를 발견하게 되었다. 그것을 네 가지로 열거해 보기로 하자. (1) 목격자들은 부활 후 곧 죽었거나 형체가 사라졌다고 양식비평에 종사했던 사람들은 가정하고 있었다. 그러나 바울은 고린도 전서 15 : 6에서 이 가정은 잘못이라고 밝히고 있다. (2) 유대인들이었던 최초의 그리스도인들은 주(主)의 말씀과 행위를 충실하게 전달하려고 주의하고 있었으나 저희들은 예수에 관한 초기의 전승은 모두가 고정되지 않은 비교적으로 신임할 수 없는 것이라고 가정하였다. (3) 저희들은 다른 문화의 구전(이러한 경우에 그 전달에는 수세기나 걸렸다.)과 복음서의 구전(이 경우에는 그것이 대강 20~30년 동안의 문제이다.)과의 사이에 의심스러운 평행선을 그어 놓았다. (4) 저희들은 복음서의 설화와 말씀의 양식이 그 진실성을 결정하는 데 믿을 만한 기준이라고 가정하기 쉬었다. 그러나 물론 그렇다고 말할 수는 없다.

그 결과는 대관절 무엇이었을까? 주로 불트만이 회의사상을 보급했기 때문에 영국에서는 양식비평을 냉정스럽게 받아들이게 되었다. 독일에 있어서도 지도적인 학자는 이제 복음서의 역사적인 가치에 대하여 그렇게 과격한 접근을 하지 않는다. 예를 든다면, 불트만은 전에 복음서에는 예수에 관한 신뢰할 만한 보도가 거의 전해지지 않았다고 단언하였으나, 그의 제자 보른캄(Bornkamm)[5]은 복음서에는 "역사가 꽉 차 있다."라고 언명하였다.

그러나 초기의 양식비평이 너무 지나친 것이라고 비난하는 것이 옳다 하더라도 그 새로운 방법, 가령 예를 들면 영국의 도드(C. H. Dodd)나 독일의 예레미아스(J. Jeremias)와 같이 사려 깊게 사용한다면 그 방법은 초기 교회의 '터널시대'(the tunnel period ; 다시 말하면 기원 30-50년)를 비추어 낼 수 있다고 인정하게 될 것이다. 그 방법은 성장하는 신앙인들의 교회에 있어서 최초에는 목격자로 말미암았고, 그 후는 '말씀의 종들'(누가가 그렇게 불렀다.)로 말미암아 어떤 모양으로든 그리스도가 전파되었으며, 필경에 그 설화들이 규격에 들어맞게 되었고, 마지막에는 복음서 기자로 인하여 편집되어 책으로 만들어졌는가에 관하여 이해하는 데 도움이 될 것이다. 이러한 경우에 양식비평을 적당하게 복용한다면 가치가 있다. 그러나 "과도하게 복용하게 되면 아마도 사람들은 라파엘로(Raphael)의 그림 앞에 서서 이 예술가는 이 그림물감을 어디에서 입수할 수 있었을까?"라고 끈질기게 묻고 있는 것이 될 것이다.[6]

복음서 비평은 그것으로 끝난 것은 아니었다. 첫째로 이미 언급한 대로 복음서의 기초를 이루고 있는 문서자료를 밝히려고 한 **문서비평**이 대두하였다. 이것에 뒤를 이어 **양식비평**이 일어났다. 이것은 복음서의 문서 이전의 전승에 관심을 나타내는 것이었다. 최근에 독일에서 나타난 비평방법은 **'편집비평'** 혹은 **'편집사'** 로 알려지고 있다. 이 방법은 양식비평이 끝난 데서 시작된다. 그 관심은 이제 구전 그 자체에서 복음서에 최종적인 형태를 주었던 마태, 마가, 누가라는 현실의 사람들에게 돌려졌다. 이러한 복음서 기자들은(새로운 비평학자는 말하고 있으나) 단지 전승자료의 편집자였다는 것만은 아니다. 복음서 기자들은 자기 자신의 독자적인 신학적 견해를 가진 사람들이다. 그 신학적인 견해는 저희들이 그 자료를 자기들의 원하는 대로 편집한 방법으로 말미암아 알 수 있다. 복음서 기자들은 단순히 전승의 수집가였다는 것보다는 각자가 타고난 신학자들이었다. 예를 든다면, 마태가 마가의 부자 청년의 설화를 편집한 방법을 연구해 본다면 마가의 설화를 다섯 군데 바꾸는 것으로 그 설화를 자기 자신의 교훈적인 목적에 필요하게 만들었고, 그렇게 하여 자기 자신이 교회의 신학자인 것을 나타내려고 한 흔적을 알 수 있다. 또한 누가복음서를 연구한다면 누가가 역사와 종말론에 관하여 누가 자신의 독특한 관점을 가지고 있다는 것을 알 수 있을 것이다. 누가는 세 가지 시대로 시간을 나누고 있다. 그 세 가지 시대란 세례자 요한으로 끝나는 구약성서의 시대, 예수의 시간인 중앙시대, 그리고 교회의 시간인 부활에서 종말까지 이어진 제3시대이다. 이와 같이 새로운 비평학자는 각각의 복음서 기자의 신학을 밝히려는 것을 목적으로 한다.

그러나 불행하게도 저희들이 찾아낸 지금까지의 사항들이 종종 서로 모순되고 있다. 그리고 분명한 것은 저희의 작업했던 것의 태반이 가설과 사변의 영역에 속하였다. 그것은 피할 수 없는 결과였다. 그 이유는 어느 복음서에서도 '무엇이 최후의 편집자가 기록한 것이었는가? 무엇이 처음의 개정자로 인하여 도입되었는가? 또 개정자가 자료를 입수했을 때 그 자료는 무엇이었는가?' 를 우리는 확실하게 결정할 수 없기 때문이다.

아마도 이 새로운 비평학자들로 말미암아 일으킨 먼지가 조금씩 가라앉았을 때 우리는 더욱 분명한 것을 알 수 있게 될 것이다. 우선 우리가 그들의 수고한 결과를 요약하면, 복음서 기자들은 역사가였지 결단코 신학자는 아니었다는 옛 견해에 대하여 저희들은 의문을 품었다고 할 수 있다. 비판학자들은 마태는 교회적인 관심을 강하게 가지고 있었다는 것, 누가는 역사가이며 신학자였다는 것, 다시 말해서 누가는 자기 신학에 도움이 되기 위하여 자기의 역사를 사용하였다는 것에 대하여 우리에게 보여 주었다(이것은 우리가 오래 전부터 희미하게나마 느끼고 있었던 것이다). 이 사실은 개개의 복음서와 사도행전에 대하여 고찰하게 될 때 강조하여 논하기로 하자. 이 새로운 비평방법을 연구하는 데 관심이 있는 자는 그것이 로데(J. Rohde)의 「복음서 기자의 교훈의 재발견」(*Rediscovering the Teaching of the Evangelists*)에 요약되어 있는 것을 알아두면 좋을 것이다. 그러나 그것이 네 사람의 복음서 기자의 특유의 관심을 지적하는 옛 신약성서 '서설' 보다는 우리에게 필요한지 아닌지에 관해서 의심하지 않을 수가 없다.

제 6 장

최초에 쓰여진 복음서 : 마가복음

1933년 베를린(Berlin)의 국회의사당이 화재를 당했다. 적당한 속죄의 염소(scapegoat ; 남의 죄를 대신 지고 광야에 버려진 염소)를 찾고 있었던 국가사회주의 독일 노동당은 공산주의자에게 그 죄를 뒤집어씌워 많은 공산주의자를 처형하였다. 약 1,900년 전에 꼭 같은 사건이 로마에서 일어났다. 기원후 64~65년에 걸친 겨울에 큰 화재가 나서 로마시의 3분의 2가 잿더미가 되고 말았다. 암우(暗愚)한 황제 네로가 방화의 주동자였다고 하는데, 어떤 종류의 극한 범죄가 일어나면 곧 그 범죄의 의문를 덮어씌웠던 그리스도인(Christian)이란 새로운 분파를 네로는 희생자로 발견하였다. 가공할 일들이 계속적으로 일어났다. 그 희생자 중에 베드로와 바울이라 불리는 두 그리스도인의 지도자들이 들어 있었다.

신뢰할 만한 자료에 의하면, 이 사건이 있었던 얼마 후에 "하나님의 아들 예수 그리스도의 복음"(The Gospel of Jesus Christ the Son of God, 막 1 : 1)이라는 표제의 자그마한 책이 로마에서 나타났다. 이 책이 바로 마가복음으로 알려지고 있다.

이 책이 어떻게 하여 쓰여지게 되었던가? 예수께서 죽으시고 부활하신 후 30년의 세월이 흘렀다. 그 당시까지는 부활하신 주님을 만난 많은 사람들이 죽고, 그중에는 순교한 자도 있었다. 그러므로 목격자들이 다 죽기 전에 예수의 설화를 책으로 기록해 두어야겠다는 필요성이 생기게 되었다. 거기에다가 그때에 그리스도인들은 박해를 받고 있었으며, 자기들의 주님과 주님의 고난을 상기할 필요가 있었다. 그것은 다름 아니라 자기 자신의 고독한 고난 때에 자기를 격려하며 굳게 설 수 있게 하기 위해서였다. 이렇게 하여 마가라고 부르는 한 사람이 붓과 먹을 가지고 파피루스(papyrus)에 글을 쓰기 시작하였다. 그의 목적은 무엇이었을까? 그것은 로마에 있는 자기의 독자들에게 나사렛 예수는 하나님의 아들 그리스도인 것을 설득하기 위해서였다.

1. 저 자

우리는 어떻게 하여 최초의 복음서 기자의 이름을 알 수 있게 되었던가? 저자의 이름을 알 수 있게 된 것은 제2세기의 교회의 전승이 이구동성으로 마가복음의 저자에 관하여 말하고 있다. 그렇지 않으면 12제자도 아닌 일개의 사람이 그 저자라고 불릴 이유가 없다.

이 저자에 관하여 가장 빠르게 말하고 있는 것은 제2세기 전반, 히에라볼리(Hierapolis)의 감독 파피아스(Papias)였다. 그는 '장로 요한'의 다음과 같은 증언을 말하고 있다 : "베드로의 동역자였던 마가는 차례대로는 아니지만 주께서 말씀하셨던 것과 행하셨던 것들, 그가 기억하고 있는 모든 것을 정확하게 기록하였다."

이 증언은 파피아스를 뒤이어 있었던 저자들로 인하여 차츰차츰 충분히 확인할 수 있었다. 리용(Lyons)의 감독 이레네우스(Irenaeus)는 그 자신이 로마에 체재하고 있었는데, 그는 "그리고 저희(베드로와 바울)가 죽은 후에 베드로의 제자이며 동역자인 마가가 베드로가 설교를 통해서 말씀하신 것을 써서 우리에게 전하여 주었다."고 기록하고 있다.

그러므로 이 복음서가 기록된 연대를 기원후 65년 이후 얼마 안 되어서라고 인정하며, 이 복음서의 저자는 마가라고 작정하는 데 주저할 필요는 없다. 마가에 관해서는 아주 많은 것들이 알려져 있다(행 12 : 12, 25 ; 13 : 5, 13 ; 15 : 37, 39 ; 골 4 : 10 ; 몬 24 ; 딤후 4 : 11 ; 벧전 5 : 13).[1]

마가의 이름 전체는 요한 마가였다. 그는 예루살렘 태생으로 그의 어머니의 집은 초기 교회의 집합장소로(행 12 : 12) 최후의 만찬을 베풀었던 집으로 알려지고 있다. 마가는 12제자 중의 한 사람은 아니었다 할지라도 예수께서 마지막 예루살렘에서 선교활동을 하셨을 동안에 예수님을 만났으리라고 생각할 수 있다. 마가는 겟세마네 동산에서 벌거벗은 몸으로 도망친 청년이며(막 14 : 51), 예수님을 체포하러 온 일당이 예수를 찾아서 가까이 오고 있다는 것을 경고하기 위하여 거기에 급하게 달음질했다고 많은 사람들이 상상하고 있으니, 그것은 이유가 있는 말이다. 그렇다고 본다면 이 마가복음 14 : 51은 마가 자신이 쓴 복음서의 한 구석에 그 자신이 신중하고 조용한 방법으로 "내가 거기 있었소."라고 서명한 것이 된 것이다.

그것은 예수께서 십자가에 못박히시던 해인 기원후 30년이었다. 그후 15년 내지 16년 후의 마가의 행동에 관해서는 보다 더욱 확실한 보도가 있다. 사도행전이 전하고 있는 바에 의하면(행 13 : 13 ; 15 : 36 이하), 마가는 자기의 사촌인 바나바와 바울과 동반하여 제1차 전도여행을 떠났다. 그리고 마가는 버가모에서 저희와 작별했기 때문에 바울은 제2차 전도여행에 마가를 데리고 가는 것을 반대하였다. 이렇게 하여 바울과 바나바의 두 사람 사이에 격론이 벌어졌다. 그러나 바울이 마가를 온전히 용서한 것은 분명하다. 그것은 그후 바울이 로마에서 감옥에 갇혀 있었을 때 마가는 바울과 함께 있었기 때문이다(골 4 : 10 - 12, 몬 24).

그러나 마가는 또한 역사상에 위대한 또 한 사람 사도 베드로와의 관계가 있었다. 로마에서 저작된 베드로 전서 안에 "내 아들 마가"(벧전 5 : 13)라는 상냥한 언급이 있는 것을 발견할 수 있다(벧전 5 : 13). 우리가 이미 살펴본 바와 같이 베드로는 실제로 마가의 마음을 자극시켜 그의 믿음을 확고하게 하였다고 상상하게 된다. 그리고 이미 언급한 바와 같이 전승에 의

하면 마가는 베드로의 동역자로서 행동하였다. 이 사실은 아마도 마가가 헬라어로 말하여 베드로를 도왔다는 것이라고 볼 수 있다.

마지막으로, 대략 65~67년경 마가가 손에 붓을 들었을 때 어떠한 복음서의 자료를 구사할 수 있었을까?

첫째, '수난설화'와 수난에 앞서서 베드로의 기억에 유래한 예수의 선교(Jesus' ministry)의 일반적 개요가 있었을 것이다.

둘째, 베드로의 개인적인 회상이 있었을 것이다. 마가복음 1 : 16~20, 29~31 ; 5 : 21~43 ; 9 : 2~29 ; 14 : 26~42, 66~72 ; 16 : 7 등의 문장은 베드로의 흔적을 남기고 있다.

셋째, 예수에 관한 많은 설화(예를 들면 2 : 18－20, 23－28 ; 3 : 31－35 등), 그리고 마가가 그 가운데서 활동하고 있었던 그리스도인들의 동료들 사이에 유포하고 있었던 예수의 말씀이 있었으리라고 추측할 수 있다. 그 중의 어떤 것은 이미 작은 다발이나 뭉텅이로 집결되어 있었을 것이다(예를 들면 2 : 1－3 : 6 ; 9 : 37－50).

이러한 자료를 가지고 마가는 하나의 복음서를 편집하였다. 의심을 많이 하는 자를 따로 하고는 거의 대부분의 사람들은 이 복음서로 인하여 예수와 예수가 십자가에 못박히지 않을 수 없었던 선교에 관한(완전하다고는 할 수 없더라도) 신뢰할 수 있는 묘사가 주어졌다고 판단하고 있다. 영국의 신약성서 학자 테일러(Vincent Taylor)는 현대에 있어서 가장 크고 가장 좋은 복음서 주해서의 저자인데, 그는 다음과 같이 존경할 만한 의견을 말하였다 : "마가복음에는 예수의 설화에 관한 우리의 지식의 제일급의 권위가 있다."[2)]

2. 마가복음의 예수의 설화

마가복음은 (1) 1 : 1~13 (2) 1 : 14~9 : 1 (3) 9 : 2~16 : 8의 세 가지 부분으로 구분된다.

1. 최초의 13절은 '서문'이라고 불려지는 것으로 구성되어 있다. 구약성서의 예언(말 3 : 1, 사 40 : 3)을 성취하고 있는 것처럼 세례 요한이 사해 근처의 사막지방에 나타나 이스라엘 백성을 향하여 하나님께로 돌아오라고 부르짖으며, 자기보다 더 능력있는 분의 나타나심을 예언하며 회개하는 자에게 요단강에서 세례를 베풀었다. 그에게 세례를 받기 위하여 모여든 군중 가운데 나사렛 예수가 있었다. 예수께서 요단강에서 세례 요한에게 세례를 받고 물에서 올라오실 때에 환상중에(in vision) 하나님의 영이 자기 위에 내리신 것을 보고, 또한 하늘로서 나는 소리가 자기가 하나님의 아들이라는 것을 확증하며, 하나님의 메시야로서 섬기도록 자기를 부르는 소리를 들었다. 예수에게 있어서 이 계시의 결정적인 때에 계속하여 광야에서의 악마의 시험을 받을 때가 왔다는 것은 심리적으로 적합한 일이었다.

2. 1 : 14~15에 있어서 이 복음서의 최초의 주요한 부분이 시작되고 있다. 헤롯 왕에게 세례 요한이 잡힌 후 예수께서는 갈릴리를 돌아다니시면서 "약속의 때는 도래하였다. 하나님의 지배가 개시되었다."는 놀랄 만한 소식을 외치셨다. 예수께서는 하나님께 돌아와 이 기쁜 소식을 진실한 것으로 받아들이라고 말씀하셨다. 갈릴리 호수에서 예수는 두 형제가 바다에 그물을 치면서 고기를 잡고 있는 것을 보고 저희를 제자로 불러서 "사람을 낚는 어부가 되게 하리라."고 약속하셨다. 예수께서는 가버나움에 들어가셔서 회당에서 말씀을 듣는 자들이 놀랄 정도의 권위를 가지고 가르치셨으며, 악귀를 내어쫓으셨으며, 각종 각색의 병을 고치셨다. 그래서 예수의 소문이 빠르게 갈릴리 전역에 퍼지게 되었다. 그러나 예수는 하나님의 용서(이것은 하나님만이 선포할 수 있는 권위라고 하면서 반대자들은 항거하였다.)를 주장하였기 때문에, 또한 고의적으로 사회적으로 신분이 낮은 사람들과 친절히 사귀고 있었기 때문에, 또한 안식일의 율법을 표면적으로 경시하며 예수의 신앙이 빛나고 있었기 때문에, 유대교의 교직자들은 충격을 받았다. 그러한 결과로 얼마 가지 않아 예수는 회당에서 떠날 것을

강요받아 갈릴리 호수에서 복음(기쁜 소식)을 전할 수밖에 없었다.

예수는 그 후에 고지 지방으로 물러가 거기서 12제자를 훈련시켜 천국 사업의 보좌역을 임명하였다. (12라는 수는 예수께서 계획하고 있었던 '새 이스라엘'을 상징하고 있다.) 그러나 반대는 점점 강해져 가고 있었다. 율법학자들은 예루살렘에서 내려와서 예수가 악마와 결탁하고 있다고 비난했으며, 또 어떤 이들은 예수가 미쳤다고 단언하였기 때문에 예수의 가족들은 걱정하였다.

그러한 가운데서 갈릴리 선교가 진행되고 있었다. 예수는 비유를 가지고 위대한 씨뿌리는 분이신 하나님이 지금 일하고 계시며, 씨는 반드시 추수하기에 이르리라고 전파하였다. 또한 예수는 병으로 고통당하는 자에게 건강과 치유를 주시는 힘있는 일로 말미암아 하나님의 통치(지배)가 현재 임하고 있다는 것을 나타내셨다.

예수와 함께 있으면서 훈련을 받았던 12제자는 이제 둘씩 짝을 지어 전도에 보냄을 받아 말씀과 행동으로 하나님께서 지배하고 있다는 것을 전하여 하나님의 백성을 모았다. 제자들이 전도현장에서 돌아왔을 때에 예수께서 제자들에게 호수 저편으로 가서 쉬라고 권유하였다. 그러나 군중은 예수님과 제자들 일행을 뒤따라갔다. 예수께서는 군중들을 그대로 보낼 수가 없었다. 그래서 갈릴리 선교는 필경에 5,000인의 급식을 실시하게 되었다. 이 급식은 천국이 현실적으로 지금 임한 표징이며, 성례전(sacrament)이고, 갈릴리에서의 주의 만찬이라고도 부를 수가 있다.

여기서 우리는 '급식'으로 말미암아(요 6 : 15에서 잘 보여 주고 있는 바와 같이) 민중이 예수를 지도자로서 로마제국에 대하여 반란을 일으킬 우려가 있다고 하는 것에 주의해야 할 것이다. 민중의 메시야적 희망은 예수 자신의 하나님으로부터 주어진 역할에 대한 개념과는 전혀 다른 것이었다. 그래서 예수는 그의 제자들의 잘못된 열광에서 피하기 위하여 은밀하게 갈릴리 경계를 넘어서 두로(Tyre)에까지 열두 제자를 데리고 갔던 것이다. 그러나 병으로 앓고 있는 딸을 데리고 있는 수로보니게 여자가 있었던 고로 조용히 쉬고자 한 뜻은 좌절되고 말았다. 두로 지방으로부터 저희들이 돌아오는 도중에 헐몬산 기슭의 가이사랴 빌립보라고 불리는 곳에서 예수의 선교(ministry)는 결정적인 단계에 이르렀다. 베드로는 주 예수의 중요한 질문에 대답하기를 예수는 이스라엘 사람들이 고대하고 대망하는 메시야라고 고백하였다. 즉시 예수는 제자들에게 침묵하라고 명하였다.[3)] 그리고 예수는 많은 고난을 받고 죽임을 당할 것이고, 그 후에 죽음을 이기실 것임을 제자들에게 말씀하셨다. 인자라는 칭호는 다니엘서 7장에서 유래한 예수 자신의 칭호이며, 메시야라고 부르는 전통적인 칭호로 대칭된다. 이러한 생각은 제자들에게 큰 충격을 주었던 것이다. 베드로는 이런 예수를 저지하였으나 도리어 베드로 자신이 "사단아, 내 뒤로 물러가라. 네가 하나님의 일을 생각지 아니하고 도리어 사람의 일을 생각하는도다." 라고 책망을 받았다. 그때로부터 긴장이 점점 더하여 십자가의 그림자가 설화를 좌우하기 시작했다.

3. 9장에서 16 : 8에까지 이르는 **제2의 주요 부분**은 갈보리와 그 속편인 빈 무덤에 이르는 예수의 설화를 전하고 있다.

베드로의 고백이 있은 지 6일 후, 계시적이라고 할 수 있는 사건으로서 예수의 자태가 산상에서 베드로와 야고보와 요한의 눈앞에서 '변모했으며', 저희는 예수가 모세와 엘리야와 함께 말씀을 주고받는 것을 보고 들었다. 이 변모는 제자들의 경험에 있어서 예수 자신의 세례의 경험에 해당되는 것이다. 왜냐하면 하늘로부터의 음성은 제자들에게 있어서 예수가 메시야인 것을 확증하는 것이기 때문이다.

그 후에 예수는 제자들과 함께 갈릴리를 지나서 가버나움에 가셨고 다시 남쪽 요단강 동편 지역(여기서 예수는 잠시 동안 재차 선교를 계속하였다.)을 지나서 전진하였다.

이와 같이 하여 일행은 본격적으로 예루살렘을 향하여 올라가기 시작하였다. 그것은 마가복음의 다음과 같은 생생한 문장에 잘 나타나고 있다 : "예루살렘으로 올라가는 길에 예수께서 제자들 앞에 서서 가시는데 저희가 놀라고 좇는 자들은 두려워하더라."(Jesus and the people with him were on the road to Jerusalem, Jesus was leading the way. The followers were amazed, but those who followed behind them were afraid ; 막 10 : 32). 이와 같이 하여 저희 일행은 여리고까지 왔던 것이다. 그 도중에서 예수는 어린아이들을 축복하시고, 부자 청년을 향하여 제자가 되라고 요청하였다(그러나 그것은 소용없었다). 그리고 소경인 바디매오의 눈을 뜨게 하셨다. 그 동안에 시종 예수께서는 제자들에게 점점 가까워지고 있는 자기의 수난에 대하여 준비케 하였다. 일행은 여리고에서 강을 건너 예루살렘 교외의 베다니로 들어가셨다.

그리고 마가는 계속해서 실제로 일어난 사건들을 구축하지 않았는가 생각할 정도로 전통적으로 성 금요일과 관계짓는 삽화를 차례로 계속하고 있다. 그것은 승리의 예루살렘 입성, 성전을 정화하심, 이스라엘의 지도자들에 대한 최후의 비유적인 호소, 성전 경내에서의 여러 가지 논쟁, 임박한 신전 붕괴의 예언[4], 그리고 베다니 동네에서 한 여자의 유향사건, 가룟 유다의 배반 등이 있다.

최후의 목요일 저녁 때에 예수께서 제자들과 함께 최후의 만찬을 잡수시고, 겟세마네 동산에서 고민하시면서 기도하신 후 체포되어 심문받으시고(처음에는 유대인 법정에서 심문받으시고, 그후 로마인의 법정에서 심문받으신 후) 사형선고를 받으셨다. 금요일 아침에 예수께서 골고다 언덕에서 두 강도와 함께 십자가에 못박혀 오후 3시에 운명하셨다. 얼마 후 아리마대 요셉이라고 불리는 숨은 제자가 빌라도의 승인을 받아 예수님의 몸을 십자가에서 내려다가 바위로 판 무덤에 정중하게 이장하였다. 그날이 바로 금요일 저녁 때이며, 모든 사람들이 볼 수 있는 것으로 예수의 설화는 끝을 맺고 있다.

그러나 그것으로 끝난 것은 아니었다. 아주 놀랄 수밖에 없는 속편이 있었다. 일요일 이른 아침에 여자 세 사람이 예수님의 몸에 향유를 바르려고 무덤으로 갔으나 시체는 없고, 그 무덤이 비어 있는 것을 발견하였다. 그리고 이상한 젊은이가 여자들에게 "그가 살아나셨고……가서 그의 제자들과 베드로에게 이르기를 예수께서 너희보다 먼저 갈릴리로 가시나니 전에 너희에게 말씀하신 대로 너희가 거기서 뵈오리라 하라."(막 16 : 6-7)고 말씀하였다. 여자들이 심히 놀라 떨며 나와 무덤에서 도망하고 무서워하여 아무에게도 아무 말도 하지 못하였다.

여기에 "저희가 무서워하였다."는 말로 마가복음의 원래의 본문은 끝난다. 나머지 16 : 9~20은 우리 성서에는 괄호로 계속되어 있으나, 가장 오래되고 가장 좋은 사본에는 이 부분이 없다. 그것은 후의 가필로 인한 것이다. 이 부분은 예수께서 여러 사람에게 나타나셔서 복음을 만민에게 전파하라는 명령인 것이다. 마가복음이 요한복음 21장에서 볼 수 있는 것같이 갈릴리에서 부활하신 주의 현현을 말하고 있는 것은 거의 의심할 것이 없다. 이 복음서의 끝부분은 어떻게 되어 있는가? 마가는 끝부분의 완성을 못하도록 방해했던 것일까? 그 마지막 부분의 파피루스 페이지가 부지중에 분실되었던가? 후자의 설명은 전자의 설명에 비교하여 썼을 것이라고 생각된다. 하여간 마가복음의 예수의 설화에 있어서 무엇이 절정인가라는 것은 충분히 보여진다.

3. 마가복음의 문체와 그 특징

마가의 문장구조에는 우아한 요소는 거의 없다 하더라도 마가가 타고난 이야기 작가였다는 것을 알 수 있을 것이다. 그의 헬라어는 그 시대의 구어체의 헬라어이며, 아람어 관용구가 이곳저곳에 나타나는 것으로 보아 그의 모국어가 헬라어가 아니었다는 것을 상상하게 된다. 마가의 문장이 거칠고 힘이 있는 것은 '곧'(헬라어로 εὐθὺς, 42회)이라는 부사가 빈번히 사용되기 때문이다. 또 문법학자가 '역사적 현재'로 부르는 시제를 즐겨 사용하고 있다는 것(151회나 사용되고 있다.)에 원인이 있을 것이다. 그러나 그 이상으로 마가가 증언자의 회상을 종종 기록하고 있는데 그 원인이 있다.

그의 **생생한 이야기**는 읽는 사람들의 마음을 감동케 하는 것이다. 마가는 사소한 것을 사실적으로 그리는 숙달인이요, 이러한 것을 암시하는 많은 잊을 수 없는 묘사와 목격자의 기억 등을 소재로 삼아 쓰고 있다. 예수께서 어선의 고물(the back of the boat)에서 베개를 베고 주무셨고(막 4 : 38), 예수는 어린아이를 데려다가 안으시며(막 9 : 36), 또 예수는 슬픈 얼굴로 떠나가는 부자 청년을 보시고 사랑하셨다(막 10 : 21-22). 그리고 이 위대한 인물 예수는 제자들 앞에 서서 가시며 예루살렘으로 가는 길에 그의 선교의 일에 열중해 있었다(막 10 : 32). 우리는 이와 같은 예수를 마가복음에서 읽을 수 있다.

다음에 우리에게 인상깊은 것은 마가의 **현실주의와 솔직함**이다. 다른 복음서 기자들과는 달리 마가는 우리에게 예수께서 반신(半神)과 같은 존재가 아니고, '음식을 먹고 사는 현실의 인간' 임을 말하고 있다. 예수는 민망히 여기며(1 : 41), 노하며(3 : 5), 탄식하며(7 : 34, 8 : 12) 불쌍히 여기며(6 : 34), 깊은 슬픔에 잠기어 마음에 심히 고민하여(14 : 33-34) 죽게 되었다고 말하였다. 예수는 인간의 완악함에 대해서는 맹목은 아니었으나, 무지한 자나 버림받는 자들에게는 항상 친절하게 대하셨고, "하나님은 무엇이든지 하실 수 있다."고 믿고 있다(10 : 27). 요컨대 예수는 보통 사람은 아니지만 참사람이다. 그러므로 우리는 예수의 이야기(story)를 읽을 때 옛날 빌라도와 같이 **"보라, 이 사람이로다!"**(요 19 : 5, *Ecce Homo*)라고 말하지 않을 수 없다.

그러나 우리가 여기서 중지해 버린다면 해야 할 말을 절반도 못한 것이 될 것이다. 다시 말해서 '누미너스' (numinous ; 신적인 것 앞에 설 때 느끼는 불가사의와 두려움의 생각이 교착된 감정)[5]의 영역, 이 사람에게 속한 성스럽고 신적인 은사를 다 말 못하고 남기는 것이 될 것이다. 마가복음 전체에 걸쳐서 이상한 저류가 흐르고 있으며, 마가복음은 단지 '지상의 생을 누린 최선의 인간' 의 순교설화가 아니라는 것을 알게 될 것이다. 군중들은 이 세상의 것이 아닌 비밀(mystery)이 예수를 둘러싸고 있는 것을 당장 느꼈던 것이다. 예수께서 행하신 일에 대한 군중의 반응을 말하는데 '놀랐으며', '아연했으며', '두려워했다'는 말이 사용되고 있다. 베드로, 야고보, 그리고 요한도 산상의 변모에 있어서 예수께 대한 두려움을 느꼈던 것이다(9 : 6). 예루살렘으로 올라가는 도상에서 제자들은 모두가 꼭 같이 심히 두려워하였다(10 : 32). 제자들은 초자연적인 분, 두려워할 분, 다가오고 있는 세계에서 오신 분 앞에 있는 것을 느꼈던 것이다.

예수의 말씀과 주장을 특징짓는 권위의 어조(신적인 성정의 의식)는 제자들이 예수 안에서 느꼈던 '거룩한'(numinous) 감각과 조화를 이루고 있다. 예수는 하나님만이 할 수 있는 일을 하셨다. 예수는 하나님의 용서의 구현으로 나타났다(2 : 5). 예수는 자기가 하나님의 독생자이며, 자기의 희생적인 죽음으로 말미암아 '많은 사람을 대속하기 위하여' 하나님에게 부름을 받았다는 것을 알고 있었다(1 : 11 ; 12 : 6 ; 13 : 32 ; 10 : 45). 예수는 하늘과 땅은 없어지겠으나 자기의 말은 없어지지 아니하리라고 단언하셨다(13 : 31). 예수는 이층 다락방에서 자기의 죽음을 하나님과 사람과의 새로운 계약(새로운 관계의 체제)의 시작이라고 말씀하셨다(14 : 24). 그리고 예수께서는 심문을 받는 자리에서 대제사장인 가야바가 예수에게 묻기를 "네가 찬송받을 자의 아들 그리스도냐?"고 물었을 때, "내가 그니라."(14 : 62)고 권위있는 말로 대답하였다.

그러므로 이러한 비밀의 중심에는 예수께서 하나님의 아들이신 자의식이 있었다. 이 예수의 자의식은 그의 생애의 결정적인 중대한 때(예를 든다면 그의 세례 때와 산상변모 때 등)에 불타올랐으며, 눈에 보이는 세계와 보이지 않는 두 세계의 사이에 교통이 있는 것뿐만 아니라 '아바 아버지' 사이에 우리가 가질 수 없는 존귀한 친교가 있었다는 것을 암시하고 있다(14 : 36). 그리고 이 사귐은 예수 자신의 생의 가장 깊은 비밀이며, 그의 권위의 원천이었다. 그러므로 무덤도 예수를 가두어 둘 수가 없었다("예수는 살아나셨고 여기 계시지 아니하니라." -16 : 6). 이것을 읽을 때 이 사실이 예수의 설화의 결말에 꼭 들어맞는다고 우리는 느낀다.

마가의 설화는 아주 불행한 죽음을 맞이했던 인물의 이야기라도 자기가 믿고 있는 진리를 증언하기 위하여 자기의 피를 가지고 낙인한 훌륭한 예언자의 이야기도 아니다. 마가의 목적은 하나님의 구원의 지배가 하나님의 독생자 예수 그리스도에게 있어서 지상에서 시작하였으며, 그것이 죽은 자 가운데서 부활함으로 말미암아 '능력으로' (9 : 1) 실현한 것과 결국 믿는 자가 하나님의 뜻을 실행하여 죄사함을 받고 영생을 얻도록 하는 하나님의 위대한 활동으로서 예수를 이야기하는 것이다.

그리스도교의 계통적인 설명(이 점이 마가에게는 결여되어 있다.)에 대하여 마태복음은 읽어야 할 것이다. 서술의 아름다움에 관해서는 누가복음을 읽는 것이 좋을 것이다. 그리스도의 도래에 대한 심원한 의미 통찰-하나님의 말씀이 이제 육신으로 나타난 것-에 관해서는 요한복음을 읽어야 할 것이다. 그러나 하나님의 아들이 악마의 일을 멸망시키고, 우리를 하나님의 아들들과 딸들로 삼으셔서 영생을 상속받을 자로 하기 위하여 힘이 강한 하나님의 아들이 어떻게 나타나셨는가를 기록하여 최초의 가장 간결하고 가장 짧은 기록으로서는 이와 같은 책은 없다. 이 복음서는 오랫동안 교회에서 경시를 받아 왔다(교회는 마태복음을 즐겨 사용하여 왔다). 이 마가복음은 현대 학자들의 도움으로 겨우 본래의 위치를 다시 찾게 되었으며, 솜씨가 없는 요한 마가는 역사 가운데 버젓이 나타나게 되었다.

> 글쓰는 은혜를 처음으로 알았던 성도
> 그의 생활은 사람들의 생활이었다.
>
> 하우스만

제 7 장

이방인 그리스도인의 복음서 : 누가복음

세계에서 가장 아름다운 책은 어떤 책일까? 영국의 여론조사에 의하면 의심할 것 없이 켈스의 책(the Book of Kells)에 그 명예가 주어질 것이다. 이 책은 라틴어 복음서로 아주 아름답게 꾸민 호화판이며, 기원 800년에 까지 거슬러 올라가며, 지금은 더블린(Dublin)의 트리니티 대학(Trinity College)의 도서관에 귀중하게 보존되어 있다. 그러나 색채가 기준이 아니고 내용이 기준이라면 많은 사람들은 누가복음에 그 명예를 줄 것이라는 루난(Renan)의 판단에 찬성할 것이다. 최근에 전해지고 있는 말에 의하면 누가는 화가였다고 한다. 하여간 그에게는 문학적인 수완이 있었다는 것 만은 반박할 여지가 없을 것이다. 누가가 우리에게 남겨 놓은 생생한 묘사는 베들레헴의 마구간에 누인 예수의 가난한 탄생에서 시작하여 엠마오로 가는 도상의 설화에 이르기까지 그리스도교 문학에 있어서 불멸할 것 중의 하나이다.

이 아름다운 책에 관하여 두 가지 점을 처음에 지적해야 할 것이다. 첫째로 마태복음은 유대인 그리스도인의 복음서이다. 그러나 누가복음서는 이방인 그리스도인의 복음서라는 것이다. 누가복음서에 있어서 그 중심 인물은 예언자로 인하여 미리 예언되었던 메시야적인 왕이신 예수 이상의 분이시다. 그 중심 인물은 우주적인 인간의 구세주 예수이다. 누가는 예수의 족보를 아브라함에서 더욱 소급하여 인류의 시조 아담(3 : 38)에까지 거슬러 올라가고 있다는 것은 우연한 일이 아니다. 시므온은 그의 노래(*the Nunc Dimittis*)에 있어서 아기 예수를 '이방을 비추는 빛' 이라고 부르고 있다(2 : 32). 3장 첫머리에서 누가는 세계사의 배경에 있어서 설화를 이야기하려고 이사야 40 : 5의 "모든 육체가 하나님의 구원하심을 보리라."는 말씀을 인용하여 말을 맺고 있다. 그 후에 이방인의 백부장은 예수께서 그와 같은 신앙은 이스라엘 중에서 본 적이 없다고 말씀하심으로 그의 면목을 세웠던 것이다(7 : 9). 또한 예수는 "사람들이 동서남북으로부터 와서 하나님의 나라 잔치에 참석하리라."고 단언하고 있다(13 : 29). 그러므로 이 복음서가 부활하신 주님께서 '모든 족속에게' 구원의 기쁜 소식을 전파하라는 명령을 가지고 끝을 맺고 있다는 것은 꼭 들어맞는 이야기이다(24 : 47).

둘째로 주의하고 싶은 것은 누가복음은 오늘에 있어서 누가의 저서 '그리스도교의 기원' 이라는 서명이 붙어 있는 두 권으로 되어 있는 저작의 제1권이라고 부르게 되었다. 누가복음과 사도행전은 신약성서 전체의 28%를 차지하고 있으나, 이것은 관련이 없는 두 개의 저작이 있는 것은 아니다. 그 문체나 서문, 또는 그 내용에 있어서 어느 것을 보더라도 누가복음서와 사도행전은 하나로 결부되어 있다. 제1권은 '예수의 행하시며 가르치시기를 시작하심' 을 자세히 말씀하셨으며(행 1 : 1), 제2권은 특별한 사자인 그리스도의 사자들이 복음을 예루살렘에서 로마에까지 어떻게 전하였는가를 전하고 있다.

그러나 누가는 그리스도교의 발생과 그 확장에 관해서 말하는 단지 냉정한 연대사가라고 생각한다면 그것은 큰 잘못이다. 그 저작의 대의 전체가 보여 주고 있는 것처럼, 누가는 그 당시의 여러 중상에 대하여 신앙의 옹호자로서 나타나고 있다. 누가는 그리스도가 세계의 구속자이므로 그리스도교는 모든 인간을 위한 신조인 것에 관심을 나타내고 있다. 바꾸어 말한다면, 오늘날 생략하여 '누가-행전'이라고 불리는 두 권의 저작은 그리스도교 신앙에 대한 최초의 위대한 변증서이다.

1. 제3복음서의 저자는 누구일까?

이 복음서의 저자는 왜 '사랑을 받는 누가'라고 말하고 있을까?(골 4 : 14)

이 복음서를 연구해 본다면 그 저자에 관하여 확실한 것을 알게 될 것이다. 저자는 상당히 교양이 있는 사람이며, 아름다운 헬라어를 자유롭게 구사할 수 있는 재능을 가진 사람이다. 다음에는 이미 말한 바와 같이 저자는 복음을 이방인들에게 전파하는 일에 깊은 관심을 가지고 있다. 그리고 마지막으로 저자는 그리스도 자신과 같이 가난한 자들과 사회적으로 버림받은 사람들에게 대하여 깊은 관심을 가지고 있다. 이렇게 교양이 있고 마음이 넓은 자비가 많은 인물을 왜 바울의 친구이며, 그 전도여행의 동반자와 같은 인물이라고 했던 것일까? 이에 대해서는 네 가지 이유가 있다.

첫째, 이 복음서의 서문(눅 1 : 1-4)과 그것과 비슷한 사도행전의 서문(행 1 : 1-2)을 비교하는 것으로, 또한 이 두 책의 문체가 동일하다는 것으로 이 두 책이 동일한 사람에 의해 쓰여졌다는 것을 알게 된다.

둘째, 사도행전의 여행일기(소위, '우리 부분'이 그것이다. 행 16 : 9-18 ; 20 : 5-21 : 18 ; 27 : 1-28 : 16)를 발췌해 본다면 이 일기를 쓴 사람과 두 개의 책을 쓴 저자가 바울 여행의 대부분과 최후에 로마로 가는 항해의 동반자 중의 한 사람인 것을 알 수 있다.[1] 이렇게 하여 가능한 일찍이 기자를 데마(Demas), 크레센스(Crescens)와 누가로 국한할 수 있다.

셋째, 여기서 제2세기의 교회전승이 우리의 결정에 도움이 된다는 것이다. 이레네우스(Irenaeus)와 같은 교회 교부와 무라토리(Muratorian) 단편과 같은 문서는 그 저자가 바울의 전도여행의 동반자인 누가라고 이구동성으로 인정하고 있다. 이 전승이 옳다고 하는 유력한 가정이 있다. 이 복음서의 저자가 누구인지 몰라서 교회가 그 저자를 찾는다면, 아마도 사람들은 사도의 신분이 있는 누군가를 찾아내서 누가와 같은 비교적 알려지지 않은 사람을 발견하지 못했을 것이다.

넷째 이유는 누가－행전의 어구 중에(예를 들면 눅 4 : 38 ; 8 : 43 ; 13 : 11과 행 3 : 7 ; 9 : 18 ; 28 : 1－10) 그 저자가 의사라고 하는 전승을 지지하는 것이 있다. (1882년 호바트(Hobart)는 그의 「누가복음서의 의학적인 언어」라는 책에서 누가－행전 가운데 400이상의 의학적인 말을 찾아냈다고 쓰고 있다. 그는 자기의 주장을 너무 강조하였으나 아직 우리는 수정한 형태로 그 의학적 논의를 이용할 수 있을 것이다.)

이제 우리는 의사 누가가 그 저자라고 하는 논의를 서술하였으므로 신약성서 안에서 누가의 이름이 3번 언급되어 있는 것을 주의해 보기로 하자(골 4 : 14 ; 몬 24 ; 딤후 4 : 11). 이 외에 누가복음서에 부가되어 있는 고대의 서언이 말하고 있는 것을 부가하기로 하자. “수리아 안디옥 태생으로 직업이 의사인 누가는 사도의 제자이며, 후에 바울의 동반자가 되었다.” 이 후에 헬라에서 84세로 죽었다고 한다. 확실한 것은 누가는 이방인 태생이며(골 4 : 11－14 참조), 직업은 의사이고, 개종하여 그리스도인이 되었고, 자진하여 바울의 친구가 되었다고 한다. 그 밖의 일에 대해서는 그가 어떤 사람이었는가를 알고 싶다면, “그의 책에서 우리는 그를 알게 될 것이다.” (고대의 저자가 말하고 있는 것처럼) 누가는 ‘그리스도의 상냥함을 가진 저작자’ 였을 것이다. 그가 묘사한 그리스도는 하나님의 기쁜 소식을 가난하고 사회적으로 버림받은 자에게 전달했으며, 자기를 십자가에 못박을 불운의 성을 위하여 울었고, 십자가상에서 “아버지여, 저희를 사하여 주옵소서. 저희가 무엇을 하고 있는지 모르나이다.” 하며 기도하셨으며, 회개한 강도에게 자기와 함께 낙원에 있을 것이라고 약속하신 분이시다.

2. 누가복음서의 집필 이유와 연대와 장소

누가복음 서문에는 다음과 같이 쓰여져 있다 :

"우리 중에 이루어진 사실에 대하여 처음부터 말씀의 목격자되고 일꾼된 자들(who were eyewitnesses and ministers of the Word)의 전하여 준 그대로 내력을 저술하려고 붓을 든 사람이 많은지라. 그 모든 일을 근원부터 자세히 미루어 살핀 나도(누가) 데오빌로 각하에게 차례대로 써 보내는 것이 좋은 줄 알았노니 이는 각하로 그 배운 바의 확실함을 알게 하려 함이로라"(눅 1 : 1-4).

여기서 우리가 생각해야 할 첫째 문제는 누가의 문학적인 후원자인 데오빌로 각하가 누구인가이다. '각하' 데오빌로(most excellent Theophilus)라는 아주 정중한 호칭을 사용하고 있는 것을 보아서 데오빌로는 신분이 높은 로마 관헌이라는 암시를 받는다. 그 이름이 별로 희귀한 것이 아닌고로 데오빌로라는 이름은 실지로 그의 이름이었는지 모른다. 혹은 위명이며, 그가 그리스도교에 대한 관심이 공공연히 드러나면 난처하게 될지 모른다고 생각하는 사람의 신분을 감추려고 했는지도 모른다. (문자대로는 데오빌로란 '하나님의 친구'라는 의미이다.) 그에게 그리스도교의 지식이 있었는지, 실제로 가르침을 받았는지는 분명하지 않다. 아마도 후자였다고 생각된다. 그러한 경우에 데오빌로는 오늘날 우리들이 말하는 세례 지원자였음은 틀림없다. 누가는 데오빌로와 그와 비슷한 모든 사람들에게 이미 배운 바의 '진리'에 관하여 확신을 안겨 주기 위하여 쓰려고 한 것이다.

다음에 "처음부터 말씀의 목격자되고 일꾼된 자들"로 증언된 예수의 이야기를 이미 쓰려고 했던 사람들의 쓴 것을 누가는 주의 깊게 연구했다고 주장하는 데 유의해야 할 것이다. 우리의 공관복음서 문제의 연구에서 우리는 무엇이 그 자료였는지를 다음과 같이 나타낼 수 있을 것이다 :

1. 마가복음, 누가는 마가복음의 거의 절반을 이용하였다.
2. Q라고 부르는 예수의 말씀집
3. L, 다시 말하면 누가복음 3~24장 가운데서 발견할 수 있는 누가 특유의 그리스도에 관한 전승 등이다. 이것은 누가복음서의 약 절반에 이르며, 가장

아름다운 비유 이야기와 예수에 관한 이야기의 많은 부분이 들어 있다. 이미 말한 바와 같이 그것은 누가가 가이 사랴에서 57~59년 사이에 팔레스타인의 자료에서 모은 구전이었을 것이다.

4. 누가복음 1~2장의 탄생설화. 이 설화의 현재형을 누가가 손질한 바가 있다하더라도 누가는 이 자료를 유다에 있는 유대인 그리스도인의 교회에서 들은 것이었다는 사실은 틀림없다. 그리고 그 자료들의 일부는 예수의 어머니 마리아에게까지 소급한 내용일 것이다.

어떻게 해서 누가는 이와 같은 자료들을 관련있는 이야기 안에 편집하였을까? 누가복음서를 주의 깊게 연구해 본다면 마가에게서 유래한 자료와 비마가의 자료가 서로 같이(*in alternate blocks*) 배치되어 있는 것을 알 수 있다. (눅 1-2장은 비마가의 자료이다. 3 : 1-6 : 19은 대충 마가의 자료이다. 6 : 20-8 : 3은 비마가의 자료이다. 그리고 8 : 4-9 : 50은 마가로 말미암는 자료이다. 9 : 51-18 : 14은 비마가의 자료라고 보게 된다.) 특히 Q에서 유래한 자료는 거의 언제든지 L의 자료와 함께 나타나며, 거의 마가복음의 문맥 안에는 나타나지 아니한다. 이러한 것이 의미하는 것은 누가는 Q와 L과의 어느 한 쪽이 마가의 자료에 결합하였거나 않았거나 관계없이 Q와 L의 자료를 결부했다는 것이다. 이와 같은 사실에 기인하여 옥스포드(Oxford)의 학자 스트리터(B. H. Streeter)는 '원본 누가설' 로 알려져 있는 학설을 고안하게 되었다. 이하가 그 요지이다.

누가는 가이사랴에 체재하는 동안에 예수에 관한 아주 많은 새롭고 귀중한 보도를 입수하였으므로 복음서를 쓰고 싶은 생각이 들었다. 그는 안디옥에서 Q를 발견하였으며, 자기 자신의 조사결과인 L과 Q를 결부시켜 '소복음서' 를 만들었던 것이다. 이것을 스트리터는 '원본 누가' 라고 불렀다. 그 후에 그는 로마에서 당시에 널리 유포하고 있었던 마가복음을 대하게 되어 그것에서 발췌한 것을 자기의 '소복음서' 에 집어넣었던 것이다. 최후에 탄생설화를 그 앞에 붙여서 서문으로 썼다.

스트리터가 주장했던 설은 테일러(Vincent Taylor)와 기타의 사람들로 인하여 아주 재치있게 옹호되었다. 그의 학설이 모든 학자들의 마음에 든 것은 아니었다 하더라도, 마가복음이 누가복음서의 골격(framework)이 되었다고 말한 옛날 견해보다는 사실을 더욱 잘 설명하는 것이다.(흥미를 가지시는 분은 페리칸〈Pelican〉 주해 총서 중 카이아드〈G. B. Caird〉의 누가복음서의 이 학설에 대한 짤막한 해설을 읽어 보기를 바란다.)[2)]

누가복음은 언제쯤 완성되었을까? 아마도 70~80년까지의 어느 시기에 완성되었으리라 추측된다. 마가복음이 교회 안에 유포하기 시작한 후에, 그리고 분명한 것은 70년에 로마에게 점령당한 후에(눅 19 : 43 ; 21 : 20-24 참조) 누가는 이 복음서를 썼을 것이다. 그것은 아마도 75년경일 것이다. 다른 한편에 그의 복음서의 속편인 사도행전에는 바울의 편지를 알고 있었다는 것이 아무 데도 나타나지 않기 때문에 더욱 빠른 연대라고 주장하는 자도 있다.

24장을 포함하여 완성한 이 복음서는 다음의 다섯 가지 부분으로 나눌 수 있을 것이다 :

1. 구세주의 탄생(1-2장)
2. 선교의 서문(3 : 1-4 : 13)
3. 갈릴리의 선교(4 : 14-9 : 50)
4. 예루살렘으로 가는 여행(9 : 51-19 : 10)
5. 죽음과 승리(19 : 11-24 : 53)

3. 역사가이며 신학자인 누가

우리는 이미 누가의 문학적인 수법을 말한 적이 있었다. 누가복음서는 네 개의 복음서 중에 가장 솜씨있게 쓰여진 책이다. 누가의 문체의 아름다움은 번역에 있어서도 상실되지는 않았다. 예를 들면 "내 영혼이 주를 찬양하며, 내 마음이 하나님 내 구주를 기뻐하셨음이라."(눅 1 : 46)는 마리아의 찬가(*Magnificat*)라든가 방탕한 아들(蕩子)의 다듬어진 이야기를 인용하는 것만으로도 충분할 것이다. 누가는 짤막하고 생생한 필치로 사가랴의 짧은 스케치(thumbnail sketch, 간략한 기술)를 썼으며, 또한 예수님이 베다니의 마르다와 마리아의 집에 방문한 이야기를 서술하였고, 여리고에서 키 작은 세리장 삭개오와의 잊을 수 없는 만남에 관하여 서술하였다. 또 누가는 바리새파 사람 시몬의 집에서 회개하는 매춘부의 이야기라든가, 글로바(Cleopas)라고 하는 한 사람이 엠마오 도상에서 부활하신 그리스도를 만난 이야기와 같은 도저히 잊어버릴 수 없는 이야기 등을 쓰고 있다. 누가는 영적인 통찰, 극적인 박력, 비애감 등의 이러한 모든 은사를 가지고 있었다. 이와 같은 은사들 외에도 무용한 말은 쓰지 않고 솜씨있고 간결하게 쓸 수 있는 은사를 함께 가지고 있었다. 우리는 그의 복음서를 일류의 걸작이라고 부를 수 있을 것이다.

그러나 누가는 그의 문체의 아름다운 은사 외에 역사적인 정확성에 대해서도 꼭 같은 관심을 가지고 있었는가?

누가는 그의 복음서의 서문에 있어서 예수에 관하여 신뢰할 만한 전승을 사용하고 있다고 분명하게 주창하고 있다. 이미 말한 바와 같이 그 전승은 초기 그리스도교의 3대 중심지 로마(마가), 안디옥(Q), 가이사랴(L)에서 발생한 전승이다. 누가는 마가복음 안에 예수의 이야기에 관하여 제 일급의 권위가 있다고 믿었던 것이다. 예수의 말씀의 기술에 관해서는 Q에서 권위를 발견하였다. Q는 아람어의 기원에까지 거슬러 올라갈 수 있다. 예수께서 말씀하신 때부터 추정하여 약 20년 후에 편찬된 것으로서 예수의 말씀의 수집이다. 누가 자신이 가이사랴에서 수집한 자료인 L의 가치에 관해서는 평가하기가 곤란하다. 그러나 여러 가지 점에서 L의 가치는 독립한 요한복음서로 말미암아 확증되고 있다는 데 주의하고자 한다.[3]

다음에 가령 누가가 좋은 자료를 가지고 있다 하더라도 그것을 책임있는 방법으로 이용하였을까 하는 문제가 일어난다. 누가는 자기가 받았던 전승에 대하여 충실했다고 결론지을 수 있다. 이와 같은 사실은 다음에 말하는 것으로 시사되고 있다. (1) 우리는 누가가 어떻게 하여 마가복음을 사용하였는가를 비추어볼 수 있다. 누가는 마가의 거칠고 조잡한 문체를 손질하였고, 마가의 서술을 압축한 것은 따로 두더라도 마가복음에서 보여지는 것을 하나도 자기 마음대로 변경하지 않았다. 이와 같은 것으로 말미암아 우리는 누가가 자기의 자료 이외의 것은 자기의 자료와 마찬가지로 있는 그대로 사용하였다고 믿을 수밖에 없다. (2) 누가의 두 번째 저작인 사도행전에 있어서 지리, 정치, 율법, 행정 등의 일들에 관하여 누가는 아주 정확했다고 람제이와 셀빈(William Ramsay와 A. N. Sherwin-White)과 같은 현대의 학자들이 지적하고 있다.[4] 이와 같이 상세한 점에까지 주의 깊은 저자는 아마도 그의 주요한 이야기를 신뢰할 만한 방법으로 기술했다고 기대하여도 틀린 것은 아닐 것이다.

누가는 우리와 같은 인간이기 때문에 아마도 종종 잘못을 범했을 것이다. 누가의 구레뇨(κυρηνίου)와 인구조사에 관한 내용이 틀렸다고 말하는 사람도 있다(2 : 2). 그러나 이것은 증명되지 않는다. 누가는 그 당시 사람들과 같이 기적을 즐겼다는 것은 분명하다. 누가가 아마도 오늘날 우리가 기적을 찾아내지 못한 곳에서 기적을 발견했다는 것은 가능한 일이다. 그러나 그는 과학시대에 살고 있는 우리들보다는 기적적인 일에 대하여 무비판적이었다고 하더라도, 그의 결함은 복음서의 기록에서 기적을 제거해 버리는 현대 학자의 결함보다 탄식할 것은 없다.

그래서 누가의 목적은 역사를 쓰는 것이었지 소설을 쓰는 것이 아니었다. 우리가 누가에게서 현대의 과학적인 역사가의 기준을 기대해야 할 것이 아니기 때문에 우리는 그가 성실하게 보도하였다고 생각해야 할 것이다. 누가는 자기의 자료 안에서 발견한 예수에 관한 진리를 일부러 왜곡하려고 하지 않았다.[5]

그러나 누가는 현대의 학자들이 발견한 것처럼 역사가일 뿐만 아니라 신학자이기도 하다. 누가에 관하여 가장 좋은 방법은 복음전도자이면서 동시에 역사가였다는 것이다. 그는 전승에 충실하였다고 하더라도 자기의 자료 중 중요한 것에 대하여 그 자신의 해석을 하였다. 이렇게 말한다고 하여 원래 없었던 것을 자료 안에 있었던 것같이 해석하지는 않았다. 신약성서의 신앙은 그 역사와 관계없이 독립하여 존재할 수는 없다. 그가 복음서를 기록한 것은 이러한 것을 의식하였기 때문이다. 그러므로 그는 역사적인 정확성을 부주의하게 취급할 수가 없었다. 그럼에도 불구하고 누가는 자기의 자료를 사용하는 방법, 강조하기 위하여 발굴한 사항들, 그리스도의 선교에 있어서 그가 강조하였던 특징들로 말미암아 자기 자신의 독특한 접근(approach)을 하는 신학자였다는 것을 알 수 있다.

누가의 신학은 예수께서 삭개오에게 말씀하신 그 말씀 속에 가장 잘 요약되어 있는 '구원의 신학'이다. 즉, "인자의 온 것은 잃어버린 자를 찾아 구원하려 함이니라."(19 : 10)는 말씀이다. 물론 어느 복음서 기자라도 예수는 구주라고 말하고 있다. 그러나 누가에게 있어서는 그것을 말하는 자기의 방법이 있었다. 그 구원의 출처(source)는 아버지되시는 하나님이시다. 하나님에게 선택을 받은 대리인은 종 이상의 하나님의 아들 예수인 것이다. 누가복음서에는 적어도 제2이사야에 묘사되고 있는 주의 종에 관하여 여덟 번(8회)이나 언급되고 있다. 누가에게 있어서 예수의 선교는 구약성서에 예표된 하나님의 구원계획을 추행하는 것이다. 예수의 언행에 있어서 이사야 40장과 52장, 또는 61장과 같은 문장에 예언된 하나님의 지배가 시작되었으며, 예수 안에서 구체적으로 나타내신 하나님의 목적은 사회적으로 버림받은 자들의 구원이다. 이러한 사실이 누가복음 15장의 유명한 '잃은 자'(Lost)의 비유 가운데 잘 표현되고 있다. 이 복음서의 중심부 전체(9 : 51－19 : 10)의 요점은 예루살렘으로 향하여 올라가는 도정이라고 한다. 예수의 선교는 갈보리에서 정점에 달하고 있다. 누가에게 있어서 십자가는 새로운 출애굽이며(9 : 31, '별세'라고 번역되고 있으나 원어 성서에는 ἔξοδος라는 말) 아들에게 지워진 해방(구원)을 위하여 필요한 행위였다. 그리고 누가가 계속 말하고 있는 바와 같이 십자가를 향해 가는 길은 죽음을 승리하는 길이다.

누가에 의한 그리스도교 신앙을 요약하면 바로 그러한 것이다. 그러나 누가는 이것을 전개하여 예수의 이야기를 기술할 때에 필연적으로 가장 강력한 인상을 받은 예수, 다시 말하면 사회적인 패복자(underdog)에 대한 예수의 관심, 여성(womanhood)에 대한 예수의 따뜻한 동정(예를 든다면 나인성 과부나 마르다와 마리아, 막달라 마리아, 예수를 위하여 울었던 예루살렘 여자들 등을 말할 수 있다.), 그리고 기도에 있어서 아버지와의 끊임없는 사귐(어떤 복음서 기자라도 '무릎을 꿇고 기도하는 그리스도'를 그렇게 나타내고 있지 않다.), 그리고 예수의 도래가 세계에 가져오는 '새롭게 출생한 승리의 기쁨' 등이다. 이 복음서의 시초에 기쁨이 있다. "보라, 내가 온 백성에게 미칠 큰 기쁨의 좋은 소식을 너희에게 전하노라"(2 : 10). 또 그 중간부분에 기쁨이 있다(15장 전체). 그리고 그 끝부분에 기쁨이 있다. "제자들이 '그에게 경배하고' 큰 기쁨으로 예루살렘에 돌아가니라"(눅 24 : 52).

누가가 이 두 권으로 된 책에 있어서 자세하게 말한 이야기 전체를 개관하여 독일의 위대한 신학자 하르낙(Harnack)은 "얼마만큼 기쁨과 용기와 승리의 음조가 누가의 이야기 전체에 처음 페이지로부터 마지막 페이지에 이르기까지 울려 퍼지고 있는가? 왕의 깃발은 전진하고 있다."라고 기록하였다.

누가복음서는 지금도 많은 사람들이 좋아하는 복음서인 것은 거의 의심치 않는다. 누가는 "육체의 의사인 것과 동시에 영혼의 의사이다." 그의 책은 우리와 같은 시대에 사는 걱정과 근심과 절망에 빠진 인간에게 정신적인 건강을 주려는 책이다. 그 저자는 지금도 의사이며 지금도 사랑을 받고 있다.[6]

제 8 장

유대인 그리스도인의 복음서 : 마태복음

마태, 마가, 누가, 요한－이 네 개가 하나의 그룹으로 되어 있는 복음서 안에 마태복음은 맨 처음에 기록된 것은 아니지만 맨 앞에 놓여 있다. 그 배열 순서에는 신앙적인 윤리가 있다. 마태복음은 예수께서 구약 예언의 성취인 것을 주장하며, 아벨에서 사도시대까지 이야기하고 있는 설화는 한 민족의 이야기인 것을 우리로 하여금 기억나게 한다. 더구나 마태복음의 구약성서의 증명텍스트(proof texts ; 예를 들면 1 : 23 ; 2 : 6 ; 2 : 18, 기타)는 예수께서 다윗의 가문에서 태어난 참 메시야인 것을 증명하려고 하는 노력이 보이며, 그 텍스트는 우리에게는 별로 흥미가 없지만 최초의 독자들에게 있어서는 대단히 흥미있는 것이었다고 생각된다. 그 이유는 마태복음은 유대인 그리스도인들을 위해서 쓰여진 유대인의 저작 '작품' 이며, 누가복음이 이방인을 위하여 쓰여진 복음서인 것같이 마태복음은 실제로 유대인들을 위하여 쓰여진 복음서였기 때문이다.

그러나 기묘한 운명이 그의 복음서 위에 덮쳤다. 제2세기와 그 후에 오랫동안 이 복음서는 가장 유명한 복음서였다. 그러나 오늘날에 있어서 학자들에게 그 진가의 순서대로 복음서를 배열하라고 부탁한다면 학자들은 아마도 마태복음을 맨 나중에 둘 것이다. 왜 그럴까? 그 이유는 주로 이 복음서는 다른 복음서에 의존하고 있다는 것이다. 다시 말해서 예수의 선교활동의 개요의 90%를 마가복음에 의존하고 있으며, 또 마가복음의 개요 가운데 특히 끝부분에 마태는 후시대가 신뢰할 수 없는 설화를 삽입했기 때문이다.

현대의 마태복음에 대한 견해는 이해할 수 있다. 그러나 이 견해는 마태복음을 조금도 공평하게 취급하지 않고, 르낭(Renan)에게 있어서 마태복음은 "세계에서 가장 중요한 책이다."라고 말할 정도로 오늘에 이르기까지 여러 세기에 걸쳐서 큰 영향을 끼쳤다는 것을 충분히 고려하지 않았던 것이다. 나중에 이 복음서가 교회와 그리스도교에 주었던 현저한 공헌에 대하여 평가할 것이다. 우선 이 복음서가 은혜를 입었던 세 가지에 의해 우리가 얼마나 신앙적으로 빈곤하게 되었을 것인가만을 지적하고 싶다. 그 세 가지란 산상설교와 위대한 초대 "수고하고 무거운 짐진 자는 다 내게로 오라."이며, 그리고 최후의 심판을 늘 기억나게 하는 비유이다.

1. 저자와 저작의 시기와 장소

오늘날 마태복음의 저자를 말하게 될 때 우리는 종종 '마태'라는 인용부를 붙여서 말한다. 그 설명은 간단하다. 현대 학자들은 본래 세리로서 사도였던 마태가 이 복음서를 썼다고 믿지 않기 때문이다.[1] 여기서 우리는 이 문제를 자세히 논할 필요는 없다. 학자들은 열두 제자 중 하나인 마태가 마태와 같이 축복받은 수효 중의 하나가 아닌 마가의 작품에 많이 의존했다는 사실을 믿을 수 없다고 하는 것만으로도 충분하다. 그렇다면 왜 초기의 교회는 사도의 이름을 이 복음서에다 결부시켰을까? 그것은 사람들이 마태가 이 복음서와 관련이 있다고 믿었기 때문이다.

파피아스(Papias : 기원 100년경)가 "마태가 히브리어(즉, 아람어)로 로기아(Logia 주의 말씀)를 편집하였다. 그리고 여러 사람이 힘을 다하여 그것을 번역하였다."고 말하여 기록한 것을 상기하기로 하자. 그러나 파피아스가 이 마태복음을 언급하였다는 것은 있을 수 없다. 그것은 이 복음서가 아람어에서 번역한 것이 아니기 때문이다. 그러나 이미 말한 바와 같이 파피아스의 말한 것은 Q에 해당된다. 이것은 그리스도의 말씀집이며, 처음에는 아람어로 있다가 여러 사람에 의해 번역된 것이다.

맨슨(T. W. Manson)이 말한 바와 같이 "우리가 Q의 책 표지에 저자의 이름을 쓰려고 한다면 마태가 그 분야에서 가장 적합한 후보자이다."[2] 만일 그렇다면 마태는 지금 그 이름이 붙어 있는 복음서의 부분적인 기고자였다고 말할 수 있을 것이다. 그리고 그의 이름이 어떻게 해서 이 복음서에 붙게 되었는가는 설명될 것이다.

우리는 마태복음의 실제의 저자를 알 수가 없다. 다만 우리는 베드로가 중대한 시기에 자기의 북방 사투리로 자기를 드러낸 것(마 26 : 73)처럼 '천국의 제자된 서기관' (마 13 : 52)이라는 한마디의 말로 그 저자가 어떠한 사람이었는가를 알 뿐이다. 저자는 유대인 그리스도인이며, 아마도 아람어를 사용하며, 개종한 유대교의 랍비이며, 율법과 율법주의의 어떤 것이 아직 그에게서 떠나지 않았던 자(15 : 18－19)였다. 그러나 그는 민족주의자가 아니고 그리스도 신도에게는 세계 전도를 명령하여 "너희는 가서 모든 족속으로 제자를 삼으라."고 권고하고 있다(28 : 19).

더욱이 저자는 그의 책을 통해서 충실한 교직자, 숙달된 그리스도인 교사이며 예수는 유대인의 참 메시야, 모든 인간의 주시며 심판자이심을 확신하고 있을 뿐만 아니라, 자기가 섬기고 있는 교회의 예배와 훈련과 전도를 전진시키도록 그리스도의 교훈을 가르치는 일에 깊은 관심을 가진 사람인 것을 알 수 있다.

그가 섬기는 교회는 아마도 수리아 안디옥에 있었다고 생각된다. 이와 같이 말할 수 있는 하나의 이유는 이 복음서가 베드로에게 특별한 관심을 나타내고 있기 때문이다. 베드로는 안디옥에서 일하였으며(갈 2 : 11), 후에 그 도시의 교회의 최초의 감독이 되었다고 전해지고 있다. 또 하나의 이유는 안디옥 교회의 제2대 감독이었던 이그나티우스(Ignatius)는 마태복음을 그 복음서라고 부르고 있기 때문이다.

이 복음서는 언제 기록되었을까? 마태복음은 마가복음(그 저작 시기는 65-67년)을 사용하고 있기 때문이다. 또 마태복음 22 : 7(임금이 군대를 보내어 그 살인한 자들을 진멸하고 그 동네를 불사르고)은 예루살렘이 로마군으로 인해 진멸된 것을 암시하고 있기 때문에 그 저작 시기는 예루살렘이 로마 군대의 수중에 떨어진 70년 이후인 것만은 틀림없다. 그리고 95년경에 기록하고 있는 로마의 클레멘스(Clement)는 분명하게 이 복음서를 알고 있었다. 따라서 80년대의 연대가 가장 적합하다고 생각된다.

2. '마태'와 그의 자료

'마태'는 마가와 Q와 M의 세 가지 자료를 사용하였다. 이 마지막의 M이라는 기호는 제1복음서의 특유 자료의 전체를 나타내는 것이다. 그리고 그중에 어느 것은 아마도 문서로 유래하고, 또 어떤 것은 의심할 바 없이 구전으로 유래한 것이다.

그는 어떻게 하여 자기의 자료를 사용하였을까? 첫째, 그는 마가복음을 개정하여 그 거친 문체를 개필하여 그 서술을 축소하였고, 때로는 걸림돌이 될 만한 말을 삭제하기도 했다. (마 19 : 17의 "어찌하여 선한 일을 내게 묻느냐"라는 표현과, 막 10 : 18의 "어찌하여 나를 선하다 일컫느냐"라는 표현과 비교함이 좋을 것이다.) 둘째, 그는 마가를 증보하며 그 첫머리와 끝에서 서술을 보태거나, 마가복음의 개요에 훌륭한 다섯 개의 설교를 결합시키거나(이것에 대해서는 조금 후에 한번 더 언급하게 될 것이다.) 어떻게 하여 예수는 예언을 성취하셨는가를 나타내는 구약성서의 증명텍스트(proof-texts)를 삽입하곤 하였다.

'마태'가 자기의 각종 각색의 자료를 혼합한 방법을 나타내기 위하여 학자들은 '이문융합'(異文融合 ; conflation)이라는 말을 사용하고 있다. '마태'는 마가복음을 틀(framework)로서 이용했을 때 동류의 것은 동류의 것으로 결합시키고, 마가복음의 골격(framework) 안에 Q와 M에서의 새로운 자료를 삽입하였다. 이렇게 하여 마가복음에 기초한 마태복음 13장에는 마가복음에서 하나, Q에서 둘, M에서 네 개의 하나님 나라의 일곱 개의 비유가 병렬되어 있다.

'마태복음의 특유자료', 다시 말해서 M은 이야기와 교훈 두 가지로 되어 있다. 그 주요한 목록을 써 보도록 하자 :

· 탄생 설화(1-2장)
· 산상설교의 대부분(5-7장)
· 선교자에 대한 그리스도의 권고의 대부분(10장)
· 18장의 대부분. 여기에는 겸손과 훈련과 용서에 관한 그리스도의 교훈이 보존되어 있다.
· 열다섯 개의 비유(그중의 13장에서 네 개, 25장에서 세 개)
· 베드로에 관한 세 가지 설화(14-17장)
· 서기관들과 바리새파 사람들에 관한 '화' (23장)
· 수난과 부활에 관해서는 마가복음에 추가(27-28장)

M자료 안에 보존되고 있는 대부분의 예수의 교훈은 아주 귀중한 자료이다. 그러나 '마태' 가 마가복음의 수난과 부활의 설화를 윤색(潤色 : 장식)한 전승의 어떤 것은, 예를 들면, 무덤에서 유대인의 성도의 부활과 부활의 전조(지진과 천사의 파견) 등은 가치가 적은 것이다. 여기에 있어서 '마태' 는 역사에서 외전적인 것에 싸잡혀 들어갔다고 보여진다.[3] 그것보다도 중요한 것은 무덤을 지키게 하며 그 수직인을 매수하는 이야기가 있다(27 : 62-66 ; 28 : 11-15). 이 설화는 제자들이 예수의 시체를 도적질했다는 유대인의 비방에 대한 그리스도인의 대답이라고 읽는 것이다. 이것으로 인하여 증명되고 있는 것은 3일 만에 예수의 시체가 무덤에서 발견되지 않았다는 것이다.

3. 내용과 특징과 확신

이 복음서는 다음의 일곱 가지 부분으로 나눈다 :

1. 탄생(1 – 2장)
2. 선교의 준비(3 : 1 – 4 : 11)
3. 갈릴리의 선교(4 : 12 – 13 : 58)
4. 갈릴리에서 물러가심(14 – 18장)
5. 예루살렘으로 향하신 여행(19 – 20장)
6. 예루살렘에서의 선교(21 – 25장)
7. 수난과 부활(26 – 28장)

마태복음에는 '의'와 '천국' 등과 같은 말이 많이 사용될 뿐만 아니라 마태의 독특한 정식(formulas), 예를 들면 "이는 주께서 예언자로 하신 말씀을 이루려 하심이라."와 "예수께서 이 말씀을 마치셨다." 같은 구절이 자주 사용되고 있다. 또한 '마태'는 자기의 자료를 세 가지로(요셉에 대한 천사의 세 가지 메시지, 베드로의 세 번의 예수 부인 등), 혹은 일곱 가지로(13장에 있어서 일곱 가지 비유, 23장에 있어서 일곱 가지 '화' 등) 분류한다. 특히 '마태'는 분명하게 세례 지원자의 요구를 마음에 두었고, 또한 연대 같은 것은 개의치 않고 그리스도의 교훈을 계통적으로 서술하고 있다. '마태'에게 있어서는 "결코 지나가지 않는다."라는 말로 인하여 시간의 구속은 이미 떨어뜨렸던 것이다.

주의해서 읽는 독자가 있다면 아무라도 곧 '마태'의 특별한 관심을 알아챌 것이다. 예를 들면 그가 예언의 성취를 강조하고 있는 일, 그리스도께서 새로운 위대한 모세라고 보는 그의 개념, 그리스도의 목적에 있어서 교회를 중요한 것이라고 보는 그의 의식, 새롭게 시작된 하나님의 지배는 심판의 날을 향하여 움직이고 있다는 그의 확고함 등이다.

이러한 특별한 관심은 그만두고라도 '마태'는 바울과 같이 "그리스도는 하나님 안에 있다."고 확신하고 있다. 그 증거로는 그의 복음서의 시작과 마지막만을 보아도 충분히 알 수 있다. 그리스도의 탄생 이야기에 있어서 "그의 이름은 임마누엘이라 일컬음을 받을 것이니라. 이는 하나님이 우리와 힘께 계심이라."는 뜻이라고 기록되어 있다. 부활하신 그리스도께서 갈릴리의 최후의 위탁에 있어서 "그리하면 확실히 나는 세상 끝날까지 항상 너희와 함께 있으리라."고 제자들에게 말씀하셨다(28 : 20). 바꾸어 말하면 예수의 탄생과 선교, 죽음과 부활에 있어서 하나님께서 어떻게 인간 세계에 오셔서 세상 끝날까지 그리스도 안에서 인간과 함께 계시는가에 관하여 마태는 말하고 있다.

이 최후의 위탁은 온 세계에 널리 퍼지고 있는 교회의 중핵으로서의 제자들에게 말씀하신 것이다. 이 사실을 마음에 유의하면서 이 복음서의 중앙부(16 : 13－23)를 보면 마태복음은 마가복음과 마찬가지로 예수의 비밀이 실제로 빌립보 가이사랴에서 어떻게 나타났는가에 관하여 기록하고 있는 것을 알 수 있다. 그때 베드로가 "You are the Messia, the Son of the living God", 즉 "주는 그리스도시요, 살아 계신 하나님의 아들이시니이다."(마 16 : 16)라고 고백하였다. 그리고 곧 예수는 하나님께서 베드로에게 통찰력을 주셨다는 것을 기뻐하며, 자기는 예루살렘에 올라가 거기서 고난을 받고 죽겠지만 죽음을 이겨야 할 것이라고 계속하여 말씀하셨다. 바꾸어 말한다면 하나님은 예수가 이사야서의 여호와의 고난의 종을 본받아 메시야가 되실 것을 바랐던 것이다. 그러나 '마태'는 마가복음이 말하지 아니한 "너는 베드로다. 그리고 내가 이 반석 위에 내 교회를 세우겠다."(마 16 : 18)라는 베드로에 대한 예수의 말씀을 부가하였다. 이 말씀에 가장 중요한 점은 예수의 실제적인 비밀, 다시 말해서 예수께서 고난을 통해서 승리에 이르는 비밀이 그리스도를 위하여 자기를 드려 헌신하며, 그 은혜로 말미암아 사는 새로운 하나님의 백성 가운데 나타나도록 된다는 점에 있다.

이 새로운 하나님의 백성을 위한 교육으로서 '마태'는 그의 특유의 계통적인 방법으로 예수의 교훈을 기록하고 있다. 교회는 그리스도 사역(work)을 계속하며, 세상에서 그것을 증언하기 위하여 존재한다. 교회생활을 규제하는 원칙에 관해서 묻는다면 마태복음의 특징을 이루고 있는 다섯 개의 위대한 설교에 그 대답이 있다.

그 첫째는 산상설교, 그리스도의 윤리적인 가르침의 개요(5-7장)이고, 둘째는 선교자에 대한 그리스도의 명령이며(10장), 셋째로 교회는 하나님 나라에 본질적으로 사는 것이지만 하나님 나라는 하나님의 지배의 본질에 관하여 말하는 일곱 가지 비유이다(13장). 넷째로 교회에 있어서 서로와의 관계와 어떻게 용서의 정신으로 죄인을 훈련해야 하는가에 관한 설교이다(18장). 그리고 마지막으로 미래와 최후의 사항에 관한 그리스도의 가르침이다(24-25장). 이 다섯 가지의 설교를 하나로 묶는다면 '마태' 의 의도한 바를 알 수 있을 것이다. 그 의도는 그리스도인의 생활을 산다는 것이 어떻다는 것에 관하여 그리스도의 가르침에서 인출하여 진술하는 것이었다.

이 여러 설교 중에서 가장 긴 설교는 산상설교이다. 옛날에 시내산에서 모세는 하나님의 새로운 계시를 옛 이스라엘에게 말하였다. 그와 마찬가지로 이제는 그리스도께서 산상에서 교회라는 새 이스라엘에게 하나님의 새로운 계시를 말하였다. 그러나 '그리스도의 새로운 율법' 에는 모세의 율법보다 훨씬 높은 것을 요구할 뿐만 아니라 훨씬 깊은 것이 있다. 모세의 율법이 개개의 모든 상황 속에서 실행해야 한다는 것을 규정하는 것에 대하여 '그리스도의 율법' 은 지도를 제공한다기보다는 방향을 제시하고 있다. '그리스도의 율법' 은 이 세상에서 달성하지 못할런지 모르지만 노력해야 할 신적인 이상을 나타내신 것이다. 따라서 이와 같은 그리스도의 가르침은 우리 자신과 우리의 죄에 대하여 심판인 것과 동시에 고상한 그리스도인의 생활의 영원한 요청이기도 하다. 그러나 이 산상설교의 고상한 도덕적인 원리는 이미 하나님의 은혜의 새로운 알림과 그리스도 안에 있는 용서를 받아들인 사람들에 대한 것이며, 이 교훈으로 말미암아 자기의 생활을 하려고 노력할 때에 성령을 통해서 그리스도가 항상 임재하시며 그리스도의 능력이 임하신 것을 약속하였다. 이것에 유의해야 할 것이다.

이상이 '마태' 가 그의 복음서에 계획한 것을 공정하게 설명했다면 '마태' 는 단지 마가복음의 개정판이며, 증보라고만 본다는 것은 결코 공정하지 못하다. 그는 예수의 설화와 그의 제자인 당시의 교회에 소속한 사람들에 대한 그 설화의 의미에 대하여 그 자신의 특별한 공헌을 한 것이다.

'마태' 의 시대, 새 이스라엘이 옛 이스라엘의 진정한 후계자인 것을 나타내며, 또 그리스도인에게 복음의 신선한 감각을 주는 '그리스도인의 생활' 을 교회는 필요로 하였다. 또 여러 가지 좌절이 있는데도 불구하고 하나님의 지배가 그 완성을 향하여 진행하고 있다는 확신을 교회는 필요로 하였다. 또 예수의 말씀과 사역이 신앙을 양육하며 예배를 인도하는 그리스도인의 생활설계를 줄 수 있다는 것을 보여 줄 필요가 있었다. 어떻게 하여 은혜와 훈련이 그리스도인의 사귐에 있어서 조화할 수 있는가를 교회는 알 필요가 있었다. 그리고 교회는 세계전도에 일층 더 높은 임무에 일어설 필요가 있었다. '마태' 는 이러한 필요를 채우려고 하였다. 그는 그리스도를 섬기며 교회에 있어서 그리스도의 사역을 진척시키는 데 관심을 가지고 그리스도교 세계에 '교회적인 복음' [4)]이라고 불리도록 하였다. 그는 약 2,000년 전에 썼지만 아주 현명하게 그 책을 썼기 때문에 그의 복음서는 오늘의 세계에 있어서도 그리스도를 따르는 자들의 생애를 계속 형성하고 있다. 오늘의 세계는 그의 시대와는 아주 다르지만 여전히 마리아의 최초에 출생한 아들 다윗의 혈통에서 탄생한 참 메시야 임마누엘(하나님이 우리와 함께 계시니라.)이신 예수의 복음을 들을 필요가 있다.

제 9 장

영적인 복음서 : 요한복음

알렉산드리아의 클레멘트(150 - 215년경)는 이 복음서를 '영적인 복음서' 라고 불렀으며, 다른 복음서와는 다른 복음서라는 데 주의하였다. 그 가장 명료한 차이는 그 쓰기 시작하는 데 있다. 즉, 요단이나 베들레헴에서 시작하지 않고 영원에서 시작하고 있다. "태초에 말씀이 계시니라. 이 말씀이 하나님과 함께 계셨으니 이 말씀은 곧 하나님이시니라.…… 만물이 그로 말미암아 지은바 되었으니 지은 것이 하나도 그가 없이는 된 것이 없느니라.…… 그리고 말씀이 육신이 되어 우리 가운데 거하시며 은혜와 진리가 충만하더라.…… 본래 하나님을 본 사람이 없으되 아버지의 품속에 있는 독생하신 하나님이 나타내셨느니라." 얼마나 훌륭한 문장의 시작인가! 수년 전에 BBC 라디오 방송 가운데 Brains Trust(텔레비전이나 라디오 프로그램에서 시청자들의 질문에 대답하는 해답자)가 "문학 중에서 가장 아름다운 문장으로 시작한 것이 무엇일까?"라고 물었을 때 "그것은 요한복음서의 서문이다."라고 대답한 적이 있다.

그러나 이 서문(1 : 1 - 18)은 많은 사람들을 미혹하게 하였다. 나는(Hunter) 전에 당시 애버딘(Aberdeen)의 시장과 나누었던 대화를 상기한다. 그는 선한 사람이고, 어딘지 모르지만 시인으로 성서연구가의 모습이 있었다. 우리의 이야기가 요한복음서에 대한 이야기가 되었을 때, 그는 "나는 그 최초의 철학에 당혹하고 있다."고 말했다. 요한은 그 복음서의 첫머리의 '철학'에 있어서 무엇을 말하려고 하였을까? 다음의 말은 현대의 최대의 신학자인 칼 바르트(Karl Barth)의 거의 알려지지 않은 말이다 : "하나님이 세상을 사랑하셨다. 하나님은 예수 그리스도 안에서 세상에 대하여 '예'라고 말씀하셨다." 이 말로 말미암아 바르트는 인간 예수에게 있어서 하나님께서 자기의 본질과 목적을 한마디 한마디 인간에게 명시하셨다. 그리고 이것이 하나의 은혜라는 것을 말씀하려고 하신다. 요한은 이것과 동일한 것을 말하려고 하였다고 생각한다.

그러나 네 번째 복음서의 틀린 점은 그 최초에만 있는 것은 아니다. 요한은 예수의 선교활동을 다른 복음서와는 다른 방법으로 말하며, 갈릴리의 선교가 시작하기 전에 그 시발점에 유대의 선교가 있었다는 것을 기록하였고, 또한 다시 갈릴리의 선교가 끝났을 때 예루살렘에 있어서 장기간에 걸쳐서 선교가 있었다는 것을 기록하고 있다. 사실상 요한은 최초의 세 개의 복음서들에서 찾아볼 수 있는 설화에 대하여 말하고 있다. 예를 들면 5,000명의 급식, 베다니의 기름부음 등이다. 그러나 요한은 예수의 시험(Temptation), 변모, 그리고 주의 만찬의 제정에 관해서는 생략하고 있다. 그러나 그와는 반대로 요한은 예수에 관한 새로운 설화를 말하고 있다. 예를 들면 예수와 니고데모와의 대화, 야곱의 우물가에서 주고받은 사마리아 여자와의 대화, 그리고 베데스다 못가에서 앉은뱅이를 고치신 일, 죽은 자 가운데서 나사로를 일으키신 일, 이층 다락방에서 예수께서 열두 제자의 발을 씻기신 일, 부활절 첫 아침에 예수께서 동산에서 막달라의 마리아에게 나타나신 일 등이 있다.

그 위에 요한은 십자가의 시일을 최초의 세 개의 복음서보다는 하루 빨리 하고 있다. 최후에 예수의 가르치심에 관한 기사는 그 방법과 자료에 있어서 따로 하고 있다. 비유는 적고 예수의 설교는 길다. 예수의 복음의 요점은 예수 자신의 선교활동에 하나님의 지배가 도래하였다고 하기보다는 예수 자신에 있어서의 영원한 생명이라는 하나님의 선물을 인간에게 주는 것이다.

이와 같이 요한복음서가 다른 복음서와 다른 이유 중의 하나는 요한이 예수에 관한 아주 초기의 독립된 전승을 가지고 있었다는 것이다. 이것이 근년에 와서 증명되었다. 1930년대에 요한은 마가복음과 누가복음서를 알아 그것들을 이용하였다는 데 일치하였다. 이러한 요한의 '독립성'의 발견-이것은 영국인의 발견이며, 현재 독일에 있어서라도 '대다수의 학자들의 의견'이지만-으로 그 외의 것도 함께 예수에 관한 설화와 예수의 선교의 행로가 새롭게 설명되게 되었다.[1)]

요한복음서가 다른 복음서와 다른 또 하나의 이유는 광범위한 세계의 독자들과 접촉하려고 했던 요한이 예수의 이야기를 철저하게 전하며 그 궁극적인 의미를 나타내려고 노력했던 것이다. 이것이 바로 요한이 자기의 복음서를 영원부터 시작한 이유이다. "When all things began, the Word already was"(모든 것이 시작했을 때 말씀이 이미 존재하였다. 1 : 1. NEB). 이것이 요한이 예수의 기적을 '표적'이라 부르고 있는 이유이다. '표적'이란 예수가 진정으로 누구이며 무엇인가를 상징적으로 나타내는 것이다. 이것 때문에 요한은 십자가를 하나님의 영광이 최고로 계시되는 장소라고 표현하였다. 하나님의 영광은 세상의 죄를 위하여 그리스도 안에서 고난을 당하신 하나님의 사랑이다. 그러나 이것에 대하여는 후에 더욱 자세히 설명하기로 하자. 첫째로 우리는 어디서, 언제, 누구로 말미암아 이 복음서가 쓰여졌는가의 문제를 묻고 이에 대하여 대답해 보기로 하자.

1. 출처와 연대와 저자

제2세기에까지 거슬러 올라가는 전승에 의하면, 이 복음서는 에베소에서 쓰여졌고, 사도 요한의 이름이 붙어 있다. 사도 요한이 장기간 에베소에 체재하였다는 것은 에베소에 살았던 순교자 유스티노스와 폴리크라테스(유스티노스〈Justin Martyr〉는 100－165년경의 사람이고, 폴리크라테스〈polycrates〉는 기원 2세기의 에베소의 감독이었다.)와 같은 사람들에 의하여 입증되고 있다. 제4복음서가 에베소에서 기록되었다는 것을 의심할 충분한 이유는 없다.

이 복음서가 언제 기록되었을까? 1920년에 발견된 이 복음서의 파피루스(papyrus) 단편은 제2세기 전반의 것이다. 이것에 의하면, 이 복음서는 130년에 애굽에서 유포되었던 것이다. 이 복음서가 애굽에까지 이르는 데는 약 30년의 세월이 걸렸다는 것을 고려한다면, 이 복음서는 100년 이전에 기록된 것이 된다. 이 복음서는 공관복음서와는 달리 독립한 복음서인 고로 공관복음서보다 나중의 연대를 붙일 필요는 없다. 이 복음서는 80년경 혹은 그 이전에 기록된 가능성이 있다.[2] 우리가 소유하고 있는 증거에 의하면, 더 중요한 것은 이 복음서 안에 보존되고 있는 역사적인 전승은 66년 로마와의 전쟁이 발발하기 이전의 팔레스타인에까지 거슬러 올라가는 것이 된다.[3]

그러나 요한은 누구인가? 초기의 교회는 여기서 말하는 요한이 세베대의 아들인 것을 거의 의심하지 않았다. 예를 들면 리용(Lyon)의 감독 이레네우스(Irenaeus)는 "주의 품에 안긴 제자 요한은 에베소에서 생활하는 동안에 친히 복음서를 썼다."고 증언하였다. 이 감독의 증언을 보충하는 것에 이레네우스는 소년시대에 그의 친구 폴리갑(Polycarp)이 '주의 제자 요한' 이라고 회화를 하는 것을 들은 적이 있다는 사실이다.

다음에 복음서 그 자체에서 알 수 있는 것에 대하여 생각해 보자. 사해사본의 연구로 말미암아 이 복음서의 배경은 순수하게 유대적인 것으로 알려졌다. 이 저자의 헬라어는 그의 모국어가 아람어인 사람의 헬라어이다. 이 복음서의 저자는 분명하게 팔레스타인의 지리를 직접 알고 있으며, 자기가 알고 있는 곳곳을 돌아다니는 것같이 그 지리를 정확하게 말하고 있다. 이 저자는 말하자면 40~60년까지 거슬러 올라갈 수 있는 예수의 옛 전승을 가지고 있었다. 이러한 모든 것을 종합해서 볼 때에 이 복음서와 '주의 제자 요한' 과의 관련을 찾아보고 싶은 생각이 든다.

그러나 그것만은 아니다. 이 복음서는 목격자의 증언을 보유하고 있다고 주장하고 있다. 예를 들면 19 : 34~35에서 창으로 찔린 예수의 옆구리에서 피와 물이 흘러나온 것을 기록한 후, 이 복음서 기자는 "그것을 본 자가 증언하였다. 그리고 그 증언은 참이다."라고 덧붙이고 있다. 또 21 : 24은 에베소 교회의 지도자의 증명서와 같이 들리는데, "여기에 기록되어 있는 것을 증명하는 것은 이 같은 제자(사랑하시던 제자)이다."라고 읽을 수가 있다.

이 '사랑하시던 제자' 란 누구란 말인가?(13 : 23 ; 19 : 26 ; 20 : 2 이하 ; 21 : 7, 20) 그는 세베대의 아들이라는 강력한 증거가 있다. (1) 21 : 2을 제외하고는 세베대의 아들은 이 복음서에는 그의 이름이 열거되어 있지 않다. 실제로 그의 이름이 '예수의 사랑한 제자' 라는 말 속에 감추어져 있지 않았다면 정말 기묘한 일이다. (2) 이 복음서에 있어서 '사랑하는 제자' 와 베드로가 결부되어 있는 것을 보면 어떤 사람이라도 요한 이상으로 적합한 사람은 없다.[4] (3) 열두 제자만이 최후의 만찬에 출석하였다. 그 가운데 예수에게 가장 가까이 있었던 자는 베드로와 야고보와 요한이었다. 그러나 13 : 23~24에 있어서 베드로는 분명하게 '사랑한 제자' 와는 구별되고 있다. 그리고 야고보는 44년경, 다시 말해서 이 복음서가 기록되기 여러 해 전에 살해되었다(행 12 : 2). 그러고 보면 남아 있는 자는 요한뿐이다.

많은 사람들이 이 복음서는 실제로 사도 요한이 기록하였다고 믿는다 하더라도 놀랄 것은 없다. 그러나 이 점에 있어서도 한두 가지의 난점은 있다. 사도 요한이 자기 자신을 주님의 '총애를 받은 제자' (favourite pupil)라고 부를 수 있었을까? 만일 실제로 요한이 이 복음서의 저자라면 최초의 세 개의 복음서에서 볼 수 있었던 형태와 닮은 형태로 요한은 예수의 말씀을 보고하는 것이 지당하다고 생각해야 하지 않을까? 더구나 이 복음서가 발행되기 이전에 어떠한 편집이 행해진 증거가 있다.

이상의 몇 가지의 사실에 가장 적합한 것은 사도 요한이 이 복음서의 배후에 있는 전승의 원천이며, 그 실제의 저작은 사도 요한과 친근히 지냈던 제자가 기록한 것이라고 말할 수 있다. 사도 요한은 이 복음서의 배후의 '권위' 로 되어 있다. 그렇다면 실제로 누가 기록하였을까? 문체와 신학의 기준에서 본다면 요한 일서, 이서, 삼서의 3통의 편지를 쓴 사람은 '장로' 였다. 그런데 파피아스(Papias ; 60-130)는 초기 교회에 뛰어난 두 분의 요한을 알고 있다. 그 중의 한 분이 사도 요한이고, 또 한 분이 '장로 요한' 이었다. 거기에 보태서 전승에 의하면, 에베소에서 요한의 죽음을 명기한 두 개의 무덤이 있었다. 따라서 많은 사람들이 '장로 요한' 이 제4복음서의 저자이며, 사도 요한의 친숙한 제자였다고 결론지어도 이유가 없는 것은 아니다. 만일 이것이 사실이라면, 이 복음서는 사도 요한의 가르침에 입각한 장로 요한이 쓴 복음서이다.

2. 요한의 독자와 그의 목적

요한복음 20 : 31의 "이것을 기록함은 너희로 예수께서 하나님의 아들 그리스도이심을 믿게 하려 함이요, 또 너희로 믿고 그 이름을 힘입어 생명을 얻게 하려 함이니라."는 말씀에서 요한은 그 저작의 목적을 말하고 있다. 여기서 '너희로' 라는 말로써 요한은 누구를 가리키는 말이냐는 질문에 대하여는 첫째로 에베소에 있는 유대인들과 헬라인들과 그리스도인들과 비그리스도인들의 '모든 관심을 갖고 있는 사람들' 이라고 대답할 것이다.

요한복음의 최초의 문장에 있어서 요한이 사용하고 있는 말씀(λόγος)이라는 말로 인하여 이 사실이 확증되고 있다. 말씀이라는 것은 생각하고 있는 것을 표현한 것이다. 요한은 결정적으로 "말씀이 육신이 되었다."라고 선언하기 전에, 다시 말해서 하나님의 사상이 인간의 생활 가운데 그 자체를 표출하기 전에 창조의 전체가 하나님의 생각과 목적의 계시라고 말하기 시작한다. 이제 이러한 종류의 시작이 헬라인들과 유대인들의 마음을 끌게 되었다. 철학자들은 특히 스토아 학파의 철학자들은 헬라인들에게 로고스에 대하여, 즉 우주의 혼, 모든 것에 편만한 하나님의 원리에 대하여 가르치고 있지 않은가? 또 유대인은 성서에서 '하나님의 말씀' – 하나님이 그 능력과 지혜와 사랑 안에서 그 자신을 나타내는 것을 의미한다 – 에 대하여 행위로 하나님의 구원의 목적에 대하여 배우고 있지 않은가? 요한이 하나님의 말씀이 어떤 방법으로 유일신이 되었는가를 말하려고 했을 때, 유대인이거나 헬라인이거나 할 것 없이 자기의 모든 독자들에게 있어서 뜻있는 말씀을 사용하려고 하였다. 그것은 현실적인 것의 중심에 직접적으로 육박하며 그리스도의 도래에다 영원의 초점을 맞추는 말이었다. 따라서 요한은 이제부터 계속해서 말하는 예수의 이야기가 하나님에 관한 궁극적인 진리인 것을 – 다시 말해서, 하나님이 인간의 생활에 관하여 분명하게 나타내는 말씀인 것을 – 자기의 독자에게 시사하려고 하였다.

다음에 계속되는 설화의 취급방법은 이것과 일치하고 있다. 요한은 그리스도교에 관심을 표명하고 있지만, '하나님의 나라' 와 같은 유대인적인 말에 당황을 느끼는 어떤 사람에게도 호소하는 방법으로 예수의 이야기를 말하고 있다. 이러한 사람들은 여러 가지의 문제를 묻고 있다. 예수는 인간에게 전능하신 분의 구원방법에 있어서 어떤 위치를 차지하고 있을까? 거의 반세기 이전에 십자가에 달리신 이 예수가 어째서 이 세상에 어떤 것과 비교할 수 없는 정도로 활력을 지속적으로 가졌던가? 이와 같은 문제에 대하여 요한은 대답하려고 했던 것이다. 요한은 예수가 인간의 삶 속에 나타내신 바 하나님의 구원의 목적이라고 말하였다. 또 복음이 제공하고 있는 축복은 영원한 생명 – 참된 생명, 신적인 생명, 그 주위에 영원히 메아리치는 생명 – 이라고 말하였다. 그리고 예수는 아버지 하나님에게로 가기 전에 제자들에게 자기의 '또 하나의 나' 인 성령이 주어질 것을 약속했으며, 그 성령은 자기의 복음의 모든 진리에 제자들을 인도할 것이라고 말하였다.

따라서 요한에게 주어진 최상의 은사(gift)는 그리스도의 오심의 의미를 해석하는 사람으로서의 은사이다. 우리는 이 점을 좀더 전개해 보기로 하자. 맨 처음에 "지금 일어나고 있는 것 가운데서 지금 진행하고 있는 것을 분간하는 것은 실제의 시간에 있어서 항상 어려운 것이다."라는 것에 유의하자. 인도 사람에게는 "등불 밑에는 항상 그늘이 있다."는 슬기있는 속담이 있다. 그것은 사물에 너무 가까이 있으면 그 의미를 알 수 없다는 뜻이다. 영국 역사에서 예를 들어 보기로 하자. 1215년 런니메드(Runnymede ; 런던 서쪽의 초원)에서 일어난 사건은 존(John) 왕이 아주 마지못해 대헌장(the Magna Carta)에 서명했다는 것이다. 왕이 손에 펜을 들고 서명했을 때 거의 모든 사람은 무엇이 진행되고 있는지 희미하게나마 추측할 수 없었던 것만은 사실이었다. 그러나 현대의 역사가는 뒷궁리의 도움을 받아 그 때에 시작한 것은 우리가 잘 알고 있는 바와 같이 영국 의회의 탄생이었다는 것을 분명하게 이해하고 있다.

그렇다면 이 일을 예수의 이야기에 적용해 보기로 하자. 열두 제자 중의 한 사람이 기원 31년에 예수의 이야기를 쓰려고 했다 하더라도 기원 28년부터 30년까지의 사이에 갈릴리와 유다 지방에서 무엇이 진행되고 있었는가를 충분히 이해하지 못한 것은 확실할 것이다. 그러나 요한은 45년 후에 쓴 것이지만 일어난 사건 중에 무엇이 진행되고 있었는가를 분명하게 이해하고 있었다. 왜 그랬을까? 그 이유는 그가 뒷궁리(hindsight)의 도움을 받아 또 확실하게 주장하고 있는 바와 같이 성령의 인도로 도움을 받았기 때문이다.

맨 처음의 복음서의 기자라 해도 이 일에 대하여 맹목적이었던 것은 아니다. 마가복음에 있어서라도 예수의 세례와 산상변모와 같은 삽화는 동양적인 비유로 말미암아 두 영역의 세계의 교통, 즉 하늘의 세계가 이 지상적 세계에 뚫고 들어온 것을 암시하려고 시도하였다. 구름이 갈라진 사이로 무한한 푸른 하늘 저편을 보여 주는 듯한 삽화는 여기저기에서 볼 수 있다. 그러나 요한은 예수의 이야기 전체를 이러한 형식으로 이해하고 있다. 요한에게 있어서 예수의 이야기는 '지상의 이야기' 이다. 요한은 이러한 사실을 부인하는 사람들과 아무런 관계도 없다. 그러나 예수의 이야기는 '천상의 의미를 지닌 지상의 이야기' 이다. 그러나 이 '천상의 의미' 는 그것이 없어도 충분하게 말할 수 있는 명백한 이야기에 첨가된 어떤 것은 아니다. 이 '천상의 의미' 는 하나님이 예수를 보내셨을 때에 하나님께서 행하신 일에 대한 진실한 의미가 있다. 그것의 증거로서 요한복음서는 먼저 쓰여진 복음서에서 의미를 이해하고 있다. 다시 말해서 칼빈이 말한 바와 같이 요한복음서는 먼저 쓰여진 복음서들의 비밀을 해명하는 열쇠이다. 오늘에 이르기까지 몇 세기에 걸쳐서 무수한 사람들은 신분이 높은 자나 낮은 자나 할 것 없이 요한복음서는 자기를 위하여 예수의 이야기의 영원한 차원을 밝히고 있다고 생각하여 왔다. 요한은 훨씬 옛날 에베소에서 이 복음서를 기록했을 때, 자기의 주요 목적과 같은 것을 그 이후 무수한 사람들에게 대하여 행한 것은 틀림없다.

이 복음서를 평가하기 전에 이 복음서의 기본 음(ground base ; 음악에서 말하는 고정 저음)을 만들고 있는 두 가지 주제는 하나님의 말씀과 영원한 생명인 것을 다시 한번 상기하기로 하자. 다시 말해서 이 복음서는 하나님이 예수 안에서 인간에게 대한 구원의 목적을 어떻게 하여 분명하게 나타냈는가, 또한 생명을 주시는 성령으로 말미암아 우리에게 전해 주는 새로운 신적인 생명, 즉 인간의 영혼 안에 하나님의 생명을 가지고 있다는 것을 어떻게 하여 가능하게 했는가 등에 대하여 기록하고 있다.

이 복음서의 내용은 다음의 여섯 가지 부분으로 나눌 수 있을 것이다 :

1. 그리스도 안에 있어서 하나님의 말씀의 도래(1장)
2. 세상에 대한 그리스도의 계시(2 - 12장)
3. 제자들에게 대한 그리스도의 계시(13 - 17장)
4. 빛과 어둠과의 투쟁(Conflict ; 18 - 19장)
5. 새벽(여명 ; 20장)

6. 마지막 위탁(21장)

3. 요한복음서의 가치

그 가치는 다음의 두 가지 사항에 있다 : (1) 새로운 역사적인 빛이 예수의 선교에 투사되었다는 것이다. (2) 이러한 사건 가운데 진행되고 있다는 것에 관한 심원한 읽기이다.

그렇게 옛날 일은 아니지만 학자들이 예수의 생애에 관하여 쓰려고 했을 때 일반적으로 요한복음서를 무시했던 것은 이 복음서가 공관복음서에 입각하여 기록된 것이며, 저작의 연대에 있어서도 늦고 역사에 흥미를 가지는 것보다는 신학에 많은 흥미를 가지고 있다고 주장되었기 때문이다. 최근의 연구에 의하면 상황이 아주 달라졌다.

이제 우리는 이런저런 점에 있어서 이 복음서가 처음에 쓰여진 예수의 이야기를 분명하게 하였고, 이것을 보충하는 것이라고 이해하고 있다. 예를 들면 이 복음서는 예수께서 갈릴리에서 선교하시기 전에 세례자 요한과 예수는 사마리아와 유다에서 동시에 선교에 종사했다는 것을 말하고 있다(3 : 22-30). 5,000명의 급식과 이에 뒤따르는 사건에 관한 요한의 기사(6장)로 말미암아 우리는 예수가 메시야라고 말하는 베드로의 신앙고백을 더욱 잘 이해하게 된다. 7장에서 12장에 이르기까지에는 예수께서 이것을 한계로 하여 갈릴리를 떠난 후, 그리고 예수께서 중요한 유월절을 지키기 위하여 예루살렘으로 돌아가기 전에 남부에 있어서의 예수의 선교에 관한 신뢰할 만한 많은 전승이 포함되어 있다. 요한이 기록한 수난기사는 독자적인 것이지만 많은 진정한 역사가 들어 있다. 최후에 부활하신 주님이 막달라 마리아에게 나타나셨고, 갈릴리의 새벽 미명에 호반에서 세베대의 아들들을 포함한 7명의 제자들에게 나타났다는 기록을 우리는 요한의 문장에서만 알 수 있다.

요한복음의 예수의 말씀에 관해서는 어떠할까? 정말 예수의 말씀은 종종 요한 자신의 문체로 말미암아 착색되어 있다. 그러나 그렇다 하더라도 요한이 자유롭게 창작한 것은 아니다. 이 복음서에는 적어도 10개의 짤막한 비유가 들어 있고, 그 모든 것이 진정한 것이라고 주장할 수 있다. 그 위에 진리를 울리고 있는 많은 함축된 말이 들어 있다. 요한에게 있어서 예수의 말씀은 종종 처음에 쓰여진 복음서 안에 있는 것을 아주 명확하게 설명하고 있다. 그 좋은 예가 예수는 하나님의 독생자라는 것에 대한 의미이다.

다음의 Q의 말씀을 예로 들어 보자. "내 아버지께서 모든 것을 내게 주셨으니 아버지 외에는 아버지를 아는 자가 없느니라"(마 11 : 27 ; 눅 10 : 22). 이것과 요한복음서 중에서 발견되는 말씀과 비교해 보자. "아버지께서 아들을 사랑하사 만물을 다 그 손에 주셨다"(요 3 : 35). "아버지께서 나를 아시고 내가 아버지를 아는 것 같으니라"(요 10 : 15). "나로 말미암지 않고는 아버지께로 올 자가 없느니라"(요 14 : 6). 요한복음 6 : 26~51의 '생명의 떡' 에 대한 설교와 같이 긴 설교에 있어서도 사실상 진정한 설교라고 주장되고 있다.[5] 마지막에 요한복음 13 : 31~14 : 31처럼 예수의 고별설교는, 공관복음서에는 그와 같은 설교는 없지만, 확실하게 예수의 생각임에는 틀림이 없었던 것이다.

마지막 날 밤에 예수께서 제자들에게 자기의 죽음과 그 죽음에 계속되는 사건에 대하여 말하였고, 아버지 집에는 '거할 곳이 많다' 고 확신을 가지고 말씀했으며, 위로와 사랑에 관한 자기의 계명을 몇 번이나 거듭거듭 말하였고, 자기의 명령에 복종하는 것은 제자들이 이어받아 충실할 것인가 아닌가를 진정으로 음미하는 것이라고 주장하며, 성령의 도움을 제자들에게 약속하면서 "이것을 너희에게 이름은 너희로 내 안에서 평안을 누리게 하려 함이라. 세상에서는 너희가 환난을 당하나 담대하라. 내가 세상을 이기었노라. 너희는 마음에 근심하지 말라."(요 16 : 33 ; 14 : 1)고 말씀하셨다. 이러한 말들을 신용할 수 있을까?

신약성서 안에 이 복음서만큼 그리스도인의 신앙과 생활에 영향을 끼친 책은 없을 것이다. 요한복음서는 "교구목사의 교과서이며, 순진한 신도에게 영감을 주는 책"이 되었다(Hoskyns). 어디에 그와 같은 호소력이 있을까? 그 첫 번째에 관해서는 이미 자세하게 논하였다. 이 복음서는 예수의 인격과 행위(work)를 철저하게 묘사하고 있으며, 예수께서 팔레스타인의 먼지투성이 길을 걷고 있었을 때 일어나고 있는 사건들 가운데 무엇이 현실적으로 진행되고 있는가를 나타내고 있다. 아버지 하나님은 그 아들 그리스도 안에서 세계에 대한 구원의 목적을 분명하게 나타내신 것이다.

둘째로 요한복음서는 특히 생명의 복음서이다. 이 복음서를 이해하는데 열쇠가 되는 말씀은 '생명' 또는 '영생'이다. 사바티어(Sabatier ; 1839-1909, 프랑스 개혁교회의 신학자)가 말한 바와 같이 "종교가 모두 생명을 기구하는 기도"라면, 요한복음이 주장하고 있는 것은 "생명을 얻게 하고 더 풍성히 얻게 하려"고 오신 분에게 있어서(요 10 : 10) 그 기도는 받아들여진 것이다. 그리스도가 지상 생애에 있어서 주셨고, 죽음과 부활로 말미암아 강력하게 하였던 최고의 축복은 실로 생명이신 생이며, 그리스도로 말미암아 하나님과의 사귐을 통해서 사는 생이며, 사랑으로 말미암아 형성된 생이다. 그것은 30년 4월 어느 아침에 예루살렘 교외에서 로마인들이 처형한 십자가 위에서 역력히 나타내신 하나님의 사랑에서 시작한다. 또 그 생명은 하나님 자신의 영원하신 생명이다.[6)]

셋째로 이 복음서는 예수의 요청을 실존주의적으로, 즉 결단을 촉구하는 생사의 상황하에서 설명하고 있다는 것이다. "하나님이 세상을 이처럼 사랑하사 독생자를 주셨으니 이는 저를 믿는 자마다 멸망치 않고 영생을 얻게 하려 하심이라."(요 3 : 16)는 문장은 요한이 쓴 가장 유명한 문장이나 이 문장에 있어서도 생명이냐 멸망이냐-이것은 양자택일이다. 하나님의 사랑의 목적은 인간을 구원하는 것이다. 그러나 인간은 그리스도를 거절함으로써 구원의 기회를 영원히 상실한다.

이와 마찬가지의 실존주의적인 음조가 심판에 관하여 이 복음서 전체에 울려 퍼지고 있다. 심판은 말세에 있을 큰 심판으로 일어나는 것뿐만 아니라 지금 여기서 일어나고 있다는 것이다. 왜냐하면 하나님은 심판의 자리에 앉기 이전에 사람의 마음을 체로 치기 때문이다. 인간은 하나님의 성육신이신 그리스도에게 어떻게 응답하느냐에 따라서 심판받는다(요 3 : 18 이하 ; 5 : 22 ; 9 : 39 이하). 요컨대 요한은 그리스도를 고대의 이야기의 인물로서 그리지 않고 우리에게 영원히 동시대의 인물로서 묘사하고 있다.

그리스도가 우리를 만나며 행복, 불행간에 우리를 부르며 재촉하는 말을 듣는 것은 제1세기의 팔레스타인에서만이 아니라 지금 여기에 있어서도 듣는다. 아주 이전에 제자라고 자칭하는 자에게 대하여 큰 소리로 부르시고 말씀하셨던 것처럼, 현대의 신앙을 구도하는 자에게 그리스도는 "사람이 하나님의 뜻을 행하려 하면 이 교훈이 하나님께로서 왔는지 내가 스스로 말함인지 알리라."(요 7 : 17)고 큰소리로 말씀하신다. 이와 같이 그리스도는 오늘날 그리스도를 따라가는 자에게 해야 할 임무를 주시면서 그리스도를 따라가려면 그리스도를 섬기면서 기쁨이나 슬픔을 경험할런지 모르나 그리스도가 어떤 분이며, 무슨 일을 하신 분인가를 알게 될 것이라고 단언하고 있다. 그러나 이 복음서의 궁극적인 말씀은 "사랑하는 자만이 항상 이해할 것이라."는 것이다. 100년 이전과 마찬가지로 오늘도 주님을 사랑하며 주님께 사랑을 받는 제자는 아침 안개를 통하여 주님의 얼굴을 식별할 수가 있을 것이다. 그리고 옛날 갈릴리 호수에서와 마찬가지로 오늘날 신앙을 열심으로 옹호하는 사람은 지금이라도 "네가 나를 사랑하느냐"라고 세 번 거듭 불러서 질문할 것이다.[7)]

NOTE

전문적이라고 하겠지만 이하 두 가지 점을 주의할 필요가 있다.

(1) 요한복음 7 : 53~8 : 11의 간음한 현장에서 잡힌 여자의 이야기는 진정한 전승의 부분이지만 요한복음의 본문에 속한 것이 아닐 것이다. 이 이야기는 가장

훌륭한 이야기 중의 하나이지만 최고의 사본에는 없고 그 문체는 공관복음서의 문체와 비슷하다. 그리고 실제로 어떤 사본에는 누가복음 21 : 37에 부가되어 있다. 그 의미에 대해서는 *The Cambridge Bible Commentary*, 1965, pp. 199ff 참조하라.

(2) 요한복음 21장은 후시대에 이 복음서에 붙인 것일 것이다. 이는 이 복음서 기자는 원래 20 : 30~31로 끝마치려고 했다고 생각할 수 있기 때문이다. 그러나 이 추가장은 이 복음서의 앞부분을 기록한 같은 사람의 필적이다. 그 추가의 목적은 무엇이었을까? 그것은 부활하신 주님의 생생한 또 하나의 이야기를 전하려고 한 것이 아닐까? 확실히 그러하다. 그러나 그것이 모든 이유라고는 말할 수 없다. 그것은 주가 사랑한 제자의 운명에 대하여 초기 교회의 어떤 종류의 오해를 풀기 위해서였다. 21~23절에 의하면 이 견해는 있음직하다고 생각된다.

그러나 가장 확실한 이유는 이 복음서 기자는 그리스도께서 베드로와 사랑했던 제자에게 예정된 별개의 임무를 암시하려고 했던 것이 아닐까? 추측한다. 이 복음서에 있어서 사랑하는 제자(즉, 사도 요한)는 '통찰' 의 사도로서 묘사되고 있다(13 : 23-26 ; 20 : 8 ; 21 : 7 참조). 그것에 대하여 베드로는 '행동' 의 사람이었다. 따라서 21장에 있어서 그리스도인의 무리의 실제적인 감독은 베드로에게 부여하여("내 양을 먹이라") 이에 대하여 사랑을 받은 제자의 임무는 목회적인 것보다도 신학적인 임무였다고 할 것이다. 그는 주님의 계시와 복음의 진리의 증인과 후견인이 되었던 것이다. 그는 실제로 이 책에 보존되어 있는 증언으로 말미암아 그렇게 된 것이다. 오늘에 이르기까지 무수한 그리스도인들의 판단에 의하면 이 책은 하나님의 사랑으로 말미암아 인간에게 진리와 생명의 길이 어떻게 열려 있는가에 관하여 가장 심원하게 기록하고 있다.

제 3 부

초기 교회와 성 바울

제 10 장

초기 교회와 성 바울이 복음을 어떻게 예루살렘에서 로마에까지 전달하였는가? : 사도행전

영국의 학생들은 브라우닝(Browning)의 "어떻게 하여 기쁜 소식을 겐트(Ghent)에서 액스(Aix)에까지 전하였는가"라는 시(겐트는 벨기에 북서부의 도시이며, 1812-1814년에 영·미간의 전쟁이 종결되면서 강화회의가 개최된 장소)가 다음과 같은 빛나는 말로 시작되고 있는 것을 누구나 다 알고 있다 :

> 나는 말에 뛰어 올라타고, 그리고 조리스(Joris)도, 그리고 그도.
> 나는 말을 달리게 하였고, 더크(Dirck)도 달리게 하였다.
> 우리 세 사람은 모두가 말을 달리게 하였다.

우리는 이 시의 제목 지명을 바꾸어 겐트강에서 액스 대신에 예루살렘과 로마로 쓴다면 사도행전의 특징을 적절하게 말할 수가 있을 것이다. 사도행전은 결정적인 30년의 어간(기원 30-60년) 어떻게 하여 사도들이[1] 거룩한 성 예루살렘에서 세계의 수도 로마에까지 복음을 전하였는가를 기록한 역사이다.

1. 저자와 그의 책

이미 말한 바와 같이 사도행전을 쓴 사람은 제3복음서(다시 말해서 누가복음서)의 저자 '사랑하는 의사 누가' 이다. 그리고 사도행전은 '그리스도교의 기원' 에 관하여 누가가 쓴 책의 제2권이다. 제1권은 '예수의 행하시며 가르치시기를 시작하심부터 모두' 자세하게 저술하였다(행 1 : 1). 그러나 부활하신 주님은 모든 민족들에게 그리스도의 구원을 증거하는 것을 가능하게 하는 하나님의 능력(성령)을 주실 것이라고 그 제자들에게 약속하셨다(눅 24 : 48 - 49). 누가는 제2권에 있어서 사도들, 다시 말해서 그리스도의 '특별한 사자들' 이 어떻게 성령의 능력을 받아 복음을 사마리아와 수리아를 지나서 지중해를 건너서 로마에까지 전하였는가에 대하여 말하고 있다.

누가는 '데오빌로 각하' 에게 자기의 두 권의 책을 헌정하고 있는데, 데오빌로는 아마 로마의 고관이며, 독자의 전형적인 사람(아마도 교양있는 로마인)이었던 것 같다. 누가는 이 글이 데오빌로의 손에 들어가기를 바라고 있다. 누가의 저술 목적은 독자들에게 새로운 종교의 신뢰할 수 있는 기사를 전하는 것이고, 신뢰할 만한 사실의 기록에 입각하여 독자들이 충분한 신앙을 얻게 되기를 희망하였다. 그러나 누가는 복음서 기자로서의 이 목적 외에 제2의 변증적인 목적을 가지고 있다. 누가 - 행전(오늘날 우리는 누가복음서와 사도행전을 이렇게 부른다.)을 연구해 보면 누가는 그리스도교를 열심히 옹호하며, 그리스도교는 **로마의 평화**(pax Romana)에 대하여 위협을 주는 것이 아님을 이방인 독자들에게 설득시키려 한 것이 분명하게 된다. 이러한 이유로 누가 - 행전 가운데 로마의 관헌이 먼저 예수를 처형한 죄를,[2] 다음에는 바울을 처형한 죄를 용서하려는 경향이 나타나고 있음을 알 수 있다.[3]

누가가 사도행전을 쓰기 시작했을 때 누가에게는 어떤 자료가 있었는가? 누가는 자기의 복음서를 쓰기 위하여 마가복음과 Q와 L을 사용하였다. 사도행전에 있어서 자료를 특정하기는 어려운 일이다. 확실히 사도행전 후반에 있어서 아마도 누가가 기록한 대부분은 자기 자신의 전도여행기(소위 '우리 부분' 이라 부른 것)이거나, 바울과 바울의 동반자에게서 유래하고 있다. 그러나 가장 초기 시대의 교회의 서술에 관한 누가의 자료를 조사한다면 그것을 정확하게 나타내는 것은 곤란하게 된다. 사도행전의 처음 몇 장에 있어서 누가의 헬라어 가운데 셈족어의 어법이 나타나 있으므로 누가는 아람어의 기술자료를 사용하였다고 생각하는 사람도 있다. 확실한 것은 누가는 초기 그리스도교의 3대 중심지인 예루살렘, 가이사랴, 그리고 안디옥 지방에 전해진 전승에 접촉했던 것이다. 누가는 누구에게서 이와 같은 자료를 입수할 수 있었던가? 예루살렘의 모교회에 관한 서술은 아마도 '바나바의 사촌' 인 마가(골 4 : 10-14 ; 몬 24)에게서 그 자료를 얻었으리라고 생각된다. 왜냐하면 마가는 예루살렘 태생이며, 누가의 친구였기 때문이다. 가이사랴에 관한 서술은 아마도 전도자 빌립을 통해서라고 생각된다.[4] 누가는 마지막 예루살렘 방문에 있어서 바울에게 동반하였을 때 가이사랴의 빌립보의 집에 머물렀다(행 21 : 8 이하). 안디옥에 관한 서술은 혹은 별개의 세 가지 자료에 의한 것이라고 생각된다. 그것은 바나바(그가 안디옥에 관하여 충분히 알고 있었다.)에게서 얻은 자료, 바울에게서 얻은 자료, 그리고 누가 자신의 조사를 통해서 얻은 자료 등이다.[5] 고대의 전승에 의하면 누가 자신은 안디옥 출신이다.

누가복음에 있어서 그의 목적은 예수의 구원의 선교를 기술하는 데 있었다. 그와 같이 누가는 사도행전에 있어서 교회가 어떻게 예수께서 가져다준 구원을 전파하며 그것을 입증했는가를 말하려고 계획하였다. 그러므로 제2권은 제1권이 기록된 후에 쓰여진 것이 틀림없다. 그러나 그렇게 후라고 생각할 필요는 없다. 하여간 그것은 언제쯤일까? 빠른 연대(예를 들면 64년경)는 누가가 자기의 복음서를 쓰는 데 마가복음(65-67년)을 이용하였다고 본다면 그 연대는 불가능하다. 다른 면에서 사도행전의 기록연대를 늦게 보는 사람들은(예를 든다면 95년) 누가가 유대인 역사가 요세푸스

(Josephus)의 「고대사」 *(Antiquities)*를 읽었거나, 오히려 잘못 읽었다고 가정한다. 요세푸스의 「고대사」는 기원 93년경에 나타났다. 그러나 누가가 요세푸스의 「고대사」를 읽었다는 흔적은 증명되지 않고, 또 아주 의심스럽다고 생각된다.[6] 대체로 80년경의 연대로 잡는 것이 적당하다고 생각된다.

2. 사도행전의 내용

사도행전은 28장으로 되어 있고, 30~60년에 이르기까지의 사건들이 기술되어 있다. 사도행전은 다음 네 가지 부분으로 나눌 수 있다 :

1. 서문(1장)
2. 유대인 그리스도인들의 배경에 있어서의 교회(2 : 1-9 : 31)
3. 이방인 전도의 기초 쌓기(9 : 32-15 : 35)
4. 이방인의 사도 바울(15 : 36-28 : 31)

서문의 부분에서는 예수와 제자들과의 결별과 유다 대신 다른 사람을 보충하기 위하여 맛디아를 선임한 것 등이 진술되고 있다.

제2장에는 약속된 성령이 기다리고 있는 제자들에게 임한 오순절 날에 관하여 서술되고 있다. 믿음이 예루살렘에, 그리고 그 주변에 두루 퍼지기 시작하며, 베드로는 교회의 지도자로 인정받는다. 처음에는 유대인들 사이에 분열이 없었다. 그러나 복음의 새 포도주가 낡은 가죽 부대를 터뜨리기 시작하였다. 스데반은 신앙의 본질적인 새로움을 맨 처음 파악한 사람인데, 담대한 설교로 말미암아 유대인들의 격노를 초래하여 돌에 맞아 순교하였다. 거기서 곧 박해가 발발했다. 교회가 분산됨에 따라 복음의 영향이 널리 퍼져서 사마리아에 이르고(빌립으로 말미암아) 그후 다메섹에 이르렀다. 그때 심하게 굴었던 박해자 사울이 극적으로 개종하여 신앙자가 되었다(2 : 1-9 : 31).

제3부에서는 이방인의 전도가 본격적으로 시작한 것이 서술되고 있다. 가이사랴에서 베드로는 복음은 유대인을 위해서만 있는 것이 아니고 이방인을 위해서도 있다는 확고한 증거를 받게 되었다. 기쁜 소식은 북쪽에 두루 퍼져서 로마제국의 제3도시 수리아의 안디옥에 도달하게 되었다. 안디옥은 '열세 번째 사도' (그는 이렇게 부름을 받았다.) 바울의 전도 본부로 정해지게 되었다. 얼마 가지 않아서 바울과 바나바는 구브로와 소아시아 전도를 시작하였다. 그리고 그것이 성공함으로 말미암아 예루살렘에서 최초의 사도회의가 열리게 되었고(그것은 아마도 49년이었을 것이다), 이방인들이 어떤 조건으로 교회에 들어갈 수 있는가에 대하여 결의되었다(9 : 32 - 15 : 35).

제4부에 있어서는 바울이 어떻게 하여 복음의 전진의 선두에 서서 복음이 아시아에서 유럽에 널리 전파되었는가, 또 마게도냐와 아덴과 고린도에서 어떻게 복음을 전파하였는가에 관하여 서술되고 있다.

바울의 3차 전도여행에서 이교의 대도시인 에베소에 복음의 뿌리가 깊이 내리게 된 후 바울은 다시 유럽으로 건너갔다는 것이 기록되어 있다. 그 후에 누가의 서술은 절정을 향하여 전진하고 있다. 바울은 예루살렘에 돌아가 유대인들에게 배신자라고 공격을 받았고, 로마인들로 인하여 구금되었다. 로마의 시민권을 가진 바울은 로마 황제에게 재판을 받게 해달라고 상소하였다. 2년간 바울은 가이사랴의 감옥에 투옥되었다. 그 후에 바울은 해로로 로마에 연행되었다. 그리고 사도행전은 그가 감금상태의 죄수로서 황제의 판결을 기다리고 있는 기사로 끝나고 있다.

> "바울이 온 이태를 자기 셋집에 유하며 자기에게 오는 사람을 다 영접하고 담대히 하나님 나라를 전파하며, 주 예수 그리스도께 관한 것을 가르치되 금하는 사람이 없었더라"(행 28 : 30 - 31).

독일의 노학자 벵겔(Bengel)은 다음과 같이 주해하였다 : "하나님의 말씀의 승리, 로마에 있어서의 바울, 복음의 절정, 그리고 사도행전의 종결. 사도행전은 예루살렘에서 시작하고 로마에서 끝난다"(15 : 36 – 28 : 31).

누가는 바울이 황제에게 상소한 결과에 관해서는 아무것도 기록하지 않았다. 이런 일을 기묘하게 생각하는 사람들이 있다. 그러한 사람들은 누가가 다시 제3권을 써서 자기의 저작을 완성하려고 했을 것이라고 상상한다.[7] 그러나 벵겔이 시사한 바와 같이 아마도 누가는 "최후의 부분, 다시 말해서 어떻게 해서 복음이 로마에 도착했는가"에 관하여 기술한 것이므로 자기의 계획한 것 – 복음이 '로마에 이르는 길'을 기술하는 것 – 을 완성했다고 느낀 것은 다름없다. 그 로마는 누가가 알고 있는 대로 문명의 중심지였고, 실지로 그 당시의 세계의 상징, 곧 구원을 필요로 하는 인간의 상징이었다.

3. 역사가, 복음 전도자, 서술가인 누가

누가복음을 연구해 본다면 누가는 역사가이며, 복음전도자인 것이 분명해진다. 그는 입수할 수 있었던 최선의 자료에 입각하여 예수는 구주라고 권유하려고 마음을 쏟았던 사람이다. 누가의 제2권에 있어서도 그의 목적은 마찬가지다. 이제 그는 부활한 당시와는 시간이 상당히 경과한 시대에 있다. 그는 예수님을 따르는 하나님의 소수의 백성(the little people of God)이 어떻게 해서 이층 다락방에서 '승리하고 또 승리하기 위하여' 나아갔는가에 관하여 기술하려고 한 것이다.

누가는 초기 교회의 사실 안으로 안내하는 자로서 어떠한 인상을 주었을까? 주의 깊은 독자는 두 가지 일에 감명한다. 첫째, 사도행전의 후반은 누가 자신이 어느 정도까지 참가한 사건들을 기술하고 있는 부분이 있으나, 이 부분에 있어서의 그의 서술은 그가 친히 등장하기 이전의 사건들을 기술하는 전반부보다는 훨씬 사실적이며 자세하다는 데 있다. 예를 들면 27장에서 말하고 있는 바울이 해난(海難)을 면할 수 있었다는 이야기는 12장에서 말하고 있는 베드로가 감옥에서 탈출했다는 이야기보다는 훨씬 생생하고 역력하여 신용할 수 있다. 둘째, 교회의 아주 초기의 기사에 있어서 누가는 분명하게 사건의 전모를 말하려고 하지 않고 자기의 중요한 목적에 도움이 될 특징적인 삽화를 선택하려는 것이다. 누가의 그 중요한 목적이란 교회가 성령의 능력으로 밖으로 진출함에 따라서 유대인과 이방인 사이에 가로막고 있는 여러 가지 담이 무너지게 되었다는 것을 기술하려고 하였다는 데 있다.

그렇다면 사도행전은 역사로서 어느 정도까지 확실한 것일까? 최근에 독일의 어느 학자(예를 들면 E. Haenchen과 H. Conzelmann)는 사도행전은 원래 교회를 세우기 위하여 쓰여진 것이며, 그 저자는 자기의 목적을 정당화하기 위해 역사적인 사실을 조작하며, 자기의 목적에 꼭 들어맞을 때에는 날조하는 것을 부끄러워하지 않는 신학자라고 논하였다.[8] 이러한 견해는 금세기 초엽에 독일의 하르낙(Adolf Harnack)과 애버딘의 람제이(Sir William Ramsay)와 같은 위대한 학자들에 의해 주장된 것인데, 누가가 신뢰할 수 있다는 견해와 현저하게 대조적이다. 누가는 정말 역사를 신학에게 종속시켰을까? 아니면 누가는 역사가이며 동시에 신학자였을까? 다시 말해서 현실 역사에 입각하여 자기의 책을 편집하며 거기다 그리스도의 구원의 복음을 가르쳐서 청종케 하기 위하여 역사적 사실을 사용한 신학자였을까? 의심할 바 없이 후자가 올바른 견해이다. 누가는 역사를 쓰려고 한 것이었지 소설을 쓰려고 한 것은 아니다. 누가는 자기가 등장하게 된 상당히 오래 전에 일어난 사건들을 서술하려고 한 경우에는 종종 자기가 알고 있는 것과 혼동하게 된 것이 있었는지 모른다(예를 들면 사도행전 2장에 있어서 오순절의 현상은 실제로는 방언적인 현상 – 다시 말해서 고린도 전서 12 – 14장에서 말하고 있는 바와 같이 바울이 고린도에서 처리해야 하였던 종교감정에 젖어서 한 무아무중의 발언 – 에 있었는데 외국어로 말하는 은사였다고 누가는 생각하였는지도 모른다). 그러나 그렇다고 해서 누가가 상상력을 동원하여 역사를 자기의 신학적인 목적에 들어맞게 하였다고 제안하는 것은 '사랑하는 의

사' 를 중상하는 것이 된다.

영어권의 신학자들은 누가의 신뢰성에 관하여 많은 증명을 하고 있으니 그 사실을 보아서라도 이 독일인의 견해가 얼마나 터무니없는가를 알 수 있다. 그 증명은 모두 1848년에 시작했다고 말하고 있다. 영국의 요트맨인 스미드(James Smith)는 1848년에 그의 「바울의 항해와 해난」*(The Voyage and Shipwreck of St Paul)*이라는 책에서 사도행전 27장은 목격자의 저작인 것을 증명하였다. 또 금세기 초에 람제이는 소아시아에서 발굴에 종사하였고, 또 비문에 대하여 연구하였는데 그것에 의하면 관헌의 이름 부르는 것마저도 누가가 얼마나 정확했다는 것을 알 수 있다. 그 예로 구브로나 아가야 등의 지방총독(행 13 : 7 ; 18 : 12), 빌립보의 장관(행 16 : 20), 데살로니가의 시당국(행 17 : 6), 아세아 주의 의원(행 19 : 31) 등의 명칭들이 있다.[9] 1927년에 미국의 캐드버리(H. J. Cadbury)[10]는 누가가 상당히 지리적인 장소에 정확했다는 데 주의하였다. 예를 들면 "밤빌리아에 있는 버가"(13 : 13), "마게도냐 지경 첫 성이요, 또 로마의 식민지"(행 16 : 12), "라새아 성에서 멀지 않은 그레데 섬의 항구"(행 27 : 8), "남서와 북서의 바람에 시달리는 그레데 섬의 항구 뵈닉스"(행 27 : 12) 등이 있다. 최후에 1963년에 세르빈 화이트(A. N. Sherwin-White)는 그의 저서 「신약성서에 있어서의 로마 사회와 로마 법」*(Roman Society and Roman Law in the New Testament)*이라는 책에서 누가는 로마법에 상세한 것까지도 정통했다는 것을 확증하였다. 예를 들면 갈리오(Gallo), 벨릭스(Felix), 그리고 베스도(Festus) 앞에서 집행된 바울의 재판에 관하여 누가가 말했는데 그것이 확증되었다. 누가는 제1세기의 정치적, 율법적인 제도에 아주 정통했으며, 그의 지중해 세계의 지리적인 지식은 아주 정확했으며, 지리적이거나 율법적이거나 행정적이거나 간에 누가는 상세한 점에 이르기까지 알고 있었다는 것이 증명되고 있다. 이러한 사람이 고의로 자기가 알고 있었던 역사적인 사실을 결코 장난스럽게 취급하지는 않았을 것이다.

또 한편으로는 누가는 원래 신학자였고, 단지 역사가만은 아니었다고 주장될 것이다. 실제로 어떤 점에 있어서 누가는 신약성서의 저자 중에 특이한 존재이다. 다른 저자는 모두 예수의 생애와 죽음과 부활로 말미암아 보여 주는 큰 분수령의 이편에 있든지 아니면 저편에 있다. 마가는 그 분수령을 넘어가지 않았으나 바울은 그 분수령에서 출발하였다. 그러나 누가는 분수령의 **양편에** 서 있다. 그것은 그리스도의 승천에 **관한** 그의 특이한 입장에 관해서 생각해 봄이 좋을 것이다. 그의 복음서는 그리스도의 승천의 사건을 마지막으로 끝나고 있다. 그러나 승천과 함께 그의 사도행전은 시작하고 있다. 승천은 예수의 지상 삶의 마지막이며, 교회의 삶의 시작이다. 그러므로 누가의 견해에 의하면 예수는 때의 끝에 서 있는 것이 아니고 때의 **한복판**(*in its middle*)에 서 있는 것이다. 실제로 신약성서의 전반에 있어서 부활 후의 때는 종말의 때이다. 바울에게 있어서나 요한에게 있어서 강조점은 종말에 있는 데 비하여, 누가에게 있어서 역사의 최후의 장은 역사의 새로운 제1장이다. 예수는 동시에 나중이요 처음이다. 즉, 알파와 오메가이다. 예수는 모든 역사의 결말이 되는 것이 아니라 하나의 새로운 역사, 다시 말해서 교회의 역사의 출발점이다. (그리스도께서 영광 중에 마지막에 도래하는 희망은 포기하고 있는 것은 아니지만 그것이 언제 도래한다는 문제는 그렇게 중요하지는 않다.)

사실들을 이렇게 보았던 누가라는 사람은 신학적인 관심을 가지지 않은 의사는 아니었다. 누가는 의사로서의 긴 생애에 있어서 예수 안에서 위대한 의사이며, 자기들의 구주시며 주님이신 분을 발견하여 그리스도를 믿는 자의 눈을 통해서 하나님과 세계를 보았던 최초의 사람이었다. 누가의 신학은 구원의 신학이었다. 그 구원의 신학에 있어서 '하나님의 말씀' 은 구주이시며, 지금 높은 자리에 계시는 교회의 주님이시며, 예수에게만 집중하며 예수의 이름으로 죄사함이 인간에게 주어지며, 성령의 능력을 힘입어 예수의 사자들은 구원을 증언하기 위한 능력을 받았다. 성령은 사도행전에 있어서 아주 지배적이기 때문에 사도행전은 '성령의 행전' 이라고도 불리워진다. (제3복음서에 있어서 예수의 선교가 하나님의 활동인 것같이 사도행전에 있어서는 성령이 실제로 높은 자리에 계신 그리스도의 활동이다.)

물론 누가는 바울의 높이를 지닌 독창적인 그리스도인 사상가는 아니다. 그러나 근본적인 점에 있어서는 누가와 바울은 하나이다. 다시 말하면 구약성서에 예표된 구원이 그리스도 안에서 성취되었고, 그 구원은 유대인을 위해서 뿐만 아니라 이방인을 위해서도 있는 것이며, 사도들의 임무는 이 구원을 입증하며 교회를 세워 땅끝까지 복음을 전파한다는 점에 있어서 저희는 일치하고 있다.

누가가 역사가이면서 동시에 신학자라면, 복음서에 있어서나 사도행전에는 잊어버릴 수 없는 이야기로 넘쳐 있다. 예를 들면 스데반의 순교(6-7장), 루스드라에 있어서의 바울과 바나바(14장), 빌립보에서 투옥당한 바울과 실라(16장), 에베소의 신전에서의 소동(19장), 아그립바 왕 앞에서의 바울의 변명(26장), 로마로 가는 항해에 폭풍과 해난을 당한 일(27장) 등이다. 한장면 한장면 복음이 이교의 편협과 미신의 모든 힘을 타파하고 전진하는 것이 보인다. 또 누가는 사도행전에 있어서 얼마나 훌륭한 수많은 인물에 대하여 썼던 것일까? 예를 들면 주 예수와 같이 자기 원수에게 대하여 발언하여 기도하고 죽었던 최초의 순교자 스데반, 이제 예수에게서 별명으로 부름받은 때보다 훨씬 '반석'과 같이 된 베드로, 이제 굳은 신앙자가 된 주의 형제 야고보, 알렉산드리아 출신의 웅변으로 말하는 설교자 아볼로, 아름다운 그리스도인 부부 브리스길라와 아굴라, 그렇게 뛰어난 인물은 아니지만 마리아 집의 불쌍한 여종, 빌립보의 성실한 간수, 바울의 긴 설교를 듣는 동안에 창에 걸터앉아 졸다가 삼층 누락에서 떨어져 죽을 뻔했던 청년 유두고 등 잊을 수 없는 인물들이다.

이와 같은 그리스도인 남녀 외에도 복음 전진의 궤도 안에 들어온 각종 각색의 비그리스도인들이 사도행전에 기록되어 있다. 예를 들면 바울이 전에 그 문하생으로 들어갔던 가말리엘, 성령의 은사를 돈을 주고 사려고 했던 마술사 시몬, 바울을 기묘한 신을 믿는 자(장난치는 자〈spermologos 道樂者〉)[11]로 치워 버리려고 했던 아덴의 비생산적인 인텔리, 에베소의 노동조

합원 데메드리오, 네로의 교사이며 스토아 학파의 철학자 세네카(Seneca)의 형제였고, 유대인 게토(ghetto)의 숨길이 자기와 자기의 위엄에 미치지 않도록 점잖은 얼굴을 돌린 사람인 로마의 총독 갈리오 등이 있다.

4. 사도행전의 가치

그리스도교의 기원에 관한 우리의 지식에 있어서 사도행전의 중요성은 아무리 높이 평가하여도 다 평가할 수 없다. 사도행전이 없었더라면 부활이 있은 후 곧 뒤이어 일어난 사건에 관하여 우리는 거의 알 길이 없었을 것이다. 또 사도행전이 없었더라면 신약성서의 편지들이 쓰여지게 된 사건에 관하여 그 대부분을 알 수 없었을 것이다. 그러므로 사도행전은 복음서와 신약성서의 다른 부분을 맺어 주는 띠라고 하겠다.

그러나 사도행전의 중요성은 또 하나의 면이 있다. 그것은 이 책의 큰 가치는 이 책이 그리스도의 선교시대와 우리 자신의 시간과의 사이에 놓여 있는 다리라는 것이다. 그리스도를 믿는 믿음은 우리에게 있어서 '그의 육적인 생활' 의 그리스도를 알며 그가 병자를 고치신 것을 보고 축복의 말씀을 말씀하신 것을 들은 사람들보다 어렵다고 생각하는 사람들이 많이 있다. 이러한 사람들은 무언중에 외칠 것이다 :

> 아, 내가 저 아름다운 시대에 살았더라면
> 새로운 영광이 어떻게 천지에 찼을 것이며,
> 망가진 내 정신도 또한 얼마나 고침을 받았으랴![12]

그러나 이와 같이 과거 역사의 인물을 그리워하는 것이 그리스도교는 아니다. 우리는 죽은 영웅을 예배하는 것이 아니라 살아 계신 주를 예배하는 것이다. 영국의 신학자 제임스 데니(James Denney)는 "사도는 아무도 그리스도를 상기하지 않았다."고 기술하였다.[13] 그의 이 역설에는 심오한 진실이 있다. 최초의 그리스도인은 그리스도를 첫째로 과거의 인물로 생각한 것이 아니고, 시계의 바늘을 거꾸로 돌려서 갈릴리의 귀중하고 조용한 나날을 다시 한번 살기를 원한 것도 아니었다. 최초의 그리스도인들에게 있어서 최고의 기적은 과거 역사에 있어서의 영웅 예수에게 있는 것이 아니라, 성령의 활동으로 말미암아 지금 자기들과 함께 계시는 주 그리스도였다. 그리고 그리스도를 따라간다는 것은 온전히 새로운 사귐 속에서 살아 계신 그리스도가 그 가운데 활동하여 일하고 있는 사람들의 공동체 안에 살아 계신다는 것이다.

바로 이 점에 있어서 사도행전은 그리스도교가 무엇인가에 대하여 참 견해를 우리에게 부여하고 있다. 왜냐하면 벌써 그리스도의 몸이 자기들과는 함께하지는 않지만 그리스도가 살아서 지배하고 있다는 것을 알며, 또 모든 것이 변화하는 이 세상의 현장에서 성령으로 말미암아 그리스도의 도움을 얻고 있다는 것을 아는 사람들을 우리는 이 책에서 읽을 수가 있기 때문이다.

메이스필드(Masefield)의 희곡 「예수의 심문」(*The Trial of Jesus*) 가운데 십자가 밑에 서 있는 전승에는 롱기누스(Longinus)라고 이름하는 로마의 백부장이 십자가 뒤에서 빌라도의 아내 프로쿨라(Procula)와 이야기하고 있는 장면이 있다. 프로쿨라는 "예수님은 죽었다고 생각합니까?"라고 묻는다. "아니지요. 마님, 그렇게 생각하지 않습니다."라고 백부장은 대답하였다. "그러면 예수님은 어디 계십니까?" 하고 그녀가 물었다. 거기서 백부장은 "이 세상 어디든지 계십니다. 로마인도 유대인도 예수의 진리를 막을 수는 없습니다."라고 대답했다. 사도행전의 주인공은 이 그리스도-다소의 바울에게서 그렌펠(Grenfell of Labrador)에까지, 밧모 섬의 요한에게서 이오나의 조지 맥라우드(George MacLeod of Iona)에 이르기까지, 오늘날 우리에게 이르기까지 인간들의 살아 계신 그리스도-이다. 그리스도는 '영광에 넘친 사도들의 동료'에 뒤를 따라가는 모든 사람들 가운데 여전히 계속적으로 주인공이시다.

사도행전의 설교에 대한 NOTE

고대의 역사가들은 자기들의 책 안에서 종종 타인의 연설 등을 자유롭게 편집하였다(그중의 투키디데스〈Thucydides〉와 같은 위대한 역사가는 실제로 말씀했던 일반적인 의미로 할 수 있는 대로 접근하려고 했다. 누가는 사도행전에 있어서 이렇게 자유롭게 자기의 생각으로 사도들의 설교를 썼던 것이 아닌가?)

베드로, 스데반, 바울, 그리고 그 외의 사람들의 설교는 누가 자신이 만들어 낸 것이 아니다. 오순절의 베드로의 설교에서 가이사랴에 있어서 고넬료에 대한 설교에 이르기까지의 베드로의 설교에 관하여 연구함이 좋을 것이다. 베드로의 설교 중에는 셈족어의 음향이 있는 헬라어와 그리스도의 인격과 업적에 관한 아주 초기의 개념(예수는 '하나님의 종' 또는 '의인' 으로 불림을 받았고, 그리스도의 십자가는 '나무' 라고 불려지고 있다.) *testimonia*, 다시 말해서 예수와 교회에 있어서 예언이 성취한 것을 나타내는 구약성서의 증명텍스트의 자유로운 사용 등이 발견된다. 이러한 것으로 인하여 모든 '전승적인' 자료에 의거한 것이 암시되고 있다. 누가는 신전을 예리하게 공격하며, 아주 개인적인 논의의 말을 한 스데반의 설교(7장)를 결코 만들어 낸 것이 아니다. 또 비시디아 안디옥에 있어서 바울의 설교가(13장) 베드로의 설교에 닮았다 하더라도 두 개의 설교는 설교된 복음에 있어서 상위하지 않았다는 것(고전 15 : 11 참조), 바울의 '신앙의 인(認)' 의 특색있는 가르침은 사도행전 13 : 38~39에 나타나고 있는 것을 상기할 것이다. 그러나 스토아 학파의 사상과 아주 닮은 바가 있는 바울의 아레오바고의 설교(17장)는 바울의 특징이 희박하다고 하지 않을까? 아니, 그렇지 않다. 이 설교는 바울의 편지에 있어서 그의 신학과 일치해 있고, 그중에 많은 부분이 구약성서와 유대인의 전승에서 유래한 것이다. (헬라어를 사용한 이산된 유대인들로 인하여 헬라 철학의 신적 존재는 히브리 종교의 계시의 유일한 살아 계신 하나님이라고 강조하여 논하였다. 또 데살로니가전서 1 : 9, 10과 로마서 1 : 19 이하에 의하면, 바울은 이방인들에게 말할 때에는 '자연신학' 에서 '계시종교' 에로 논의를 전진한 것을 알 수 있다.) 바울의 편지에는 그가 에베소의 장로들에게 말한 설교(20장)와 많이 닮은 것이 있고 누가 자신이 이것을 듣고 있었다(20 : 15). 다시 바울이 예루살렘의 사람들에게 말한 것(22장), 혹은 가이사랴에서 아그립바 왕에게 말한 것(26장)을 누가는 어떻게 해서 알게 되었는가에 대하여 문제가 된다면 그에게 보도를 제공하는 수많은 증인이 있지 않았는가 추측된다. 요컨대 사도행전의 설교는 사도들이 말한 바 설교를 축자적인 기사라고(철저한 전통 신봉자만이 이렇게 주장한다.)는 하지 않더라도 사도행전의 설교는 말을 듣던 청중에게 말씀에 적응케 하며, 아마도 베드로와 바울과 기타의 사도들이 실제로 말한 '일반적인 의미'의 요약일 것이다. (L. E. Keck and J. L. Martyn(eds.), *Studies in Luke-Acts*, SPCK 1968에 게재된 C. F. D. Moule, "The Christology of Acts", and B. Gärtner, *The Areopagus Speech and Natural Revelation*, Acta Seminarii Neotestamentici Upsaliensis, Uppsala, 1955 참조.)

제 11 장

바 울

고대의 모든 위대한 인물 중에 우리는 바울 이상의 위대한 인물은 볼 수 없다. 다른 많은 사람들은 음부(그늘)의 존재에 지나지 않으나, 바울은 지금도 살아 있는 인간으로서 우리 앞에 서 있다. 우리에게는 사도행전에서 그의 생애의 가장 중요한 부분 중에 완전하다고는 하지 못하더라도 신뢰할 만한 기록이 있는 것뿐만 아니라, 적어도 10통의 그의 편지가 있다(목회서신의 문제에 관해서는 제21장을 참조하라). 이것들은 얼마나 개발적인 문서일까? 바울의 신앙과 열정과 고난(faith, fervour and passion)은 모두가 그의 저작 가운데 들어 있다. 실로 그에게는 알기 어려운 것과 돌연한 것과 마멸된 것 등이 있다. 그렇지만 이것들은 단지 태양의 흑점－황급히 왕의 업무를 행하였던 인간의 잘못에 지나지 않는다. (그것에 대하여 우리는 자기들의 회심자가 갈라디아에서와 같이 하나님의 은혜에서 '돌아서' 도, 또 고린도에 있어서와 같이 성찬식에서 술에 취하여도 자기의 지루한 이야기를 마무리하기를 끝내지 않는다.) 바울은 로마서 8장이나 고린도 전서 13장이나 15장에 있어서와 같이 최고의 영감을 받았을 때 자기의 아름다운 문장을 장식하려고 시간을 허비했기 때문이 아니라, 자기의 주제에 압도당해서 숭고한 표현이 되었기 때문이다. 이러한 일에 대해서는 모두 후에 말하기로 하자.

그 동안 사도행전에 있어서 누가의 기록과 바울의 편지 등을 자료로 삼아 그의 생애를 개략하여 기술하기로 하자.

사울 혹은 바울-그 전자는 유대인의 이름이고, 그 후자는 그리스도인의 이름이다. 그는 길리기아의 수도 다소 성에서 히브리인의 양친에게서 히브리인의 아들로서 출생하였다(빌 3 : 5). 바울이 다소를 '소읍이 아니라' 부른 것은 타당하다(행 21 : 39). 바울의 출생보다 약 40년 전에 비너스(로마 신화의 미와 사랑의 여신)와 같이 차려 입었던 클레오파트라(Cleopatra)는 안토니(Mark Antony ; 로마의 장군이며 정치가 B. C. 83?-30)를 만나기 위하여 다소 성의 키드너스(Cydnus) 강을 거슬러 항해하였다. 세마포의 직물과 천막제작은 그 도시의 주요 산업이었다. 또 그 도시는 학문의 중요한 도시이기도 하여 유명한 철학자들을 적지 않게 배출하였다. 그중에는 황제 아우구스투스(Augustus)의 교사였던 아데노도루스(Athenodorus)도 있다.

바울의 양친은 바리새파로 유대교의 청교도였다. 그의 양친은 유대교 신앙의 엄격한 교의로 자기의 아들을 교육하였다. 유대교 신앙의 중요한 요소는 기록되어 있는 율법과 구전의 율법, 이 두 가지로 되어 있었다. 그리고 바울의 교육이 아주 엄격한 것이었다면 그것은 철저한 것이었다. 이러한 양친에게서 바울은 로마 시민권이라고 하는 자랑할 만한 특권을 물려받았다(행 22 : 28). 바울은 다른 유대 젊은이들과 마찬가지로 직업을 갖지 않으면 안 되었다. 그의 직업은 천막 만드는 것이었다. 그것이 후에 그에게 큰 도움이 되는 기술이었다(행 18 : 3 ; 20 : 34 ; 고전 4 : 12). 청년 바울이 헬라 세계에 직접 접하며 자라났다는 것과, 그 결과 헬라 세계의 지식을 배울 수 있었다는 것이다. (그가 말하는 비유의 많은 부분이 헬라 경기에서 인용된 점을 주의할 필요가 있다.) 이러한 것은 후에 '이방인의 사도'가 되도록 작정된 자의 훈련에 있어서 결정적인 중요한 요소가 되었다.

분명하게 바울이 율법학자가 되는 것은 그의 양친의 야심이었다. 십대 초반에 그는 예루살렘으로 건너가서 뛰어난 유대인의 교사 중 한 사람인 가말리엘의 문하에서 율법을 배운 것은 틀림이 없다. 신약성서에서, 또 탈무드(Talmud ; 유대인의 율법학자의 구전, 해설을 편집한 것)에서 가말리엘에 대하여 알려진 것은 이 사람은 마음이 넓고 보편적인 정신을 가진 사람이고, 그의 가르침은 다소의 젊은이들에게 큰 영향을 끼쳤을 것이라는 내용이다.

이렇게 하여 성장한 바울은 어른이 되었다. 그가 갈라디아서 1 : 14에서 "내가 내 동족 중 여러 연갑자보다 유대교를 지나치게 믿어 내 조상의 유전에 대하여 더욱 열심히 있었다."고 말하였다. 여기서 우리는 장래의 그의 인생의 방향이 유명한 교사의 생애로 결정되었다고 생각할 수 있다.

그러나 브라우닝(Browning)은 "마치 우리가 가장 안전하다고 생각하게 될 때……." 미처 생각하지도 못한 사건이 인생의 전과정을 바꾸어 버릴 수 있다는 것을 말한다. 그리고 그는 특히 '어떤 이의 죽음'을 예로 들고 있다. 바울의 경우에는 바로 그러한 것이었다. 30년에 예수라고 일컬어지는 젊은 나사렛 사람이 예루살렘 성문 밖에서 십자가에 처형을 당했다. 예수는 고대로부터 율법의 존엄에 공연하게 대항하였기에 바리새파 사람들에게 있어서는 모독이라 여겨지는 하나님의 지식을 주장하며 말씀과 행위로 말미암아 그의 생애를 끝마칠 때까지 자기가 메시야라고 은연히 주장하였다. 그러나 예수는 이와 같이 가장하는 사람이 받아야 할 형벌을 받아 십자가에 못박히게 되었다. 유대인의 율법에 의하면 그런 사람은 하나님의 저주 아래 있다는 것을 나타내는 죽음이었다(신 21 : 23).

그러나 만일 바울과 그 일행들(friends)이 십자가가 그 참칭자(僭稱者 : pretender)의 결말이라고 상상했다면 저희는 크게 잘못을 범했을 것이다. 수일 후에 예수의 제자들은 하나님께서 예수를 죽은 자 가운데서 부활하게 하였다는 소식을 예루살렘 주민들에게 널리 전하였다. 그리고 오순절 날에 저희의 지도자 베드로라 부르는 갈릴리의 어부가 하나님께서 예수를 '주와 그리스도'로 삼으셨다고 선언하였다. 바울과 같은 유대인에게 있어서 이와 같은 말은 얼토당토 않은 모독이었다. 그러나 이 이단이라고 생각했던 신앙이 야화처럼 퍼졌다. 1~2년 사이에 '이 도를 좇는 사람'들이 날

마다 수가 늘어나고 있기 때문에 바울과 그 동료들은 놀라게 되었다. 이 도를 좇는 자들 중에 가장 유능하고 헬라말을 능통하게 말하는 스데반은 “주여, 내 영혼을 받으소서.” 하고 기도하며 “주여, 이 죄를 저희에게 돌리지 마옵소서.”라고 외쳤다. “그리고 증인들이 옷을 벗어 사울이라 하는 청년의 발 앞에 두었다”(행 7 : 58 이하). 바울은 그 날에 목격한 일이나 스데반의 기도를 결코 잊을 수가 없었다. 어거스틴(Augustine)은 “만일 스데반의 기도가 없었더라면 교회에는 바울이 존재하지 않았을 것이다.”라고 말했다.

스데반의 순교로 말미암아 예루살렘에 있던 그리스도인들에게 심한 박해가 가해졌던 것이다(행 8 : 1). 많은 그리스도인들이 예루살렘 성을 피하여 어떤 이들은 다메섹으로 갔고, 또 어떤 이들은 약 480킬로미터 떨어진 북방의 대도시 안디옥에까지 갔던 것이다. 바울은 이단을 뿌리까지 뽑아 없애 버리는 것이 무엇보다도 하나님을 잘 섬기는 일이라고 생각하여 대제사장에게 위임장의 공문을 받아 손에 들고 예루살렘과 안디옥 사이에 있는 다메섹을 향하여 출발하였다. 이 다메섹 도상에서 일어난 사건이 세계를 뒤집어엎는 대사건이 되었다. 영광의 예수의 모습이 사울의 눈앞에 번쩍거렸다. 예수의 영이 그의 심중에서 “사울아 사울아, 네가 어찌하여 나를 핍박하느냐?”라고 말했다. 결국 스데반이 틀리지 않았다. 십자가에 못박힌 참칭자(僭稱者)가 바로 하늘의 주님이었다(행 9장 ; 22장 ; 26장 참조. 또 갈 1 : 16－17 ; 고전 9 : 1 ; 15 : 8 ; 빌 3 : 12을 비교하라). 이렇게 하여 바울은 그리스도인이 되었다.

의심할 바 없이 바울의 회심은 어떤 의미에 있어서 오랫동안 내적인 추구의 과정이 마지막으로 폭발한 단계에서 일어난 사건이었을 것이다. 율법을 준수하는 일에 있어서는 마음의 평안을 얻을 수 없다는 의식(롬 7 : 7－20 참조)이 뇌리에서 떠나지 않았다는 것이 바울의 회심의 하나의 요소였다. 그러나 의심할 것 없이 스데반의 승리의 죽음으로 말미암아 인상 짙게 되었다는 것은 그의 회심의 또 하나의 요소였다. 아마도 다메섹으로 향한 바울의 여행은 자기의 의혹을 행동으로 말소해 버리려는 절망적인 노력이었는지 모른다. 그러나 바울을 간질병자로 부르거나, 혹은 그의 전환(volte face)을 '後頭葉皮質流出損傷'(the discharging lesion of an occipital cortex)이라고 설명함으로써 바울의 실제적인 경험을 합리적으로 설명하려고 한다 해도 그러한 시도는 모두 박해자 사울을 활동적인 그리스도의 사도로 변경한 일에 대해서는 전혀 설명하지 못했다. 바울 자신은 자기의 경험에 대하여 꼭 한 번 설명하고 있는데, 그것은 "내가 그리스도 예수에게 잡혔다"(빌 3 : 12), "그는 나에게도 나타나셨다."(고전 15 : 8)는 것이다.

의심할 것 없이 그리스도에게 '잡혔다는 것'에 관하여 그 충분한 의미가 바울에게 분명하게 밝혀지기 위해서는 시간이 필요할 것이다. 그러나 그리스도에게 잡히는 것으로 말미암아 세 가지 결정적인 일이 일어났다고 한다면 그것은 옳은 것이다. 첫째, 그리스도에게 잡혔다는 것은 그리스도가 두말할 나위 없이 살아 계신다-부활로 말미암아 십자가의 행위를 보증한 하나님의 능력으로 살아 계신다-는 것이었다. 둘째, 십자가 그 자체는 박해자 사울에게 있어서 하나님의 저주의 표적이었으나(갈 3 : 12), 이제는 계시의 자리-죄인에게 대한 하나님의 희생적인 사랑의 계시(롬 5 : 8)의 장소-가 되었다는 것이다. 셋째, 하나님께서 바울을 부르신 것은 곧 이방인의 사도가 되게 하는(갈 1 : 16) 목적이 계시되었다는 것이다.

바울은 아나니아의 알선으로 다메섹에 있는 그리스도인들의 사귐 가운데 들어가게 되었다. 그리고 그 후의 일에 관해서는 조금도 분명하지 않다. 그러나 사도행전 9장과 갈라디아서 1장에 제공되고 있는 자료를 종합해서 상상한다면, 바울은 최초에 아라비아-다메섹의 조금 남쪽 지방-로 물러가서 자기의 회심의 의미를 깊이 생각하여 선교활동을 개시하였던 것 같다. 그후 바울은 다메섹에 돌아와 거기서 예수가 그리스도라고 전파하기 시작하였다(행 9 : 22). 결국 다메섹은 바울에게 있어서 별로 유쾌하지 못한 곳이었으며, 그의 친구들은 바울을 광주리에 넣어서 비밀리에 성벽을 넘어서 밖으로 달아내릴 수밖에 없었다(행 9 : 25 ; 고후 11 : 32 – 33).

회심한 3년 후 – 그것은 아마도 36년경이었을 것이다 – 바울은 베드로를 만나기 위하여 유명한 2주간의 예루살렘 여행을 하였다(행 9 : 26, 갈 1 : 18 – 24). 그것은 얼마나 의의있는 역사적인 회견이었을까? 아, 그 회견의 녹음 테이프가 있다면 얼마나 좋을까? 바울과 베드로는 기후가 어떠냐고 주고받는 이야기로 시간을 허비하지 않았을 것이라고 생각된다. 바울에게는 베드로에게 이야기해야 할 수많은 이야기가 있었다고 한다면, 베드로에게도 바울에게 이야기할 것이 수없이 많았을 것이다.

그후(행 9 : 30) 바울의 몸의 안전을 걱정하는 친구들의 충고에 따라 바울은 자기가 태어난 고향 다소로 돌아갔다. 그리고 약 10년간(그것은 바울의 생애의 '분명하지 않는 기간' 이었다. 말하자면 36 – 46년이었다.) 그는 사람들의 눈앞에서 자취를 감추고 말았다. 고린도 후서 11 : 23~27에서 열거하고 있는 고난, 또 고린도 후서 12 : 2 이하의 '14년 전' 의 이상한 경험 등은 이 '분명하지 않은 연월' 에 속하고 있음이 틀림없다.

바울은 수리아의 수도 안디옥에 다시 나타났다. 예루살렘에서 박해가 일어난 후 이 안디옥은 그리스도교의 제2대 중심지가 되었다. 예루살렘의 교회는 이 도시에 바나바를 파송하여 여기서 일어나고 있는 일, 특히 이방인의 교회에 가입하는 일에 관하여 보고하게 하였다. 바나바는 자기가 알 수 있는 것을 기본 지식으로 바울을 다소로부터 불러와야 하겠다고 확신하고, 바울을 찾으러 나섰던 것이다(행 11 : 25). 이렇게 하여 바울은 자기의 생애의 업무를 찾게 되었다. 1년 동안 협력한 후 바나바와 바울은 특별한 사명을 위하여 예루살렘에 파견되었다(행 11 : 30). (예루살렘 방문은 바울이 갈라디아서 2 : 1–10에서 말하고 있는 방문이라고 가정한다.) 기근으로 말미암아 유대인들은 위협받고 있었다. 거기서 두 사람은 안디옥 교회로부터 파견받아 예루살렘 교회의 가난한 형제들을 위하여 구제금을 가지고 갔다. 그 해가 아마도 46년이었을 것이다. 그때 바울은 아직 많은 사람들의 눈에는 의심스럽게 보였으나 바울은 자기의 복음을 예루살렘의 지도적인 사도인 베드로와 야고보와 요한에게 제시하였다. 저희는 바울의 복음을 승인한 것뿐만 아니라 "우리와 바나바를 받아들였고, 이로 인하여 악수하면서 우리는 이방인들에게로 가기로 하며 또 한편에 저희는(베드로, 야고보, 요한) 유대인들에게로 갈 것을 동의하였다. 이것이 우리가 하려고 했던 일이다"(갈 2 : 9-10).

1. 제1차 전도여행 : 47~48년(행 13-14장)

바울은 바나바와 그의 사촌 마가를 데리고 제1차 전도여행을 떠났다. 저희는 안디옥에서 구브로를 향하여 출발하였다. 거기는 바나바가 태어난 고향이었다. 구브로 섬에서 짧은 기간 동안 전도한 후 그들은 바다를 건너 소아시아로 가기로 하였다. 소아시아의 버가(Perga)에서 마가는 일행에서 떠나 예루살렘으로 돌아가 버렸다. 바울과 바나바는 내륙의 비시디아 안디옥(Pisidia Antioch)으로 가서 그 지방의 유대인의 회당에서 활동을 시작했다. (회당에서 시작하는 것이 바울의 통상의 수단이었다. 유대인의 회당에는 대개 이방인의 신봉자인 주변적인 사람들이 있었다.[1] 적개심을 품고 있는 유대인들이 바울을 추방했을 때 이방인들이 바울과 함께 작은 그리스도인의 교회의 핵심이 되었다.) 일행은 안디옥(비시디아)에서 복음을 전파하기를 계속하였으나 마지막에는 유대인들의 반감을 사서 그 지방에서 추방당하게 되었다. 거기서 일행은 로마 길을 따라 이고니온, 루스드라, 더베(Iconium, Lystra, Derbe)로 갔다. 거기서도 꼭 같은 일이 일어났다. 그후 조금 전에 왔던 길을 따라 돌아가면서 새로운 교회에 지도자를 임명하고 해로로 수리아 안디옥에 돌아갔다. 그때에 중대한 일이 안디옥 교회에서 일어났다는 것을 알고 저희는 이 일에 깊이 관여하게 되었다.

걱정스러운 일은 이방인의 개종자에게 대하여 취했던 방책에 관하여 교회 안에 분열이 생겨서 험악한 상태에 처하게 되었다. 유대인파의 사람들에게 있어서는 복음은 원래 유대인들의 사항이었다. 이방인이 교회에 가입하려면 할례를 받고 모세의 율법을 지키도록 해야 한다고 유대인파 사람들은 주장하였다. 바울과 바나바의 지도를 받고 있던 안디옥 교회의 진보파 사람들에게 있어서는 그리스도를 믿는 신앙이 구원의 필수조건이지 이방인에게 율법의 모든 것을 지켜야 한다고 하는 것은 큰 잘못이라는 것이었다.

거기서 기원 49년에 바울과 바나바, 그 외의 사람들이 안디옥 교회로부터 예루살렘에 파견받아 거기서 이 문제를 해결하기 위하여 제1차의 큰 회의가 열렸다. 예상할 수 있는 일이었으나, 회의의 결과는 그 규정에서 볼 수 있는 타협이었다(행 15 : 20). 그 결정에는 세 가지 요점이 있었다. 첫째는 이방인들이 우상숭배의 기미가 있는 것은 모두 피할 것, 둘째는 피가 들어 있는 고기(肉)는 먹지 말 것, 셋째는 성관계에 관한 한 유대인의 귀중한 규율에 따를 것 등의 세 가지가 요구되었다(행 15 : 20 ; 우상의 제물과 피와 목매어 죽인 것과 음행을 멀리할지니라－You are to abstain from food sacrificed to idols, from blood, from the meat of strangled animals and from sexual immorality. You will do well to avoid these things NIV. 등을 삼갈 것이다).

바울은 그 결정이 받아들여질 수 없었다고 생각할 필요는 없었다. 바울은 타협의 여지가 없는 경우에도 가장 융화적인 인간인 것 같다. 그러한 경우에 바울은 그 결정이 자기에게 있어서 활동에 필요한 자유를 줄 수 있다고 해석했다는 것이 분명하다.

2. 제2차 전도여행 : 50~52년(행 15 : 36－18 : 22)

바울은 선교 본부인 안디옥에 돌아와 얼마 되지 않아서 바나바에게 2차 전도여행을 제안하였다. 바나바는 1차 전도여행 시에 도중에서 떠나 버렸던 마가를 또 데리고 가자고 제안하였으나 바울의 반대로 두 사람은 언쟁을 하게 되었다. 바나바는 마가를 데리고 구브로를 향하여 출발하였고, 바울은 실라(실루아노)를 택하여 제2차 전도여행을 시작하였다.

바울 일행은 육로를 따라 출발하여 남갈라디아의 여러 도시를 방문하였다. 거기서 일행은 이방인에 관하여 예루살렘 회의의 결정된 사항을 실행하며 디모데의 협력을 얻었다. 그후 세 사람 일행은 서북서로 전진하여 옛 도시 드로아 가까운 드로아의 항구에 도착하였다. 거기서 바울은 환상을 보았다. 그 환상 중에 한 사람의 마게도냐인이 바울에게 나타나 "마게도냐로 건너와 우리를 도우라."(행 16 : 9)고 애원하는 것 같았다. 그래서 바울과 그 일행은 마게도냐를 향하여 출범하였다. 그것이 유럽이다. (Sir William Ramsay는 이 마게도냐 사람은 사실은 누가라는 의견을 서술하였다. 하여간 16 : 10의 서술 시점에 있어서 처음으로 '우리의 부분'이 된다. 우리는 여기서 누가가 일행 중에 들어왔다고 추론한다.)

일행은 로마의 식민도시 빌립보에서 전도를 시작하였다. 빌립보에서 바울이 점치는 여종을 구원시킨 일로 인하여 일행은 이 지방의 장관의 처벌로 감옥에 투옥당하였다. 그러나 지진이 일어난 후 일행은 석방되어 서방으로 전진하여 데살로니가(오늘의 살로니가)에 갔고, 거기서 얼마 동안 지내지 않으면 안 되었다. 유대인들이 그들의 설교를 듣고 재차 심한 미움을 받게 되었으므로 일행은 베뢰아로 갈 수밖에 없었다. 여기서도 마찬가지의 일이 일어났다. 그래서 바울은 베뢰아의 젊은 교회의 사건을 해결하기 위하여 두 동료를 남겨 두고 남쪽 아덴으로 갔다. 여기서도 바울은 거의 성공하지 못하였다. 아덴 사람들은 다른 나라의 신들을 '장난스럽게 믿고 있다'고 여겨서 작은 유대인이 말하는 것을 들으려 하지 않았기 때문이다. 바울은 아레오바고(Areopagus)의 평의소에서 설교를 하게 되었으나 이 설교에 대하여 제각기 자기 마음대로 받아들인 것 같았다.

그래서 이제 바울은 큰 상업도시 고린도로 갔다. 여기서 바울은 자기와 마찬가지로 장막제조에 종사하는 아굴라와 그의 아내 브리스길라를 만났다. 저들은 로마 황제 글라우디오(Claudius)로 인하여 다른 유대인들과 함께 바로 얼마 전에 로마에서 추방되어 온 자였다.[2)] 18개월간 바울은 고린도에 머물고 있었다. 반대가 있었는데도 불구하고 바울의 전도활동은 성공하였다. 실라와 디모데가 데살로니가 교회의 소식을 가지고 바울에게 찾아와서 합하게 되었다. 이 소식을 듣고 바울은 두 통의 **데살로니가 전서와 후서**를 쓰게 되었다. 51년(Delphi에서 발견된 비문에 의하면 우리는 이 시대를 알 수 있다.)에 로마의 총독 갈리오가 새로이 고린도에 도착했을 때 유대인들은 바울을 당국에 고소하려고 하였다.[3] 총독은 사람들을 물러가게 하였고, 바울은 아굴라와 브리스길라를 데리고 고린도를 떠났다. 바울은 친구들을 두고 왔던 에베소에 잠시 동안 머물다가 가이사랴를 경유하여 자기의 기지인 안디옥에 배를 타고 돌아갔다.

3. 제3차 전도여행 : 53~57년(행 18 : 23－21 : 17)

얼마 가지 않아서 바울은 다시 여행을 떠난다. 바울은 에베소를 방문하기로 약속하였던 것이다. 그래서 바울은 이제 갈라디아 여러 교회를 방문한 후 에베소로 갔다. 여기서 바울은 3년간의 세월을 보냈다. 그 기간 중에 그는 고린도에서 불온한 소식을 받고 **고린도 전서**를 쓰게 되었다. 에베소에 있어서의 그의 활동은 풍부한 열매를 맺게 되었다. 복음은 에베소 주변 여러 지방에 전파되어 리쿠스(Lycus) 골짜기(계곡)에 있는 골로새와 라오디게아에까지 침투하였다. 그러나 다시 걱정거리가 일어났다. 이번에는 바울에게 우상숭배를 반대했다는 것으로 자기들의 수입이 감소되었다는 그 지역의 은세공인(한국어 성서에는 "데메드리오라 하는 어떤 은장색이 아데미의 은감실을 만들어 직공들로 적지 않은 벌이를 하게 하더니"〈행 19 : 24〉로 되어 있다.)들이 일어났다. 바울의 생명은 이 때에 아주 위험하게 되었다는 것은 분명하다(고후 1 : 8 이하 참조). 그리고 바울은 여기서 사도행전이 아무 말도 하지 않는 투옥을 당했고, 거기서 옥중 편지 몇 통의 전승이 말하고 있는 것처럼 로마에서 보내진 것이 아니고 에베소에서 보내진 것이라고도 할 수 있다.

바울은 에베소를 떠나 북쪽으로 가서 마게도냐와 헬라로 건너가 목회적인 여행을 떠났다. 마게도냐에 있는 동안에 고린도 교회의 상황이 좋게 풀리고 있다는 소식을 듣고, 그는 **고린도 후서**를 썼다. 그후 친히 고린도에 가서 3개월 동안 체재하였다. 이 체재 동안에 바울은 서방으로 마음을 쏟아 오랫동안 마음의 숙원이었던 수도 방문(로마 방문)을 준비하기 위하여 로마서를 썼다.

그러나 이럭저럭 하는 동안에 바울은 해야 할 일을 하지 않은 채 있었다. 얼마 동안 바울은 가난하여 고생하고 있는 예루살렘 모교회를 위하여 이방인 교회들에게서 헌금을 모았다. 그리고 이제 그는 이 여러 교회의 대표자들을 데리고 예루살렘으로 가려고 결심하였다. 그러나 이러한 선의의 거동도 예루살렘의 바울의 대적들을 달래기를 거의 바랄 수 없었다. 바울은 빌립보와 드로아를 거쳐서 돌아갈 때에 밀레도에서 에베소 교회 장로들과 눈물의 회견을 하고(행 20장) 해로의 여행을 떠나 가이사랴와 예루살렘으로 향하였다.

4. 최후의 여행 : 예루살렘, 멜리데, 로마, 57~64년(행 21 : 18 - 28 : 31)

바울은 가아사랴에서 아가보라는 예언자로부터 위험이 기다리고 있다는 경고를 받았지만 예루살렘으로 올라갔다. 주의 형제이며 이제는 예루살렘 모교회의 지도자인 야고보는 바울을 죽이려고 견주고 있는 유대인들을 달래라고 바울에게 충고하였다. 그때 바울은 그 충고를 받아들였다. 그러나 아세아에서 온 몇몇 유대인들은 바울이 성전을 더럽혔다고 하면서 바울에게 습격해 왔다. 만일 로마의 수비대의 지휘관이 개입하지 않았다면 바울은 죽음을 면치 못했을 것이다. 바울의 연설도 노발대발한 군중을 진정시킬 수는 없었다. 이튿날 바울은 산헤드린 앞에 호출되었으나 결국 바리새파와 사두개파 사이에 언쟁이 벌어져 바울은 재차 로마인의 병영에 다시 돌리는 결과가 되었다. 마지막에 로마군의 지휘관은 바울의 조카로부터 바울의 생명을 겨누고 있는 음모자가 있다는 말을 듣고 호위병을 붙여서 바울을 가이사랴의 로마 총독 벨릭스(Felix)에게 호송하게 되었다. 바울을 고발하는 자들은 가이사랴에까지 추격하였다. 그러나 고발자들은 벨릭스를 납득시킬 수는 없었다. 총독은 재판을 무기한으로 연기하고 자기의 후계자 베스도(Festus)가 도착할 때까지(아마도 59년이었을 것이다.) 2년 동안 자기의 죄수인 바울을 감옥에 가두어 두었다.

새로운 총독이 도착했는 고로 바울의 대적들은 용기를 얻어 바울을 재판에 걸기 위하여 예루살렘으로 옮기려고 노력하였다. 바울은 이것이 자기의 죽음을 의미하는 것이라고 깨닫고 "나는 가이사에게 상소하겠소." 하면서 최후의 수단으로 호소하였다. 베스도는 "네가 가이사에게 호소하였으니 가이사에게 갈 것이니라."(행 25 : 11－12)고 대답하였다.

바울은 "내가 반드시 로마를 보아야 할 것이다."라고 말했다. 그 소원이 그의 기대와는 아주 달라진 상황 속이긴 했으나 이루어지려고 하였다. 로마로 가는 도중에 바울을 태운 배는 그레데(Crete) 깊은 곳에서 '유라굴로' (hurricanne)라는 광풍의 대작이 있었다. 아드리아 바다(Adriatic Sea)에서 큰 폭풍에 시달리다가 배는 멜리데에서 난파되었다. 저희 일동은 거기서 3개월간 월동하였다. 그 후에 저희는 여객선편으로 로마를 향하여 출발하였다. 황제는 바울의 재판을 서둘지 않았다. 바울은 2년간 로마에서 사람이 자유로 드날 수 있는 감옥에 갇혀 있었다. 전승에 의하면－그것이 잘못이라는 강한 증거가 없으면 그것을 부정할 수 없다－2년 동안에 바울은 골로새서, 에베소서, 빌레몬서, 그리고 빌립보서에 옥중편지를 썼다.

여기서 누가는 자기의 서술을 그만두었다. 바울의 최후는 확실하지 않다. 어떤 전승에 의하면 바울은 재판에서 무죄라는 선고를 받아 방면되었고, 다시 전도여행을 시작했으나 또 체포되었다고 기록되어 있다.[4] (전체로 보거나 그 일부를 보거나 목회서신들이 그의 저작이라면 그것은 이 시기에 쓰여진 것이 된다.) 아마도 사도행전 28 : 30에서 말하고 있는 '2년' 끝에 교회에 대한 로마의 정책에 변화가 일어났는데, 그것은 네로의 박해가 정점에 달하여 바울은 그때 '숙청'에 의해 희생된 가능성이 강하다. 전승에 의하면 바울은 오스티아 가도(Ostian Way ; 로마 남서의 도시)에 있는 '세 개의 샘'이라고 불려지는 곳에서 죽었다고 한다.(당당하게 바실리카〈basilica, 장방형의 회당〉, '성 밖에 성 바울사원'은 지금 그 장소에 세워져 있다.) 거기서 검이 휘둘려 이방인의 사도는 그가 '낮은 몸'(빌 3 : 21)이라고 불렀던 것을 영원히 떠나서 '주와 함께 거하게'(고후 5 : 8) 되었다.

이상의 서술이 바울의 생애이다. 제2세기의 저자는[5] 바울은 키가 작고 머리는 대머리고, 투구벌레 눈썹을 가지고, 매부리코(독수리코)를 가진 사람이라고 기록하고 있다. 아마도 그랬을 것이다. 그는 특히 강인하며(고후 11 : 22-27의 고난의 목록 참조), 불굴의 용기와 일의 전심을 가지고 로마 세계를 그리스도를 위하여 정복하려고 전심하는 것은 논의할 여지가 없을 것이다.

누구라도 자기의 지상의 생애에 있어서 바울처럼 많은 일을 수행한 자는 없을 것이다. 그는 많은 것을 생각했으며, 많은 것을 행하였으며, 많은 고난을 당하였다. 다소의 바울의 업적 앞에는 알렉산더 대제의 업적도, 나폴레옹의 업적도 무가치하게 빛을 잃을 것이라 말해도 편견이 없는 판단일 것이다. 바울은 다소의 천막짓기와 가말리엘의 제자, 로마의 시민, 이방인의 사도, 최초의 그리스도교 신비자, 가장 활동적인 그리스도교 선교자, 그 이상에 있을 수 없는 그리스도의 종이며 해석자이며, 성도 중의 가장 빛나는 인물이다.

바울의 생애와 여러 편지에 관한 NOTE

바울의 생애

예수의 십자가	기원 30년
바울의 회심	33년
바울의 2주간의 예루살렘 여행(행 9 : 26 ; 갈 1 : 28)	36년

제2차 예루살렘 방문(행 11 : 30 ; 갈 2 : 1－10)	46년
제3차 예루살렘 방문(예루살렘 회의 ; 행 15 : 2)	49년
고린도에 도착	50년
제3차 전도여행(53－56년까지 에베소 체재)	53년
포 박	57년
로마 도착	60년
순 교	64－65년

편지(연대순)

연대	편지	집필 장소
49년(?)	갈라디아서	안디옥?
50－51년(제2차 전도여행)	데살로니가 전후서	고린도
55－56년(제3차 전도여행)	고린도 전후서	에베소 혹은 마게도냐
57년(제3차 전도여행)	로마서	고린도
60－61년	골로새서, 에베소서, 빌레몬서	로마
62년(?)	빌립보서	로마 혹은 에베소(55년경)

바울의 에베소 전도에 관한 NOTE

우리는 전승에 따라 바울의 옥중서신은 로마에서 썼다고 가정하였다. 그러나 바울이 그것을 에베소의 감옥에서 썼을 가능성이 있지 않을까? 데이스맨(Deissmann)이나 던칸(G. S. Duncan)과 같은 현대의 학자는 그렇게 생각하였다.

저희는 옥중서신의 집필 장소가 로마가 아니라 에베소라는 주장을 어떻게 진술하고 있을까? 첫째로 골로새서와 빌레몬서의 끝에 바울을 따라서 열 명의 바울의 친구들의 이름을 열거할 수 있으나 옥중서신이 로마에서 쓰여졌다면 이러한 것들이 있을 수 있을까라고 문제삼아 옥중서신과 로마설과의 관련을 박약(薄弱)한 것으로 하고 있다. 다음에 열거하는 점은 골로새에서 불과 약 160km밖에 떨어지지 않은 에베소라고 하는 곳이 오네시모가 도망치는 곳으로서 1,200km나 떨어진 로마보다는 적합하다고 볼 수 있다. 이것은 사실이다. 그러나 실제로 누가는 사도행전에 있어서 바울이 에베소에서 투옥당했다는 것에 대해서는 아무 말도 하지 않는다. 그러나 누가의 서술은 모든 것을 망라한 것은 아니다. 그리고 바울의 편지 가운데 적은 증거는 있지만 절반도 쓰지 않았다는 것이 암시되고 있다. 예를 들면 고린도 전서 15 : 32의 "내가 에베소에서 맹수로 더불어 싸웠다."는 문장이나, 고린도 후서 1 : 8의 "우리가 아시아에서 당한 환난", "힘에 지내도록 심한 고생을 받아 살 소망까지 끊어졌다."는 문장을 생각해 봄이 좋을 것이다. 드한 골로새서의 마르키온파의 서문에 "바울은 지금 잡혀서 에베소에서 골로새 교회에 보낸 편지를 쓰고 있다."는 말이 있다. 이렇게 일별할 때 에베소서의 주장이 증명될 것이다. 그러면 옥중서신 그 자체의 내용은 에베소서의 주장을 지지하고 있는가?

골로새서와 빌레몬서에 관해서는 어떠할까? 바울이 이 두 통의 편지를 썼을 때에 누가는 바울과 함께 있었다. 누가가 바울과 함께 로마에 있었다는 것은 알고 있다. 그러나 누가가 바울과 함께 에베소에 있었다는 것은 확실하지 않다. 따라서 이 두 편지를 에베소에 연결시키는 주장은 박약하다. 그러나 빌립보서에 있어서는 다음의 몇 가지 이유가 있는 것같이 논할 수 있다.

1. 빌립보서에 있어서 '시위대'(1 : 13)와 "모든 성도들이…… 가이사 집 사람 중 몇이니라."(4 : 22)고 기록되어 있으나, 이러한 말은 필연적으로 로마를 의미한다고는 말할 수 없다. '시위대'는 종종 관공청(官公廳)을 의미하였고, '가이사의 집'은 종종 황제의 어떤 종류의 민정(民政) 방언을 의미하였다. 에베소에는 이 두 방언이 있었다.

2. 바울이 갇혀 있는 감옥과 빌립보 사이에 종종 왔다갔다 하는 것은(2 : 25 이하 참조) 로마보다는 에베소가 적합하다고 말할 수 있다. 로마로부터 빌립보까지는 약 60일 걸리지만 에베소에서 빌립보까지는 약 10일로 충분하다.

3. 빌립보서 2 : 19과 사도행전 19 : 22의 여행계획이 일치하고 있다는 것은 에베소가 유리하다고 생각된다. 전자에 있어서 바울은 마게도냐의 빌립보에서 디모데를 보내려고 계획을 세우고 있으며, 후자에 있어서 바울은 디모데를 마게도냐로 보내고 있다.

그러나 (1)의 논거는 빌립보서를 에베소에 결부시키는 것은 아니다. 에베소에 결부할 정도라면 바울이 분명하게 투옥되었던, 예를 든다면 가이사랴에 결부할 수 있고, (2)의 논거는 사실상 논박된다. 바울은 2년 이상 다시 말해서 빌립보서 2 : 25 이하에서 말하고 있는 것처럼 종종 갔다가 왔다가 하기에 충분한 기간이므로 로마에 투옥되었다.

그래서 전승측에 찬성하여 다음의 두 가지 논거를 제시할 수 있다.

1. 바울은 에베소에 체재하는 동안에 이방인 개종자들 사이에서 예루살렘의 가난한 그리스도인들을 위하여 헌금을 모았으나 빌립보서에는 그러한 헌금에 관해서는 아무런 언급이 없다.

2. 에베소에서는 바울에게 사형선고의 위험이 있을 수 없었다. 그 이유는 결국 그가 말한 바와 같이 로마 시민으로서 하려고 원한다면 언제든지 황제에게 상소할 수 있었기 때문이다.

빌립보서의 경우 에베소설이 매력은 있으나 입증하지 못하는 가설에 지나지 않는다. 그 이유는 (1) 음미해 보면 그 논거는 박약하다는 것 (2) 다음에 바울이 확실하게 에베소에서 투옥당했다는 사실을 알 수 없다는 것이다. 이러한 경우, 입증의 책임은 새로운 방법을 취하려는 사람에 달려 있는 고로 새로운 증거가 발견되지 않는 한 그때까지는 전승에 따라서 모든 옥중서신은 로마에서 쓰여졌다는 입장에 찬성함이 좋을 것이다.

제 12 장

바울에 의한 복음 : 로마서

이 때까지 쓰여진 책 가운데 가장 심원한 책은 무슨 책일까? 이 문제는 여러 사람이 제각기 대답해 왔다. 19세기 영국의 가장 뛰어난 지식인이었던 콜러지(S. T. Coleridge)는 이에 대답하여 신약성서 중에 한 책을 택하여 "로마서는 존재하는 책 중에 가장 심원한 책이라고 생각한다."[1]라고 말했다. 루터는 로마서를 "신약성서 중에서 가장 중요한 책이며 가장 순수한 복음이다."라고 말했다. 현대의 아메리카의 가장 유력한 기독교 사상가 존 녹스(John Knox)는 로마서를 "의심할 바 없이 이 때까지 쓰여진 책 중에서 가장 중요한 신학서이다."[2]라고 단언하였다.

이런 주장들은 지금으로부터 1900년 전에 고린도의 뒷골목에서 자그마한 체격의 유대인 천막제작자의 손으로 쓰여진 한 통의 편지에 대하여 평하는 대담한 주장이다. 더구나 이 주장들은 역사가 지지하고 있다. 왜냐하면 여러 세기를 거쳐서 오늘에 이르기까지 로마서를 쓴 바울은 하나의 불꽃으로 위대한 그리스도인의 지도자는 뒤를 이어서 계속적으로 – 어거스틴, 칼빈, 웨슬리, 바르트에게 – 이 불꽃으로 자기 자신의 횃불이 타오르게 하여 교회를 부흥시켰고, 그리스도 세계가 강화되어 왔기 때문이다. 바울은 로마라는 도시를 대상으로 이 편지를 썼다. 그러나 의식하지 않고 바울은 세계와 그 자손들에게 쓴 결과가 되었다.

로마서란 무엇인가? 또 그것이 어째서 큰 영향을 끼쳤는가? 로마서는 "기독교가 무엇이냐?" 하는 문제에 대하여 초기 교회의 가장 유능한 지식인이 충분히 대답하여 쓴 것이다. 후에 그 대답의 대의에 대하여 생각해 보기로 하고, 우선 일반적으로 서설적인 문제라고 부르는 것을 논하기로 하자.

1. 저자와 독자들과 연대와 목적

이 때까지 아무도 바울이 로마서를 썼다는 것을 의심하지 않았다. 로마서에는 확실하게 바울이 썼다는 흔적이 기록되어 있다. 또 바울의 로마서의 수신자들에 대해서도 의심하지 않는다. 이 편지는 "로마에 있어 하나님의 사랑하심을 입고 성도로 부르심을 입은 모든 자에게"(1 : 7) 보내는 서신이다.

누가 로마 교회를 세웠는가에 대하여 아는 사람이 한 사람도 없다. 오순절날에 베드로의 설교를 듣던 청중 가운데 '로마로 온 나그네'(행 2 : 10)도 있었다. 의심할 것 없이 이러한 사람들이 처음에 복음을 수도 로마에 가지고 갔을 것이다. 확실한 것은 복음이 십자가 후 20년 이내에 로마에 도착한 듯하다(로마의 역사가 수에토니우스[3]의 말한 것을 참조하라). 약 8년 후에 그 교회는 크게 성장하여 바울이 "너희 믿음이 온 세상에 전파됨이로다."(1 : 8)고 쓸 수 있는 정도로 되었다. 그리고 64년에 황제 네로가 로마의 그리스도인들을 박해했을 때 역사가 타키투스(Tacitus)에 의하면 로마의 그리스도인들은 '막대한 수'가 되었다. 또 바울의 편지에서 판단한다면 유대인들보다는 이방인들이 많았다(롬 1 : 5-6, 13 ; 11 : 13 ; 15 : 15-16).

이 편지가 쓰여진 연대는 아마도 57년일 것이다. 그 증거는 사도행전 20 : 2~3과, 로마서 15 : 17 이하를 결합해 봄으로 알 수 있다. 그렇다면 로마서는 바울의 제3차 전도여행의 말기에 쓴 것이 된다. 바울은 예루살렘의 모교회의 가난한 사람들을 위하여 이방인 교회들 사이에서 거출한 구제금을 가지고 예루살렘에 올라가기 전에 고린도에 체재하는 3개월 사이에 로마서를 썼을 것이다.

로마서 15 : 18~33에 있어서 바울은 왜 로마서를 쓰게 되었는가에 대하여 말하고 있다. 바울은 동방에 있어서의 자기의 활동은 끝났다고 느꼈다. 이제 바울은 서방으로 자기의 눈을 돌리며 로마에서, 그리고 그 후에 서바나로 갈 여행을 계획하였다. 또 유감스럽지만 바울은 로마 교회에서 자기가 많은 동료들 중에서 특히 유대인 동료들 중에서 좋지 않게 보이고 있다는 것도 충분히 알고 있었다. 거기서 바울은 로마에 편지를 써서 수도와의 접촉을 확보함으로써 로마 방문을 준비할 뿐만 아니라 자기가 이해하고 있는 신앙을 설명하려고 하였다. 로마서는 말하자면 바울의 **운명을 결정하는 편지**(*ein Schicksal brief*)가 되었던 것이다. 그러나 그의 비서인 더디오(Tertius－16 : 22)도, 바울 자신도 그 서신(message)이 수세기 동안 내려오면서 오늘에 이르기까지 울려 퍼지리라는 것을 추측했는지 아닌지는 의심스럽다.

로마서 15장과 16장에서 제출된 문제에 대한 NOTE

1. 로마서에는 두 가지 판이 있었던 것이 아닐까? 이 편지는 두 개의 다른 형(型)으로 유포되었고, 그 짧은 것이 마지막 2장을 결여(缺如)한 증거가 있다. 예를 들면 초기의 라틴어 사본에는 15~16장이 없는 것이 있다. 또 어떤 사본에는 송영 부분(16 : 25－27)이 14장 끝에 붙어 있다. 또 '로마에 있는' 이라는 말은(1 : 7, 15) 우리가 가지고 있는 가장 좋은 사본에는 없다. 따라서 바울은 짧은 형(型)의 것(1－14장)을 회람용 서신으로 썼고, 나중에 그것을 로마에 보내기 위하여 길게 썼는지, 아니면 누군가가 어떤 이유로(우리는 그것을 추측할 뿐이지만) 그것을 짧게 했는지 두 가지 중의 하나이다. 후자의 것이 사실이라고 생각된다. 그 이유는

(1) 로마서가 14 : 23에서 끝난다면 바울의 독특한 결어가 아니며 (2) 로마서 1 : 8~17은 회람장으로서는 읽을 수 없기 때문이다. 이 부분은 로마에 보내기 위하여 쓴 부분이다.

2. 그러나 로마서 16장은 실제로 로마의 그리스도인들에게 써서 보낸 것이 아니었는가? 16장은 여집사 뵈뵈(Phoebe)를 소개하는 에베소에 보낸 별개의 편지라고 주장하는 사람들도 있다. 그런 사람들은 바울이 16장에서 열거하고 있는 많은 로마인들을 알고 있다고는 말할 수 없다고 논하고 있다. 또한 바울이 고린도전서를 썼을 때 브리스길라와 아굴라는 에베소에 있었다(고전 16 : 19). 또 '아시아에서 처음 익은 열매' (에배네도 ; Epaenetus－롬 16 : 5)라는 말과 분열을 일으킨 자에 대한 엄격한 경고(롬 16 : 17－20) 등은 로마보다는 에베소가 적합하다고 논하는 사람들도 있다.

그러나 그들의 주장은 증명되지 않는다. (1) 바울은 통상 자기가 잘 알고 있는 교회에 보내는 편지에 있어서는 특별한 인사로서 개개인의 이름을 열거하지 않는다(바울이 에베소에서 수많은 사람들을 알고 있었다는 것은 확실하다). 바울은 로마의 회중을 개인적으로 알지 못했기 때문에 할 수 있는 대로 많은 사람과 접근할 것을 희망하였다. (2) 아굴라와 브리스길라는 아마도 유대인에게 대한 황제의 포고가 완화된 후에 다시 로마로 돌아갔는지 모른다. 많은 유대인은 그런 줄 안다.

에베소서에 반대하여 세 가지 고려할 점을 열거해 보자. (1) 로마서 16장을 별개로 회람되고 있던 편지라고 보기는 어렵다. (2) 그 인사에 열거되고 있는 많은 사람들은 로마와 관련시킬 수 있다. (3) 로마서 16 : 15은 에베소보다도 로마에 써서 보냈다는 것이 더욱 적합하다. 이 편지를 집필했을 때, 바울은 예루살렘의 모교회의 구제금의 일로 갈라디아, 아시아, 마게도냐, 아가야의 여러 교회와의 접촉이 있었다. 바울은 자기의 로마에 대한 호소의 지지로서 이 여러 교회의 이름을 열거함이 더욱 자연스러운 것이 아니었을까?

그래서 로마서 16장은 로마서의 구성부분이라고 결론짓기로 하자.

2. 로마서의 내용

로마서는 다음 다섯 부분으로 나눌 수 있다 :

1. 바울과 그의 독자들(1 : 1 – 16)
2. 바울에 의한 복음(1 : 17 – 8 : 39)
3. 역사 속에 있는 하나님의 목적(9 – 11장)
4. 그리스도교의 윤리(12 : 1 – 15 : 13)
5. 계획과 인사(15 : 14 – 16 : 27)

분명한 것은 2, 3, 4는 주요 부분이다. 바울의 복음과 윤리를 연구하기 전에 9~11장의 바울의 '역사철학'을 고찰한다면 사항들은 간단해진다. 이 부분은 하나의 어려운 문제에 관한 별개의 논의로서 이전에 쓰여진 것이며, 그것이 후에 연속되는 전체로 되었던 것이리라. 그래서 이 부분을 이 편지의 다른 부분과 관계없이 읽는 것이 좋을 것이다.[4)]

역사 속에 있어서의 하나님의 목적

나의 친구인 정통파에 속한 한 유대인이 옥스포드(Oxford) 대학의 유명한 강좌에 임명받았을 때에 그에게서 보면 이방인인 전임자에게서 "당신은 1900년 전 버스를 놓쳐서 타지 못한 사람들 중의 한 사람입니다."라는 환영인사를 받았다고 그 친구가 나에게 말하였다. 그 말은 바울이 고뇌하여 로마서 9~11장에 있어서 대답한 문제를 서툴게 끄집어 낸 것이다. 그 문제란 "왜 하나님의 선민이 자기들의 메시야를 거절하여 명백히 하나님의 은혜에서 제외되었는가?"이다.

먼저(9장) 바울은 이 문제를 하나님 편에서 보고 있다. 유대 민족은 전체로서 하나님의 축복의 약속을 요구할 수 없다고 바울은 말하고 있다. 바로 유대인의 역사를 통하여 하나님은 '선택' – 어떤 이는 택하고 다른 이는 물리친다 – 의 하나님이라고 볼 수가 있다. 왜냐하면 하나님은 역사의 주로서 당신이 원하는 것을 행하며, 피조물은 자기의 창조자를 비판할 수 없기 때문이다. 그 위에 유대인 중에 어떤 이는 하나님의 은혜에서 탈락된 것이 분명해졌을 때 하나님은 그 백성들 사이에 이방인들을 포함시키려고 계획하셨다. 그리고 현재 그렇게 되어지고 있다.

다음에(9 : 30 – 10장), 바울은 이 문제를 인간 편에서 고찰한다. 이스라엘은 구원에 관하여 틀린 길을 걷고 있었다. 다시 말해서, 그리스도를 믿는 신앙에 의하지 않고 율법의 행위로 구원을 얻으려 했다고 바울은 말하고 있다. 그러나 유대인에게는 신앙으로 말미암아 그리스도를 받아들일 기회가 없었다는 이의를 부르짖는 자도 있었는지도 모른다. 그러나 그것은 옳지 않다. 복음의 사자는 도처에 있었다. 이스라엘의 실패는 무지로 인한 것도 아니고 예언이 말한 옛부터의 반항에 있다.

그러나 바울은 이 슬픈 결론에 안주할 수가 없었다. 그래서 최후에(11장) 바울은 하나님께서 **최종적으로는** 이스라엘을 거절하지 않는다고 단언한다. 이제도 믿음이 돈독한 남은 자가 있다. 기타의 사람들은 하나님의 은혜에서 떨어짐으로 말미암아 실제로 이방인이 개종하는 결과가 되었다. 그러나 하나님은 그 구원의 목적을 완성할 때 하나님의 동정의 날이 이스라엘에게도 밝아 올 것이다.

바울에 의한 복음

이제 1~8장, 그리고 12~15장을 취급하기로 하자. 1장의 맨 처음의 16절에 있어서 바울은 로마의 동료 그리스도인들에게 인사의 말을 보내며 자기의 소망이었던 로마 방문의 계획을 말한다. 바울은 복음을 부끄러워하지 않는다. 복음은 죄인들을 구원하는 하나님의 능력이다. 그리고 로마에는 많은 죄인들이 있다. 이렇게 말하면서 바울은 자기가 믿는 그리스도교의 해설을 시작하니 그것은 다음 세 부분으로 되어 있다 :

1 : 17~3 : 20 인간의 죄

3 : 21~8 : 39 하나님의 은혜
12 : 1~15 : 13 그리스도인의 윤리

인간의 죄

복음 안에 "하나님의 의는 신앙으로 말미암아 신앙을 향하여 계시되었다."고 바울은 말하기 시작한다(1 : 17). 주의해야 할 것은 '하나님의 의'는 바울의 중요한 말 중의 하나라는 것이다. 그리고 신영어성서 'NEB'는 "여기에 잘못을 바르게 하는 하나님의 방법이 계시되고 있다."(Here is revealed God's way of righting wrong)고 밝히고 있는 것처럼, 하나님의 의는 동적으로 하나님의 '활동'으로 이해되지 않으면 안 된다. 하나님의 의는 인간의 대적과 인간의 죄에서 인간을 구원하는 것으로 말미암아 인간을 위하여 '하나님이 사태를 바르게 한다.'는 것을 의미한다. 몇 세기나 걸쳐서 이스라엘 백성은 하나님이 인간의 사항에 개입한 사태를 바르게 하는 것을 기구해 왔다. 이제 복음의 사건에 있어서 하나님이 그것을 수행하고 계신다고 생각하게 되었다고 바울은 말하고 있다.

그러나 '하나님의 의'가 왜 필요할까? 그것은 인간의 불의(unrighteousness) 때문이다. 인류는 유대인이나 이방인의 구별없이 모두가 하나님의 율법을 어김으로써 죄를 범했다. 먼저 이방인에 대한 것이다(1 : 18-32). 이방인들은 하나님의 창조세계 안에서 하나님의 본성과 의지와의 계시를 가지고 있었다. 그러나 이방인들은 일부러 그 계시를 거절했고, 허무한 사색과 암흑 속에 빠져 버렸다. 사람들은 인간이 만든 신들을 예배하고 도덕적인 타락에 침몰한 이방인 사회를 보기만 해도 하나님의 보복이 이방인의 사회에 내리고 있다는 것을 이해할 수가 있다. 참 하나님을 잃어버린다면 인간은 타락의 진흙탕 속에 빠져들어 가는 것뿐이다.(그리고 오늘에 있어서도 마찬가지이다.)[5]

그러나 유대인들은 이방인들과 비교해서 나은 것이 없다. 유대인들은 모세의 율법 가운데 하나님의 본성과 의지가 특별히 계시되고 있는 것을 기뻐하였다. 그러나 율법을 경시하며 율법에 순종하지 않았다. 이와 같이 인간은 유대인, 이방인 할 것 없이 모두가 성서가 말하는 대로(롬 3 : 10-18) 거룩한 하나님의 심판대 앞에서 죄 있다고 판결을 받는다. 이상이 인간의 병이며, 죄이다.

하나님의 은혜

그러나 이제 바울이 말하는 대로(3 : 21) 여기에 하나님의 치료(remedy), 다시 말해서 구제가 있다. 율법과는 전연 따로 하나님은 죄인을 위하여 사태(things)를 바르게 하기 시작했다. 어떠한 인간이라도 율법을 행함으로써-인간 자신이 도덕적으로 수행함으로써-자기 자신을 하나님에게 대하여 바르게 할 수 없다. 그러나 하나님은 그리스도 안에서 죄인들을 의롭다고 인정하는 방법을, 다시 말해서 하나님께 대하여 자기를 옳다고 하는 방법을 제공하였다. 하나님은 복음에 있어서 인간을 용서하며, 인간이 자기를 하나님께 대하여 정당한 관계를 가지고 은혜가 풍성한 의사를 분명하게 하였다. 하나님은 그리스도의 십자가를 죄사한다는 자기 자신의 약속의 수단으로 삼았다. 그리고 하나님이 인간 편에 요구하는 것은 신뢰와 복종과의 신앙이다. 아주 옛날에 아브라함은 하나님께서 자기에게 말씀하신 것을 들었을 때 그 말씀대로 믿어 순종하였다. 그와 같이 그리스도교의 신앙은 그리스도 안에서 하나님의 말씀대로 믿는 것이다. 죄인이 그렇게 자기 죄를 위하여 죽으신 하나님의 그리스도에게 신뢰를 둘 때 하나님은 죄인을 용서하며 죄인을 하나님과의 새로운 관계에 들어가게 한다(3 : 21-4 : 25).

그후(5-8장) 바울은 '칭의'(의인)에서 일어나는 것, 다시 말하면 하나님과의 평화, 영광의 희망, 따라서 우리의 환난은 이제 새로운 의미를 가지게 된다는 것 등에 관해서 서술하고 있다. (5 : 12-21에 있어서 바울은 중단하여 제 2아담인 그리스도의 업적은 최초의 사람 아담의 불순종으로 말미암아 인류에게 가져온 악을 제거하는 것 이상의 일을 하셨다고 설명하고 있다.)

세례로 말미암아(6 : 1 이하) 우리는 새로운 하나님의 교회에 들어가게 되는 것이 인정되었으나, 이 세례로 말미암아 우리는 그리스도와 함께 악한 옛 생활에 대하여는 죽고 새 생명에 대하여 사는 것이니, 우리가 가능적인 상태로 죄에 대하여 죽고 하나님께 대하여는 사는 인간이 되도록 부름받고 있다.

우리는 죄의 종의 상태와 율법의 무서운 지배에서 해방을 받아 이제 새로운 방법으로 하나님을 섬기는 일이 허락되었다. 이렇게 하여 성자 안에서 하나님은 율법이 할 수 없는 일을 행하셨다. 즉, 우리의 타락한 본성에 있는 죄의 힘을 타파하였다. 그리고 우리는 이제 성령의 도움을 받아 하나님께서 바라는 대로 살며 성령은 죽음이 있을 수 없는 생명을 우리에게 약속하신다. 우리는 하늘 아버지 하나님의 가족의 양자가 되어 그리스도와 함께 자진하여 고난을 당하면 그리스도와 함께 하나님의 영광을 상속하게 된다.

그러나 우리가 참고 견디어야 할 고난은 하나님께서 그 자녀들을 위하여 준비해 두신 영광과 족히 비교할 수 없다. 당분간 우리는 자기의 연약함을 도우시는 성령으로 말미암아 충분히 '아들의 형상을 닮게' 될 때를 희망을 품고 대망한다(8 : 29).

바울은 하나님께서 우리를 위하신다, 우리 편이시라고 당당하게 결론짓는다. 우리를 위하여 죽고 우리를 위하여 부활하신 그리스도는 이제 하나님 우편에 앉아서 우리를 위하여 변호하신다. 하나님은 우리를 구원하기 위하여 독생자를 아끼지 않았다면 하나님이 우리의 필요한 모든 것을 주실 것을 믿어도 좋을 것이다. 그리고 이 세상의 아무것도, 또 이 세상의 어떤 것도 그리스도 안에 있는 하나님의 강력한 사랑에서 우리를 떨어지게 할 수는 없을 것이다.

이것이 바울이 이해했던 복음이다. 그러나 사도에게 있어서 '진리는 항상 선을 행하기 위한 진리' 이다. 바꾸어 말한다면, 복음에는 '믿는다' 는 측면이 있다면 또 '행한다' 는 측면이 있다. 다음에 이것을 논하기로 하자.

그리스도인의 윤리

엘스킨 리라덴(Erskine of Linlathen)[6)]이 "신약성서에 있어서 종교는 은혜이고 윤리는 감사이다."라고 말하였다. 이와 같은 말은 신약성서 전반에 걸쳐서 할 수 있는 말이지만 특히 바울에 관하여 할 수 있는 말이다. 그래서 바울은 3 : 21~8 : 39에 있어서 하나님의 은혜를 해설한 후 12~15장에 있어서 이 은혜를 경험한 사람들은 자기의 생활에 있어서 감사의 응답을 해야 한다고 말하고 있다. 이것은 용서를 받은 인간이 해야 할 일이라고 바울은 말하고 있다. 바울이 해설하려고 하는 행위는 어떠한 것이었는가?

그것은 '그리스도 안에 있는' 생활, 다시 말해서 그리스도가 살아 계신 머리시며, 우리는 그리스도의 몸이라고 부름받는 일종의 유기체 중의 지체이니 그리스도와의 사귐 속에서 사는 생활이다. 그 생활의 중요한 원리는 율법을 완성하는 사심이 없는 사랑(ἀγάπη)이다(13 : 10). 그리스도인은 국가의 법에 순종하는 시민이어야 하며, 항상 서로 사랑하는 것 외에 아무에게도 빚을 져서는 안 된다. 실제로 그리스도인의 행위 자체는 그리스도께서 가르쳐 주신 생활의 본, 즉 '산상설교' 등을 본받아야 한다. 12~14장은 복음서 안에서 서술되고 있는 그리스도의 가르침의 반향으로 일관되어 있다는 것에 주의해야 할 것이다(롬 12 : 14, 17, 21 ; 13 : 7, 8 ; 14 : 4, 10, 13, 14 ; 16 : 19). 악을 악으로 갚아서는 안 된다. 우리의 형제를 마구잡이로 비난하지 말 것이다. 다른 사람의 길에 올무를 놓아서는 안 된다. 우리는 항상 약한 자들을 특별히 고려해야 한다. 교회에서 공동생활을 만들어 내야 한다. 그러한 경우에 소망의 하나님께서 우리에게 믿는 기쁨과 평화의 모든 것을 채우시며, 성령의 능력으로 희망이 넘치도록 부어 주실 것이라고 바울은 결론을 내렸다.

이상과 같은 것이 로마서에 있어서 바울의 그리스도교 신앙이다. 이것은 첫째로, 인간의 상황의 판단 다음에 인간의 병에 대한 하나님의 치유방법의 서술, 그리고 마지막에 '새로워진' 사람들이 인생행로의 끝까지 영광의 희망을 가지고 걸어가야 한다는 인생항로의 해상도이다.

3. 오늘에 있어서의 로마서의 관련성

루터는 전에 "그리스도인은 로마서의 모든 말씀을 마음에 명심할 뿐만 아니라, 자기 영혼의 매일 양식으로서 매일 들고 다녀야 한다."고 말하였다. 그러나 오늘날 얼마만큼 그리스도인들이 한번이라도 이 편지를 차근하게 읽어 보고 있을까? 왜 복음서를 연구하려고 하는 사람들도 로마서에 주저앉고 마는가? 그 하나의 이유는 현대의 번역에 있어서라도 로마서는 힘들기 때문이다. 또 하나의 이유는 바울이 원래 하나님의 부성과 형제애의 단순한 복음이었던 것을 유해한 것으로 변질해 버렸다는 강한 의문이 있기 때문이다. 이것은 현대 학문에 비추어 보아 전혀 타당하지 않다고 인정되고 있다. 그리고 또 하나의 이유는 바울이 이제 여지없이 생명을 잃어버린 사항을 성서에 입각하여 취급하는 시대에 뒤떨어진 인간이라는 인상이 널리 퍼지고 있다는 것이다. 그럼에도 불구하고 칼 바르트(Karl Barth)는 "자기 자신을 올바로 이해한다면 우리의 문제는 바로 바울의 문제이다." 더구나 "바울의 명철한 대답에 비추어 본다면 그 해답은 우리의 해답이 될 것은 틀림없다."[7]고 말한 바 있으나 그것은 어째서일까?

첫째로, 바울이 '우리 인간의 궁지' (our human predicament)에 관해서 말하고 있는 것을 생각해 보자. 인간의 궁지의 원인은 '인간의 불의' 에 있다고 진단한다. 바울은 원죄를 믿는다. 죄는 우연한 것이 아니고 하나의 상태이며, 이 점에 있어서 인류 전체의 상태이다. 예외없이 우리는 모두가 죄에 싸여 있다. 모판의 딸기의 포목(匍匐)가지(common life-root)는 줄기에서 뿌리와 잎을 내어 번식하는데, 이와 같은 포목가지에는 공통의 뿌리가 있다. 그와 같이 우리는 모두 공통의 생명의 뿌리에 연결되어 그 생명의 뿌리에서 악이 흘러나온다. 우리는 지금 바울이 아담에 관하여 말한 모든 것을 받아들이며 그의 진단이 사실에 기인한 것이라고 이해할 필요는 없다.[8] 그러나 인류는 현대과학, 의학, 기타의 인간의 활동 분야에 있어서 장족의 진보를 해왔는데도 불구하고 프레드릭(Frederick) 대제(프로이센의 왕, 1712 - 86)가 부르짖었던 바와 같이 여전하게 '멸망에 처한 인류'이며, 바울이 알고 있었던 바와 같이 '부패한 인류', 죄로 고뇌한 불행한 존재이며, 우리의 고도의 교육도 정치적인 해결방법도 진보된 심리적인 기술도 인간의 병을 치유하는 데 아무런 힘도 없다고 생각된다. 선조의 죄로 말미암아 유해한 유산을 이어받은 우리의 생활은 영향을 받아 우리의 성질은 결정되었다. 그 위에 과거 50년의 경험에서 우리는 피와 눈물로 인간은 악한 일에 관하여 얼마나 무서운 실험을 할 것인가에 대하여 배우게 되었다. 그 결과 바울은 웰즈(H. G. Wells)와 같은 청공의 낙천가보다도 우리 인간의 궁지에 관한 좋은 진단자였다는 것이 확실하게 되지 않았을까? 웰즈는 금세기 초에 '인간은 필경에 고난을 뚫고 나왔다', 그리고 완성과 지상의 낙원을 향하여 불가항력적인 전진을 하고 있다고 큰 확신을 가지고 말했던 것이다.

그렇다면 하나님의 구제방법에 관해서는 어떠한가? 하나님의 은혜의 복음은 제1세기에 있어서 악인을 선인으로 바꾸었다. 이 하나님의 은혜의 복음은 오늘날 온전히 다른 시대에 살고 있으며, 바울의 시야 안에는 들어가지 않은 많은 문제로 고민하고 있는 우리가 같은 것을 할 수 있을까?

전에 데니(James Denney)가 말한 것처럼, 바울의 복음을 이해하기 위하여 필요한 것은 고등비판이 아니라 절망이다. 이 조건이 있는 곳에는 아무데라도, 또 이 조건이 있는 때에는 언제라도 바울의 복음은 말하는 능력을 가지고 있다. 왜냐하면 복음의 중심은 내적인 죄 때문에 우리 인간이 자기의 힘으로는 할 수 없는 일이 그리스도를 통해서 하나님으로 말미암아 우리를 위하여 수행되기 때문이다. 예수 그리스도는 성육신하셨으며, 십자가에 달렸으며, 부활하셨고, 통치하고 계시며, 지금 성령으로 말미암아 우리에게 임재하신다. 이 예수 그리스도 안에서 하나님은 하나님의 거룩함과 인간의 죄 사이에 엄청나게 무서운 간격에 다리를 놓으셨다. 자기 자신의 죄의식을 가지고 전면적으로 하늘의 자비에 의지하려는 사람에게 하나님은 그리스도의 십자가로 인하여 용서를 제공하며, 성령으로 가능하게 하는 인생의 새로운 출발을 허락하여 영생의 기쁜 희망을 주시는 것이다.

이 하나님의 구제방법은 지금도 그 가치와 능력을 보유하고 있을까? 우리는 유클라이드(Euclid, 기원전 300년경의 알렉산드리아의 기하학자)의 명제를 증명하는 것같이 바울의 복음의 진리를 증명할 수는 없다. 우리는 **경험에 의해서만이**－복음이 자기 자신의 생활에서 하나님의 구원의 능력인 것을 발견함으로써만이－이 진리를 증명할 수 있다. 그런데 오늘에 이르기까지 19세기 동안 무수한 그리스도인들이 이 일을 체험하였고, **망쳐 버리는 죄의 힘을 하나님께서 그리스도 안에서 타파하여 죄에 잡혀 있는 자를 자유케 하는 것을 발견해 왔다.** 18세기에 킹스우드(Kingswood ; 브리스톨 동방의 도시, 웨슬리가 야외설교를 했던 곳)의 탄광부들이 발견한 것은 어거스틴이나 번연으로부터 존 웨슬리나 토마스 차머스(Thomas Chalmers)에 이르기까지 수많은 남녀들로 인하여 확실하게 증명되었다. 그리고 오늘에 있어서도 아직 남자나 여자나 도덕적인 절망과 패배 중에 있을 때 그리스도 안에 있는 하나님의 변함없는 은혜에 마음먹고 의지하면, 바울이 로마서 3장에서 8장에 이어서 말한 복음이 죄인을 구원하는 하나님의 능력인 것을 새롭게 발견하는 것이다.

바울의 그리스도인의 윤리는 제1세기의 독자들에게 큰 도움이었을 것 같이 오늘의 우리에게는 도움이 되지 않는다고 말할 수는 없을 것이다. 예를 들면 로마서 12장은 조금도 변함없이 그리스도인의 특성과 행동의 고상한 표현이다.[9] 실제로 바울의 시대문명의 진보로 말미암아 도덕적인 문제는 종종 그 형태를 바꾸었다. 그러나 이미 말한 바와 같이 그리스도의 생활설계에 굳게 기초를 둔 그리스도인의 생활에 관한 바울의 패턴은 시대가 경과함에 따라 시대에 뒤떨어지는 것이 되지 않았다. 바울이 로마서 12~15장에서 규정한 그리스도인의 행동원칙은 오늘날 법률이나 자유의 문제, 음주나 마약의 문제 등 우리의 당황하는 도덕문제까지도 계속적으로 다시 적용할 수가 있다. 우리가 타인에게 대하여 비판을 즐기는 판단을 내리고 싶다면 "우리들 안에 어느 한 사람이라도 자기를 위하여 사는 자는 없다."(14 : 7)는 것, 또 우리에게는 형제(그리스도는 그 형제들을 위하여 죽었다.)를 파멸시키는 일은 하지 않는다고 함같이 아무것이라도 삼가는 의무가 있다고 하는 바울의 주의를 기억할 필요가 있다. 특히 그리스도인의 사랑이 가장 중요하다고 말하는 바울의 주장은 여전히 항상 우리에 대한 요청이며, 우리에게 관계되는 것이다. 더욱이 현대의 복잡한 세계에 있어서 사랑의 율법을 적용하는 것은 종종 곤란할 것이다. 니버(Reinhold Niebuhr)가 말한 바와 같이 "사랑은 항상 적절한 것이다. 그러나 간단하게 가능한 것은 아니다." 그러나 사랑은 여전히 그리스도인의 행동의 최고의 기준이다. 하나님은 사랑이며, 이것이 행하여질 때 모든 것이 잘된다. 아득히 멀리 있었던 제1세기의 로마의 그리스도인들에 못지않게 우리는 자기들의 상황에 있어서 자기의 사랑을 순수하게 하여 자기를 박해하는 자를 축복하며, 어떤 사람에게도 악으로 악을 갚지 않고 오히려 선으로 악을 이기도록 부름을 받고 있다.

따라서 칼 바르트가 말한 것이 옳다. 바울의 문제는 우리의 문제이며, 로마서에 있어서 바울의 복음은 결코 시대에 뒤떨어진 것이 아니다. 확실히 바울의 사신(message)이 오늘 우리의 마음에 감명을 주기 위해서는 그것이 오늘의 말과 어법으로 번역될 필요가 있을 것이다. 「신영어성서」(*New English Bible*)나 필립스(J. B. Phillips)의 「젊은 교회에 보낸 편지」(*Letters to Young Churches*)와 같은 책(성서)을 읽어 본다면 그것이 어떻게 되어 있는가를 알 수 있다. 그 위에 우리는 바울이 말한 것을 무엇이든 다 받아들여야 한다는 말은 아니다. 사실상 때로는 바울에게 찬성하지 못할 경우도 있다. 그리고 마틴 루터와 같이 납득하지 못할 논의에 부딪쳐서 "바울 선생님, 이것은 통용되지 않습니다."라고 부르짖을 때도 있다. (예를 들면 그 중의 하나는 로마서 9 : 20−21의 토기장이와 토기와의 비유일 것이다. 그것은 적절하지 않다. 인간은 토기가 아니다. 인간은 "어째서 당신은 이처럼 나를 만드셨나이까?"라고 부르짖을 것이다. 그리고 인간을 위협하여 침묵시킬 수 없을 것이다.)

그럼에도 불구하고 예를 든다면 바울이 아담이나 창세기의 이야기에 관해서 말한 것을 받아들이지 못하는 이유로 말미암아 바울의 복음을 신앙적으로 아주 시대에 뒤떨어졌다고 말하여 치워 버리는 것은 큰 잘못일 것이다. 바울이 로마서에 있어서 논한 문제에는 현실적으로 영원한 문제이다. 특히 구원은 믿음에 의할 것인가, 아니면 행위에 의할 것인가의 문제가 바로 그 문제이다. 자기 자신이 생활하며 자기 스스로 자기의 구원을 달성하려는 소원은 거의 보편적인 원망이나 그것은 지금도 현존하는 문제이다. 그 문제가 바울 시대의 유대교의 큰 가설이었다면, 그것은 오늘도 우리 시대의 윤리적인 자립문화의 모든 체계의 가설이다. 그러나 그것은 완전히 잘못이다. 그것은 인간의 마음에 평안을 가져다 주지도 못하고 평안을 만들어 내지도 못한다. 왜냐하면 그것은 인간의 궁지의 심연을 투시하지 못하기 때문이며, 원죄를 중대한 것으로 보지 못하기 때문이다. 그러한 이유에서 바울의 논의는 결코 그 힘을 잃어버리고 있지 않다. 왜냐하면 인간의 궁지에 대하여 그가 보여 준 구제책은 여전히 유효하며 적절하기 때문이다. 바울은 “오호라. 나는 곤고한 사람이로다. 이 사망의 몸에서 누가 나를 건져내랴.”고 부르짖었다. 그리고 그는 ‘우리 주 예수 그리스도로 말미암아 하나님만이 나를 구원해 주신다.’고 대답하였다(롬 7 : 24－25).

마지막으로 바울의 중요한 전제라고 불려지는 것(우리는 그리스도인으로서 거의 그렇게 부름을 받을 수밖에 없다는 것), 다시 말해서 살아 계신 하나님이 계신 것과 그 하나님이 역사의 과정을 형성하셔서 나사렛 예수 안에서 한번 분명하게, 그리고 결정적으로 역사 안에 돌입해 오신 것을 우리가 인정한다면 바울의 신학의 중요한 대강은 흔들리지 않게 되고, 바울의 최초의 독자들에 못지않게 우리는 바울의 신학의 대강을 자기의 것으로 받아들일 수 있을 것이다 :

> 아득한 옛날 그 진리가 발견되었다.
> 그 진리는 일단의 인간을 결속시켰다.
> 잘 파악하자. 그 옛 진리를…….

제 13 장

허영의 도시(Vanity Fair)에 있는 하나님의 교회 : 고린도 전서

오늘날 어원에 관심이 있는 학생은 고린도를 씨없는 작은 건포도에 비유한다. '고린도만이 그 원산지였다.' 그러나 19세기 이전에는 고린도라는 이름으로 건포도가 연상되지 않고 고급 창녀가 연상되었다. 고린도 신전에는 아프로디테(희랍 신화의 사랑과 미의 여신인데 그것은 마치 로마 신화의 비너스에 해당된다.)가 예배되고 있었는데 그 신전 경내에 수많은 매춘부의 여제사장이 있었다. 그리고 "고린도인처럼 된다."는 말은 쇼(Shaw)가 와렌(Warren) 부인의 직업으로 부르는 데 사용하는 것을 나타내는 정중한 헬라어였다.

고대 고린도에 관하여 주의해야 할 또 하나의 사항은 그것이 세계주의자(cosmopolitan)의 성격을 가지고 있었다는 것이다. 고린도는 고린도 지협에 위치했으며, 로마의 아가야 현의 수도로서 당시 약 50만의 인구를 포용하고 있었다. 고린도는 큰 상업도시였다. 시내에는 노예와 자유인, 헬라인과 로마인과 야만인(미개인), 여러 인종의 사람들이 살고 있었으며, 여러 종류의 상업이 번영하였고, 많은 제의(祭儀)와 종교들과 그 신자들이 있었다. 고린도는 또 뉴마켓(Newmarket ; 영국 동부의 읍으로 경마장으로 유명한 곳)과 시카고(Chicago)와 파리(Paris)가 혼합된 도시로 불리고, 거기에 약간 포트세이드(Port Said : 수에즈 운하의 지중해 편 입구에 위치한 도시)의 경향이 있는 도시였다. 이와 같은 이교도들이 붐비고 있는 도시의 그리스도 교회 – 어떤 이들이 불렀던 것처럼 '허영의 도시에 있는 하나님의 교회' – 에서 바울은 고린도 전서를 썼던 것이다.

1. 바울의 고린도와의 접촉과 통신

우리는 바울이 세 번이나 고린도를 방문하고 이 곳의 그리스도인들에게 4통의 편지를 썼다고 믿는 이유가 있다.

(1) 제1차 방문

사도행전 18 : 1~18에 의하면, 바울은 제2차 전도여행시에 고린도 교회를 세우고 거기서 약 2년간 활동하였고, 그후 수리아의 기지로 돌아갔다고 기록되어 있다.

(2) 전에 썼던 편지

제3차 전도여행을 하고 있는 동안에 바울은 에베소에 가서 거기서 3년간 교회에서 활동하였다. 바울이 고린도 교회에 처음으로 편지를 쓴 것은 이 에베소에서였다. 우리는 이 편지를 '앞의 서신'이라고 부르자. 고린도 전서 5 : 9에서 이전에 편지가 있었다는 것을 추론할 수 있다. "내가 너희에게 쓴 것에 음행하는 자들을 사귀지 말라."고 말하고 있다. 이 단편은 아마도 고린도 후서 6 : 14~7 : 1에 남아 있다. 이 부분은 고린도 후서의 문맥에는 위치가 다른 것 같다.

(3) 고린도 전서

고린도 교회 신도들은 바울에게 어떻게 보면 정중하게 답장을 썼다. 그리고 그 편지에서 고린도 교회 신도들은 교회 안에 있는 문제에 관해서 바울의 충고와 지도를 구하였다. (고전 7 : 1 참조. "너희가 쓴 말에 대하여"라고 바울은 쓰고 있다.) 그것과 거의 같은 때에 '글로에의 집 사람들' (고전 1 : 11, 아마도 그리스도인이 된 고린도에서 장사를 하고 있던 여성의 종들)이라 불리우는 사람들을 통해서 고린도 교회 안에 당파 싸움과 도덕적으로 문란한 일이 일어났다고 바울에게 보고하였다. 이 편지와 보고에 대한 답으로 바울은 고린도 전서를 썼다.

(4) 슬픔의 방문과 눈물의 편지

그 후의 사건에 대해서는 분명하지 않다. 그러나 아마도 사정은 악화하여 바울은 '슬픔의 방문' 으로 알려진 고린도를 방문하여 사태를 해결한 것 같다. 이 방문은 사도행전에는 기록되어 있지 않지만 고린도 후서 13 : 1 이하에서 추론된다.(13 : 1에 "내가 이제 세 번째 너희에게 갈 터이니."라고 기록되어 있다.) 바울은 부끄러움을 당하고 에베소에 돌아가서 '눈물의 편지' 를 썼다. 이 편지가 있었다는 것은 고린도 후서 2 : 4, 9, 그리고 7 : 8에서 추론된다. (7 : 8에 "내가 편지로 너희를 근심하게〈슬프게〉 했다."고 기록되어 있다.) 이 눈물의 편지의 단편은 고린도 후서 10~13장에 남아 있다.

(5) 고린도 후서

그후 고린도로부터 좋은 소식이 마게도냐에 있는 바울에게 디도를 통해서 전달되었다(고후 2 : 13 ; 7 : 13). 그후 바울은 세 번째 고린도 방문을 하려고 결심하고 마게도냐에서 화해의 편지를 썼다. 이것이 때로는 '감사의 편지' 로 불려지고 있다. 이것이 현재 고린도 후서인데, 아마도 고린도 후서 10~13장일 것이다.

(6) 얼마 후에 바울은 고린도에 도착하였다 (행 20 : 2).

이와 같이 최초에 고린도 교회에 보낸 3통의 편지는 에베소에서 발신한 것이고, 네 번째 편지는 마게도냐에서 보낸 것인데, 그것은 아마도 55~

57년 어간이었을 것이다.

고린도 전서는 위에서 열거한 표에서 제(3)의 상황에 해당된다. 보고와 편지가 도착했을 때 바울은 일의 관계상 당장 에베소를 떠날 수가 없었고(고전 16 : 5－9), 사태가 긴급하였기 때문에 바울은 편지로서 처리할 수밖에 없었다. 이러한 절차로 바울은 먼저 글로에의 집 사람들로 보고된 고린도 교회의 무질서를 언급하고, 그 후에 고린도 교회의 신도들의 편지 중에서 제출된 문제에 대하여 논하고 있다.

우리는 고린도 전서를 다음과 같이 분석할 수가 있다 :

1. 인사와 감사(1 : 1－9)
2. 교회에 있어서의 일치와 질서(1 : 10－6 : 20)
3. 이교도의 사회에서의 그리스도인(7－11장)
4. 영적 은사(12－14장)
5. 죽은 후의 생명(15장)
6. 업무와 맺는 메시지(16장)

2. 편지의 내용

"고린도에 있는 하나님의 교회"에 인사를 서술하고 감사를 말한 후 바울은 전해져 온 세 가지 무질서－당파 싸움과 근친간통 사건과 소송사건－등을 취급하고 있다. 고린도 교회 안에 당파 싸움과 분열이 발생하였다. 바울은 이 사실을 첫째로 취급하고 있다. 어떤 이는 바울에게, 또 다른 이는 아볼로에게, 또 다른 이는 베드로에게 충성을 서원했다. 또 어떤 이는 모든 인간적인 매개을 싫어하고 자기는 '그리스도당' 이라고 칭하였다. 정말 불행한 분열이 발생하였다. 바울은 고린도 교회 신도들에게 오직 한 분의 구주만 존재하고, 사도들은 그리스도의 종에 지나지 않다는 것을 기억나도록 하였다. 바울은 실제로 "자기들에게 대한 것은 생각지 말라." "여러분의 공통의 주를 상기하라." "그리스도 안에서 일치를 지키라."고 권면하고 있다(1－4장).

그후 바울은 근친간통의-그리스도인인 남자가 자기 아버지의 첩과 동침하는-문제를 논급한다. 이 문제를 고린도 교회 신도들은 너그럽게 봐주었다(5 : 1-13 ; 6 : 12-20). 그러나 바울은 고린도 교회의 신도들에게 위반자를 제명하라고 명령하고, 모든 부도덕적인 그리스도인과 사귀는 것을 금하고 있다. 세 번째 문제는 고린도 교회 신도들이 소송하기를 즐긴다는 것이다(6 : 1-11). 바울은 "너희가 어째서 자기와 싸우는 자를 이교도의 재판관 앞에 데리고 가느냐? 너희의 문제를 해결하는 데 적당한 그리스도인의 조정자가 없더냐? 더욱 좋은 것으로서 너희는 그리스도인으로서 보상받을 것을 생각지 말고 불의를 견딜 것이 아니냐?"고 묻고 있다. 그리고 바울은 성적인 죄에 대하여 엄격하게 경고하면서 맺고 있다(5-6장).

7장 이하에 있어서 바울은 고린도 교회의 신도들에게서 전해 온 편지 가운데 제출된 여섯 가지 문제를 취급하고 있다. 그것은 결혼문제, 우상에게 차려 놓은 음식을 먹는 문제, 예배에 있어서 부인들이 수건을 쓰는 문제, 주의 만찬에 있어서의 행동, 영적 은사의 활용법, 그리스도인의 희망 등의 문제들이다.

세상 끝이 멀지 아니한 때에 결혼을 하는 것이 좋은 것인가, 아니면 결혼하지 않는 것이 좋은 것인가? 부부 중 한 쪽이 이교도인 경우에 그리스도인은 이혼을 청해야 할 것인가? '영적인 결혼'(7 : 36-38)에 대하여는 어떻게 해야 할까?(영적인 결혼이란 남녀가 남편과 아내로서 함께 생활하는 것이 아니고 형제자매로서 함께 생활하는 기묘한 습관이다). 이러한 문제에 대하여 바울의 대답은 다음과 같이 요약할 수 있다. "할 수 있다면 결혼하지 않은 채 있으라. 그렇게 할 수 없다면 결혼하라. 이혼하고 그 후에 재혼하는 것은 용서할 수 없다. 과부나 홀아비가 재혼해야 할 경우에는 그리스도인이어야 한다"(7장).

다음 문제는 우상 앞에 차려 놓은 음식을 먹는 일[1]에 대한 것이다(한국 사람에게 크게 관심사가 되는 것은 제사 때의 음식을 어떻게 하느냐의 문제일 것이다-역자 주). 시장에서 시판되고 있는 대부분의 고기(肉)는 이러한 종류의 것이었다. 고린도 교회의 신도들은 "이교의 신들에게 차려 놓았던 고기를 그리스도인이 먹어도 괜찮을까? 또 이교도의 잔치에 초대를 받아도 좋을까?"라고 물었다. 이 질문에 대하여 바울은 "모든 것이 그리스도인에게는 합법적이지만, 그러나 모든 것이 현명한 것은 아니다. 고린도 교회의 신도들 중에는 깨우친 그리스도인도 있었다.[2] 그런 사람들은 이교도의 우상은 실제로 신들이 아닌 고로 그 앞에 차려 놓은 음식을 먹는 것은 괜찮다고 말하고 있다. 그러나 너희의 약한 형제를 실족하게 하는 일이 된다면 그리스도인은 삼가는 것이 현명한 일이다."라고 대답하였다(8장). (한국교회에 있어서는 오늘날에도 주초를 금하는 것은 신앙문제라고 하기보다는 유교의 전통이 있는 생활풍속과 건강문제와 경제문제의 입장에서 설명하는 것이 좋을런지 모른다. – 역자 주)

9장과 10장에 있어서 바울은 자기 지시가 '복음에 방해가 되는' 것이라면 오히려 자기의 그 많은 권리를 버리게 되었다고 말하고 있다. 그리스도인은 예전(sacraments, 세례식과 성찬식)을 가지고 있는 고로 자기들은 아무 데라도 가도 좋다. 바로 자기들이 가고 싶은 데는 어디라도 갈 수 있다고 생각하지 말라고 말한다. 시내 광야에 있었던 유대인들도 예전을 가지고 있었다. 그러나 그렇다고 해서 하나님께서 유대인의 부정을 벌하기를 그만둔 것은 아니었다. 이교도의 잔치석에 참석한 것은 위험이 따랐던 것이다. 그리스도인에게는 자기가 하고 싶은 대로의 자유가 없다. 그리스도인은 항상 자기들의 행동으로 말미암아 교회생활의 덕을 세워야 한다.

다음 문제(11 : 2)는 여성이 교회에서 수건을 써야 한다는 문제이다. 바울은 부인들이 그렇게 하지 않으면 안 된다는 것이 그리스도인 동료들 사이에 일반적으로 인정되고 있다고 대답한다. 그 후에 바울은 주의 만찬에 관하여 보고된 면목이 없는 문제에 대하여 논하고 있다. 교회의 식사는 공동식사인데 성찬에 있어서 그 정점에 달하는 것이다. 그런데 이 교회의 식사에 있어서 가난한 형제는 먹지 못하고 있는데 부자 교인은 배가 터지도록 먹고 또 취하였다. 거기다 이것이 거룩한 교제의 시간이 되어야 할 때 그러했다. 그래서 바울은 이 식사는 주의 만찬이었지 유흥이 아니라고 고린도 교회의 신도들에게 엄격하게 상기시킨다. 이 식사는 주 예수께서 잡히시던 밤에 이층 다락방에서 있었던 일에까지 거쳐 올라간다. 바울은 이 식사에서 집행된 일에 대하여 고린도 교회 신도들이 엄숙한 의식을 가지지 않으면 주께 대한 죄를 범하고 하나님의 심판을 받을 것이라고 경고한다(11장).

12~14장에 있어서 바울은 고린도 교회의 신도들이 지나치게 자랑했던 '영적 은사' (spiritual gifts)에 대한 문제를 취급하고 있다. 분명하게 영적인 여러 가지 능력이 나타나는 일－즉, 가르치는 일, 설교, 병 고치는 일, 방언을 말하는 것, 기타의 일들－의 상대적인 가치에 관하여 많은 논의가 있었다.

그러나 이러한 은사들은 모두가 그리스도 교회인 한 몸에 거하신 성령에 기인한 것이라고 바울은 고린도 교회의 신도들에게 말하고 있다. 인간의 몸에는 여러 가지 지체가 있으나 아무런 대립도 없이 모든 것이 전체에 유익하도록 함께 활동한다. 그리스도의 몸에 있어서도 그러해야 한다. 너무 눈에 띄이지 않고 눈부시지도 않은 은사라 해도 교회에 있어서는 각각서 있어야 할 자리가 있다(12장).

그러나 모든 은사 중에 비교할 수도 없을 만큼 가장 뛰어난 은사는 사랑이다. 사랑이 없다면 다른 모든 것이 무가치하며, 다른 은사는 변할지라도 사랑만은 언제까지라도 계속된다. 왜냐하면 사랑은 하늘의 생명(the life of heaven)이기 때문이다(13장).

그렇다면 '예언' (영감을 받은 설교)과 '방언' (speaking with tongues ; 강한 종교적 감정으로 하나님께 대한 비밀적인 발언)에 관하여는 어떠한가? 예언이 훨씬 바람직하다. 왜냐하면 예언은 교회를 세우지만 방언은 그렇지 않기 때문이라고 바울은 말한다. 예언을 말하는 자의 수와 방언을 말하는 자의 수는 교회의 예배에서 엄격하게 제한되어야 한다. 한 번에 한 사람이라는 것이 그 규칙이다. 부인들은 집회(the meeting)에서 말하지 말아야 한다. "모든 것을 적당하게 하고 질서대로 하라."는 것이 이러한 사항에 있어서 저희의 지침이 되어야 한다(14장).

바울이 최후로 논하는 문제는 죽은 후의 생명에 관한 것이다. 분명하게 고린도 교회의 신도들의 가장 어려운 문제는 몸의 부활에 대한 것이었다. 바울은 그리스도의 부활에 관한 역사적인 증거(이것은 우리의 가지고 있는 최초의 최선의 것이다.)를 인용한 후, 몸의 부활이 불가능하다면 그리스도 자신이 부활하는 일이 있을 수 없었으리라고 지적한다. 하나님께서 그리스도를 부활케 하신 것이 그리스도의 신앙의 근본 원리이며, 그리스도의 부활은 신앙으로 말미암아 그리스도와 한몸이 된 자도 또한 부활할 것을 보증한다. 그렇다면 사후에 있어서 그리스도인들은 어떤 몸을 가지게 될 것인가? 바울은 '시체의 부활'(aresurrection of relics)을 믿지 않는다는 것을 밝히고 있다(15 : 50). 바울은 자연에 있어서 씨(seed)의 비유에 기인하여 인간은 지금 '자연의', 다시 말해서 '살아 있는' 몸을 가지고 있는 것처럼 사후에 있어서의 인간은 '영의' 몸－인간의 현재의 혈육의 몸이 이 세상의 상황에 알맞는 것같이 장차 오는 세상의 상황에 적합한 몸－을 하나님께서 주실 것이라고 대답한다.[3] 그리스도께서 영광 중에 강림하여 사망이 승리에 삼킨 바 될 때 모든 것이 행해질 것이다. 벌써 '최후의 원수' 인 사망은 결정적으로 최후의 말을 할 수 없다. 하나님께서 우리 주 예수 그리스도로 말미암아 승리를 우리에게 주시는 고로 주 안에서 우리의 노고는 결단코 무익한 것이 될 수 없다(15장).

그 후에 바울은 이방인 교회들에게서 모금한 예루살렘 모교회를 위한 헌금에 관해서 언급한 후, 머지않아서 고린도 교회를 방문할 것을 약속하고 스데바나의 집의 사람들에 대하여 칭찬을 아끼지 않고 다소의 인사를 말하면서 끝을 맺고 있다(16장).

3. 이 편지의 가치

로마서가 바울이 신학자인 것을 분명하게 하는 것이라면, 고린도 전서는 그가 목사이며 관리자인 것을 밝히고 있다. 어떠한 편지라도 이 편지만큼 "날마다 내 속에 눌리는 일이 있으니 곧 모든 교회를 위하여 염려하는 것이라."(11 : 28)고 바울 자신의 말을 분명하게 한 것은 없다. 설교자들은 종종 우리에게 초기 교회의 영광에 넘친 시대를 회고하라고 한다. 사실상 그 시대는 영광에 넘쳤다. 그러나 바울과 같이 복음을 험악한 이방세계 안에 밀고 나가는 일의 선두에 선 자에게는 두통거리가 많이 있었다. 그리고 확실히 고린도의 초 '자유방임주의 사회' 에 있어서 참된 그리스도인의 생활을 지도한다는 것은 아주 어려운 일이었다는 것은 두말할 나위가 없다. 바울의 편지로 말미암아 복음이 그 도시의 저속한 도덕성에 대하여 얼마나 충격적인 것이었는가를 알 수 있고, 또 고대의 허영 도시에 살고 있는 그리스도 교회의 신자들이 얼마나 많은 유혹에 빠져 있었는가를 알 수 있다.

그러나 이 편지를 읽어 보면, 고린도의 상황에 적절하게 복음 안에서 불굴의 신앙이 서술되어 있음을 알 수 있다. 고린도 교회의 신도들의 질문에 대하여 바울은 자기에게 주어진 빛에 의하여 해답을 주고 있다. 바울의 해답은 반드시 이 20세기의 우리를 납득시킬 만한 것은 아니라고 솔직하게 말하자. 확실히 현대의 젊은 사람은 바울이 "남자가 긴 머리를 하고 다니면 그것이 자기에게 수치가 된다."(11 : 14)는 말에 동의하지 않을 것이다. 우리는 벌써 부인들이 머리에 수건을 쓰지 않고 교회에 출석한다 해도, 또 교회의 회의에서 발언한다 해도 그것이 수치스러운 것이라고는 생각하지 않는다. 또한 우리는 아마도 독신이었던 바울이 그리스도인의 결혼이 얼마나 행복한 일인지, 또 그리스도인의 가정이 얼마나 많은 축복을 가져다 주는지를 전연 알지 못하였다고 느낄 것이다.

그럼에도 불구하고 우리는 고린도 전서를 읽고 바울이 그리스도인의 지혜를 가지고 하나하나 문제의 해답을 풀어 나가는 것에 놀라지 않을 수 없다. 예를 들면, 고린도 교회 안에 당파 싸움을 생각해 보는 것이 좋을 것이다. 바울은 "대립하는 당파에 대하여 그리스도는 따로 갈라놓을 수가 없다. 그리스도가 하나의 작은 파벌이나 비밀 집회소의 비밀의 보물인 것처럼 너희가 그리스도를 필요로 할 때에 그리스도를 분할하여 처분할 수 없다는 것을 모르는가?"라고 말하고 있다. 그 때부터 여러 세기가 지난 오늘 우리 그리스도인은 불행하게도 분열하여 "나는 칼빈에게 속하였다."고 말하는가 하면, 다른 이는 루터에게, 또 다른 이는 웨슬리에게 속하였다고 말하고 있는데, 이러한 우리에게 바울이 외치는 큰 소리가 들려 오는 것 같다.

또한 이교도의 우상에게 바친 고기(肉)를 먹는 문제에 대하여 바울이 말하지 않으면 안 되었던 것을 생각해 보기로 하자. 바울은 "너희의 이 자유가 약한 자들에게 걸림돌이 되지 않도록 주의하라."(고전 8 : 9)그 말하고 있다. 이 문제는 오늘에 살아 있는 문제는 아니다. 그러나 이 사실로 인하여 바울이 여기서 우리에게 주는 그리스도인의 양심을 지도하는 데 대한 중요한 법칙이 무효로 된 것은 아니다. 우리도 또한 실제로 틀리지 않은 일을 하여 다른 사람들을 손상시키고 있는지도 모른다. 예를 들면, 주일날 오전에 하나님을 예배한 그리스도인에게 있어서 그날 오후에 골프를 치러 갔다고 해도 실제로는 별로 잘못된 일은 없다. 그러나 안식일을 엄숙하게 지키는 것을 주장하는 동료 그리스도인 앞에서 골프를 친다는 것은 이러한 그리스도인의 자유행위로 말미암아 동료 그리스도인은 고통을 느끼는 것이 되지 않겠는가? 골로새서 2 : 16의 "여러분은…… 안식일에 관해서 아무도 여러분을 비판하지 못하게 하십시오."라고 말하였음에 기인하여 바울은 안식일 엄수주의자는 아니었다는 것을 첨가해 두자. 그러나 바울은 만일 예루살렘에서 안식일에 경기를 하고 싶었다 하더라도 그것을 삼가했을 것만은 확실한 것이다.

또한 바울은 영적인 은사를 활용함에 관하여 "이러한 것들은 모두 교회를 건립한다는 한 가지 일에 목표를 삼아야 한다."(All of these must aim at one thing : to build up the church : 고전 14 : 26, NEB)라고 달한 물음을 생각해 보기로 하자. "그것이 교회를 건립하는 것이 되는가?"라는 물음은 하나의 중요한 문제이다. 이것은 우리가 말하자면 신앙부흥가의 설교를 평가하며 또 오순절운동의 가치를 볼 때에도 여전히 우리의 시금석

이 되지 않겠는가? 4) 오순절운동은 과거 50년 동안에 라틴 아메리카와 아프리카 각 지역에서 현저하게 널리 전개되었다.

그러나 이상과 같은 관계에서 바울이 자기의 편지에 있어서 분명하게 말한 원칙은 오늘 시대에도 널리 적용할 수 있다. 더욱 그리스도인의 실제상의 일을 처리할 때 바울은 종종 신학에 호소하는 것을 주의할 필요가 있다. 예를 들면 1 : 22~23의 말들이다. 여기서는 바울은 당파 싸움에 관하여 말하면서 다음과 같이 그의 복음의 핵심인 십자가를 제시하고 있다 :

> "유대인은 기적을 보기 원하고 헬라인은 지혜를 찾으나 우리는 십자가에 못박히신 그리스도를 전합니다. 이것이 유대인에게는 거치는 돌이며, 이방인에게는 어리석은 것입니다. 그러나 부르심을 받은 사람에게는 유대인이나 헬라인이나 그리스도는 하나님의 능력과 지혜입니다."

또한 6 : 19~20이다. 여기서 바울은 분명하게 모든 것이 합법적으로 취급되고, 몸의 죄는 실제로 죄가 아니라고 생각하는 자유주의 그리스도인들을 비난하고 있다 :

> "여러분의 몸은 여러분 자신의 것이 아니라 하나님에게서 받은 것으로 여러분 안에 계시는 성령님의 성전이라는 것을 모르십니까? 하나님은 값을 치르고 여러분을 사셨습니다. 그러므로 여러분의 몸으로 하나님께 영광을 돌리십시오."

그러나 이와 같은 장절은 따로 하더라도 이 편지에 빛나는 광채를 더하는 두 가지 장은 13장과 15장이다. 13장은 사랑을 노래하는 바울의 유명한 찬가이다. 바울은 "사랑은 오래 참고 친절합니다."라고 말하고 있다. 그리고 예언도 없어지고 방언도 그치지만 사랑은 결코 없어지지 아니함을 노래한다. 또 한 장에서는 그리스도인의 희망에 관하여 말하고 있는 바울의 말을 보존하고 있다. 바울의 말은, 하나님께서 그리스도를 무덤에서 부활케 하셨고 그리스도는 지금도 살아 계시며, "하나님은 만물을 그의 발

아래 복종케 하시며", 그리고 하나님은 영광 중에 그 나라를 완성할 때까지 다스리신다는, 흔들리지 않는 확신에 입각하고 있다.

마지막으로, 이 편지 전체에 관하여 주석을 하나 해 보기로 하자. 하나님은 악으로부터 선을 일으킬 수 있다는 것은 특히 십자가로 예증되는 그리스도교의 가르침이다. 고대의 고린도에 있어서 그와 같은 사악한 것은 결코 환영받지 않을 것이다. 그러나 고린도 전서에는 그리스도인의 일치에 관한 바울의 그러한 유익한 말과 그리스도인의 자유가 연약한 형제를 넘어지게 하는 원인이 된다면 그리스도인의 자유는 억제해야 할 것이라고 말한 바울의 외침과, 주의 만찬의 원래의 의미를 기억나게 하는 장엄한 말과, 그리스도인의 사랑을 기리는 찬가와, 그리스도인의 희망에 대한 저 위대한 위로에 넘친 말씀이 쓰여져 있다. 고린도 교회에 그와 같이 많은 사악한 일들이 있었으며, 그처럼 분열과 논의와 의혹이 있었다는 것은 이러한 말을 바울에게서 끄집어 내기 위하여 도움이 되고 있는 것은 아닐까?

고린도 전서의 연구를 끝냄에 있어서 이러한 바울의 말에서 또 한번 물어보기로 하자 :

> 몸은 묻히면 썩지만
> 썩지 않을 것으로 다시 살아납니다.
> 천한 몸으로 묻히지만
> 영광스러운 몸으로 다시 살아나며
> 약한 몸으로 묻히지만 강한 몸으로 다시 삽니다.
> 육체의 몸으로 묻히지만 영의 몸으로 다시 살아납니다.
> 육체의 몸이 있으면 영의 몸도 있는 것입니다…….

이런 일이 일어날 때에는 "승리가 죽음을 삼켜 버렸다."라는 성경말씀이 이루어질 것이다. 우리 주 예수 그리스도를 통해 우리에게 승리를 주시는 하나님께 감사하자(고전 15 : 42－44, 53－56).

제 14 장

사도의 시련과 승리 : 고린도 후서

고린도 후서는 분명하게 편지이다. 그러나 단적으로 말해서 고린도 후서는 '사도의 전기' 라고 부를 수도 있을 것이다. 그 이유는 어떠한 바울의 편지라도, 갈라디아서마저도 이 고린도 후서처럼 바울 자신에 관하여 말하는 것이 별로 없기 때문이다. "이 굵직한 바울의 생활은 구부러진 그대로였고, 그 들쑥날쑥한 모서리가 줄로 다듬어지지 않았다. 그러나 그 생활은 진짜 그대로이며, 당혹할 정도로 복잡하며 놀랄 정도로 흥미에 넘쳐 있다."[1] 그러나 이렇게 말한 저자 한슨(R. P. C. Hanson)이 서술한 바와 같이 고린도 후서를 읽어 본다면 줄거리가 혼잡한 드라마를 방송하는 도중에 듣는 것 같은 느낌이 든다. 등장인물은 말하고 있고 사건은 일어나고 있다. 그러나 그 등장인물이(특히 악한 자가) 누구인지, 또 정확하게 무슨 일이 일어나고 있는지 우리에게는 확실하지 않다. 그럼에도 불구하고 전연 모르는 것은 아니다. 왜냐하면 그 편지 가운데는 그러한 것들을 알 수 있는 많은 실마리가 남아 있고, 다소의 추리를 해 본다면 거의 대부분의 문제를 해결할 수 있기 때문이다.

맨 처음에 바울이 고린도 교회의 신도들과 접촉한 것과 통신에 관하여 이미 말했던 바를 상기하여 그것을 부연하기로 하자. 고린도 전서는 55년경에 에베소에서 쓰여졌다. 사도행전 20 : 1~3에서 알 수 있듯이 바울은 후에 유대의 가난한 그리스도인들을 위하여 이방인 교회에서 거출한 헌금을 손에 들고 예루살렘에 올라가기 전에 고린도를 방문하였다. 그러나 고린도 후서를 실마리로 한다면 고린도 전서의 저작과 사도행전 20장의 그 방문과의 사이에 바울은 재차 고린도를 방문한 것 뿐만 아니라 적어도 한 통의 편지를 고린도 교회 앞으로 썼다는 것을 알 수 있다.

분명한 것은 다음과 같은 일이 일어나는 것이다. 즉, 고린도 교회가 처음 편지를 받은 후에 또 그것 때문에 바울의 지도를 반대하는 일종의 반항이 고린도 교회 안에 일어났다. 그 반항은 어떤 유대인 그리스도인들로 인하여 지도된 것이었다(11 : 22-23). 그 사람들은 자기들을 '사도' 라고 부르며(11 : 5 ; 12 : 11) '추천장' 을 손에 들고 왔다(3 : 1). 사태가 악화되었기 때문에 바울은 에베소에서 고린도로 급행하지 않을 수 없었다(2 : 1 ; 12 : 14 ; 13 : 1-2). 그러나 이 방문은 '슬픔의 방문' 이었다(2 : 1). 바울은 그 반항을 진정하지 못하고 돌아오지 않으면 안 되었기 때문이다. 에베소의 기지에 돌아와서 바울은 어떠한 편지가 반항을 진정시킬 수가 있을까에 대하여 생각하며 '눈물의 편지' 를 보내면서 고린도 교회의 신도들이 자기들의 길을 새롭게 하여 그 반항을 처리하도록 명령하였다(2 : 3, 4, 9). 바울의 친구인 디도가 이 편지를 가지고 고린도로 갔고, 바울은 그 결과를 걱정하면서 기다리고 있었으며, 에베소에서 드로아로 갔고, 다시 에게 바다를 건너 마게도냐로 갔다. 거기서 바울은 되돌아온 디도를 만났다(2 : 13 ; 7 : 13). 디도가 고린도에서 가지고 온 소식으로 말미암아 바울은 안심해도 좋다고 생각할 정도로 사태는 크게 개선되었다. 고린도 교회의 신도들은 자기들의 교회를 어지럽게 한 사람을 처벌하고(2 : 5-11), 반항의 마음을 바꾸어 사건을 진심으로 슬퍼하게 되었다. 그래서 바울은 침착하게 고린도 교회에 편지를 썼다. 이것이 현재의 고린도 후서이다-아마도 그것은 고린도 후서 1~9장의 부분일 것이다.

바울은 어째서 이렇게 망설였던가? 조금 전에 '눈물의 편지' 에 관해서 말하였다. 그것은 얼마만큼이나 남아 있을까? 고린도 후서를 주의 깊게 읽어 본 사람은 누구든지 이 편지의 9장 이후에 일어나는 당돌한 변화를 알게 될 것이다. 9장까지의 바울의 어조는 화해를 감사하는 어조의 말이다. 그러나 10장과 더불어 그 감사는 바울의 사도직에 관한 강력한 변호와 어떤 이를 '거짓 사도'(고후 11 : 13), 또한 악마의 사자와 마찬가지로 심한 비난을 함과 동시에 변하고 있다. 이러한 격심한 4장(10－13장)이 감사의 편지의 일부라면, 처음의 9장의 평화적인 목적은 깨져 버리는 것이 아닌가?

따라서 그것에 관한 자료적인 증거는 없지만 고린도 후서 10~13장은 '눈물의 편지'의 1부이며, 그것은 '슬픔의 방문'에 뒤이어서 쓰여진 것이라고 주장하는 사람이 있다. 또 하나의 설명은 1~9장의 저작시기와 10~13장의 시기 사이에 중단이 있었다는 것이다. 그 경우에 마지막의 4장에 있어서 어조가 엄격하게 된 것은 바울이 그 후에 고린도에서 나쁜 소식을 들었기 때문이라고 설명되겠다. 최초의 견해를 채용한다고 하더라도 '눈물의 편지'와 '감사의 편지' 양자는 상당히 가까운 시기에 쓰여진 것만은 틀림없다.

그에 따르면 고린도 후서는 다음과 같이 분석될 것이다 :

1. 인사와 감사(1 : 1－11)
2. 바울과 고린도 교회의 신도들과의 관계(1 : 12－7 : 16)
   (1) 변덕스럽다고 비난함에 대한 변명(1 : 12－2 : 17)
   (2) 사도직의 영광(3 : 1－6 : 10)
   (3) 바울과 개심자와의 화해(6 : 11－7 : 16)
3. 예루살렘 교회에 대한 헌금(8－9장)
4. 바울의 성질과 업무에 관한 변명(10 : 1－13 : 10)
5. 작별인사와 축복(13 : 11－14)

편지의 요약

고린도의 친애하는 하나님의 백성 여러분!

하나님께 찬송할지어다. 하나님은 모든 환난 중의 우리를 위로하시며, 특히 우리가 에베소에서 살 소망이 끊어졌을 때 우리를 구원해 주셨다. 우리는 너희를 방문할 여행계획을 변경해야 했다. 그것 때문에 너희는 나를 변덕스러운 사람이라고 생각하고 있는지 모른다. 하나님 앞에서 나는 '그렇다.' 고 긍정하면서 동시에 '아니오.' 라고 말하는 사람이 아닌 것을 단언한다. 하나님의 아들 그리스도는 하나님의 모든 약속에 대하여 '그렇다.' 이다. 나의 여행계획을 변경한 것은 변덕스러워서가 아니라 내가 두 번째 슬픔의 방문을 하지 않고 보내고 싶었기 때문이다(1장).

나의 '눈물의 편지' 는 너희에게 대한 나의 사랑에 못 이겨서였다. 올무에 넘어진 자들(고린도의 반항의 주모자)을 나는 용서하고 있다. 그리고 너희도 그것을 바라고 있다고 생각한다. 너희는 이미 충분히 벌을 주었기 때문이다. 나는 드로아에 갔었지만 거기서 디도를 만나지 못했다. 그 때에 나는 실로 마음이 어리둥절하였다. 그래서 나는 마게도냐로 갔던 것이다. 그러나 지금 항상 나를 승리로 인도하시는 하나님께 대하여 '하나님 당신을' (*Te Deum*) 찬양함같이 느낀다(2장).

나는 다른 사람들이 하고 있는 것처럼 소개장을 필요로 하지 않는다. 고린도의 너희들은 나의 추천장 – 먹으로 쓴 편지가 아니고 살아 계신 하나님의 영으로 쓴 산 편지, 돌판에 쓴 편지가 아니고 사람의 심비(心碑)에 쓴 편지 – 이다. 하나님은 우리를 새로운 계약의 질서(a new dispensation)에 종사하는 자로 삼아 주셨다. 그것은 문자의 질서가 아니고 영의 질서이며, 그 광채는 옛 광채를 온전히 능가해 버렸다. 그러나 슬픈 일은 유대인들이 성서를 읽을 때 아직도 수건이 그 마음을 덮고 있었다. 그것은 그리스도 안에서 옛 계약이 제거된 것이 유대인들에게 명백해졌기 때문이다(3장).

이 성직에는 우리가 담대하며 성실하게 힘을 다하여 일하고 있다. 이 성직은 흑암에 대한 빛의 직무－창조시에 비취었던 광채, 지금 그리스도의 얼굴에 비취는 하나님의 광채나는 빛의 직무－이다. 이 복음을 운반하는 자는 질그릇같이 깨어지기 쉬운 것이지만, 오히려 이런 것으로 말미암아 그 능력이 인간에게서가 아니고 하나님에게 있는 것을 나타나게 된다. 이 거룩한 일은 힘든 일이지만 그 가장 절망적인 상황에 있어서라도 하나님은 우리를 지지해 주신다. 그러나 자기의 몸으로 그리스도의 죽음을 나타낸다면 우리는 부활의 희망에 참예하며, 현재의 짧은 고난이 영원한 영광의 서곡이라고 확신하게 된다(4장).

그 위에 하늘에 있을 곳이 우리를 위하여 예비되어 있다. 주와 함께 있거나 주를 떠나 있거나 우리의 목표는 주께서 우리의 심판주이심을 기억하고 주님을 기쁘시게 하는 자가 되는 것이다. 그리스도는 우리를 사랑하사 우리를 위하여 죽으셨다. 그리스도 안에서 하나님은 이 세상을 자기와 화해시키셨다. 우리는 하나님의 화해의 은혜를 모든 사람에게 전파하는 사자로서 부름을 받았다(5장).

그래서 너희는 우리 사도들이 너희를 위하여 모든 고난을 어떻게 견디고 있는가를 알고 있는 고로 지금 하나님의 은혜를 받으라. 우리의 마음은 너희에게 열려져 있다. 너희는 어째서 자기의 마음을 우리에게 열어 주려고 하지 않는냐?(6 : 1－13)〔불신자와 결합하여 죄를 범하지 않게 하라. 너희 자신이 육과 영을 더럽히는 것에서 떠나라(6 : 14－7 : 1).[2)]〕 너희의 마음을 내게 열으라. 우리는 아무에게 대하여도 잘못한 것이 없다. 너희는 우리가 너희를 얼마나 자랑하고 있는가를 알고 있다. 디도가 고린도로부터 좋은 소식을 가지고 와서 마게도냐에서 나를 만났을 때 얼마나 위로를 받았는지 모른다. 이제 나는 너희에게 보낸 눈물의 편지에 관하여 후회하고 있다. 그 편지로 너희는 회개하고 본래의 열심을 회복하였다. 그리고 디도의 기쁨으로 너희에게 대한 나의 신뢰가 강해지게 되었다(7장).

여기서 헌금에 대하여 부탁한다. 마게도냐의 교회의 사람들은 그 가난함에도 불구하고 훌륭한 헌금을 하였다. 너희도 또한 그렇게 하기 바란다.

우리의 주는 너희를 위하여 하늘에 있는 부를 버렸다는 것을 상기하여라. 그리고 너희가 할 수 있는 데까지 최선을 다하여 바치기 바란다. 너희는 1년 전에 그것을 약속하였다. 그러니까 자력에 따라서 이제 그것을 실행하여라. 디도와 그와 함께 고린도에 가는 두 사람도 내가 완전히 지지하고 있다(8장).

"아가야에서는 작년부터 이미 준비되어 왔다." 마게도냐 사람들에게는 이 일을 이미 말해 두었다. 그런 고로 내가 가기 전에 선물을 준비하여라. 그리고 주기를 아까워해서는 안 된다. 하나님은 주기를 즐기는 자를 사랑하신다. 그러므로 너희는 선물을 주는 일로 말미암아 하나님을 찬양하며, 선물을 받는 자는 너희로 인하여 하나님께 감사할 수 있기를 바란다(9장).

내가 나의 반대자들을 단호하게 처치하기 위하여 갔다 하더라도 힘을 다하여 하지 않도록 하기를 바란다. 반대자들이 말하고 있는 것처럼 우리는 겁쟁이거나 세속적인 것이 아니고, 오히려 사람들의 생각을 휘어잡아 그리스도에게 복종케 하고 있는 영적인 전사이다. 반대자들은 "바울은 힘있는 편지를 쓸 수 있으나 재미도 없고 설득력도 없다."고 말하고 있다. 그러나 반대자는 내가 갔을 때 나의 존재는 나의 문장보다도 무서운 것을 알게 될 것이다. 저희는 내가 권리가 없는 곳에도 침입하고 있다고 말하고 있다. 그러나 나는 하나님이 고린도에서 받은 한도를 지키고 있다(10장).

내가 하는 말에 너그럽기를 바란다. 나는 너희를 열애하고 있는 고로 너희가 그리스도에게 대한 일편단심에서 떠나지는 않을까 걱정하고 있다. 너희는 저런 대사도들에게 곧 속아넘어가 버린다. 나는 고린도에서 자급하는 생활로 아무에게도 식객이나 기식자가 된 적이 없다. 이 사실을 보아서도 저희의 허풍치는 진상을 알 것이다. 너희는 저희에게 많이 속았는 고로 나의 조그만한 자랑에 반대해서는 안 된다. 그렇다. 나는 저희와 같이 순수한 유대인이다. 그리고 저희들 가운데 누가 나와 같이 복음을 위하여 매를 맞고 또 위험을 당한 기록을 자랑할 수 있겠는가?(11장)

자랑에 관한 것인데, 14년 전에 내가 삼층 하늘에 끌어올림을 받은 일에 대하여 말하지 않을 수 없다. 그때 나는 인간의 말로 흉내낼 수 없는 말을 들었다. 하나님은 어떻게 내 살에 박힌 가시를 이용하여 나를 하나님의 은혜의 깊은 지식에 인도해 주셨는가에 대하여 너희에게 말하고 싶다. 그러나 너희는 억지로 나에게 자랑하도록 시켰다. 왜냐하면 너희들 사이에 순수하게 사도의 업무를 한 사람이 있다면 그것은 바로 나뿐이기 때문이다. 지금 나는 세 번째 고린도 방문을 하려고 준비하고 있다. 나는 내 성실과 사랑을 너희에게 서원한다. 그러나 나는 이전과 같이 터무니없는 죄가 너희들 사이에 유행하고 있는 것을 보게 되지나 않을까 걱정하고 있다(12장).

이 세 번째 방문을 기하여 나는 잘못을 저지른 자를 모두 벌할 것이라고 경고해 둔다. 그리하면 너희는 그리스도의 종인 내 안에 있는 그리스도의 약함 뿐 아니라 그리스도의 능력도 발견할 것이다.

여기에 있는 모든 하나님의 백성은 너희에게 인사를 보낸다. 또 그리스도의 은혜와 하나님의 사랑과 성령의 교통이 너희와 함께 있기를 원하노라(13장).

이 편지에는 알기 어려운 부분이 있는데도 불구하고 아주 중요한 요소가 있다. 그 중의 몇 가지는 바울이 사도의 직무의 비애와 영광에 관하여 서술한 것이 4장에서 6장에 걸쳐서 나타나고 있다. 이 부분을 읽어 본다면 그리스도 안에서 이 세상의 어려운 문제를 푸는 열쇠를 찾아 엄숙한 경험 가운데 있으면서도 하나님은 자기를 위하여 좋은 일을 해주신다는 것을 아는 사람들에게는 고난이 무엇을 의미하는가에 대하여 알 수 있을 것이다. 바울은 사도의 직무가 죽음과 같이 고통스러운 긴장은 그리스도의 종의 고난 가운데 십자가에 달리신 분의 생명이 주어지고 있기 때문이라고 이해한다. 그와 같이 짊어지게 된 고난의 결과는 최초의 부활절 아침에 일어난 일과 같이 확실하다. 예수를 죽은 자 가운데서 부활케 하신 하나님은 우리들도 부활케 할 것이다. **그러므로 무슨 일에도 절망해서는 안 된다!** 우리의 짤막한 환난은 중하고 영원한 영광의 서곡이다. 우리 마음에 주어진 성령은 그 최초의 보증이다. 그리스도의 사랑은 우리를 굳게 붙잡고 있다. 누구든지 그리스도 안에 있으면 새로운 피조물이다. 죄 없는 그리스도는 하나님의 작정에 따라서 죄가 넘친 세상을 화해시키기 위하여 죽으셨다. 그리고 우리는 사람들에게 하나님과의 화해를 받도록 부르고 있는 그리스도의 사자들이다.

바울은 많은 훌륭한 문장을 썼다. 요약해서 말하는 4 : 7~5 : 21의 부분은 가장 중요한 것 중의 하나인 것만은 틀림없다. 그러나 하나님의 종이요, 그리스도의 사도라는 의미에 대하여 바울이 하는 말은 특히 훌륭하다 :

> "영예도 부끄러움도 칭찬도 비난도 꼭 같이 우리가 받아야 할 것이다. 우리는 사람을 속이는 사람 같으나 진리를 말하고, 이름도 없는 자 같으나 모든 사람에게 알려져 있다. 죽은 자 같으나 살아 있고 고난으로 말미암아 시련을 받고 있으나 죽음에 처하지 않는다. 슬픔 가운데는 항상 기쁨의 원인이 있다. 자기 자신은 가난하지만 많은 사람을 부하게 하며, 한 푼도 없지만 세계는 자기의 것이다" (6 : 8－10, NEB).

제 15 장

그리스도인의 자유 : 갈라디아서

루터는 "갈라디아서는 나의 편지다. 나는 그것과 약혼하였다. 그것은 내 아내다."라고 말했다. 이 짧고 알기 어려운 정열적인 편지에 대하여 루터의 애착을 이해하는 것은 그렇게 어려운 일은 아니다. 바울처럼 루터도 해방자(liberator)였다. 우리가 역사적 우발적인 사건을 간파하여 그 본질을 이해한다면 바울과 루터는 꼭 같은 싸움을 싸우고 있었다는 것을 발견할 것이다. 그 싸움이란 그리스도인의 자유를 위한 싸움이었다. 그 싸움의 논쟁점은 이하에서 말하는 가운데 더욱 분명하게 될 것이다.

바울이 이 편지를 썼다는 것을 아무도 의심하지 않는다. 그러나 오늘날 학자들 사이에서 다음 두 가지 점이 아직 일치하지 않고 있다. 그중의 하나는 갈라디아인들이란 누구인가이다. 그리고 또 하나는 이 편지는 정확하게 언제 쓰여졌는가이다.

또 많은 사람들로 주장되고 있는 것이지만 옛 견해에 의하면 바울은 지리적인 의미로 '갈라디아'라는 말을 사용하였다고 한다(1 : 2). (여기서 독자들은 읽기를 멈추고 지도를 펴고 바울의 눈앞에 전개되는 세계를 보는 것이 좋을 것이다.) 그러나 윌리암 람제이의 이름을 연상하는 현대인들의 견해에 의하면, 바울은 이 '갈라디아'라는 말을 행정적인 의미로 사용하였다고 한다. 만일 처음의 견해가 옳다면 바울은 고대 갈라디아 왕국 앙킬라(Ancyra : 현대의 Ankara '터키의 수도')와 같은 곳에 있는 교회의 신도들에게 써서 보낸 것이 된다. 거기에는 기원전 3세기에 이동했던 갈리아(Gauls)인들이 정착하여 살고 있었다. 두 번째 견해가 옳다고 한다면, 바울은 '갈라디아'로 인하여 기원전 25년 전에 제정된 갈라디아라는 이름으로 부른 로마 현을 의미한 것이 된다. 이 현(州)은 옛 왕국에 병합되어 누가오니아, 비시디아, 브르기아 지방을 포함한다. 이 현의 남쪽에는 바울과 바나바가 제1차 전도여행 동안에 전도했던 안디옥, 이고니온, 루스드라, 더베 등 여러 도시가 있었다(행 13-14장).

이 문제는 사도행전 16 : 6과 18 : 23의 두 문장에 호소하는 것으로서는 해결되지 않는다. 이 두 곳의 문장은 바울이 갈라디아 지방에 여행했다는 것을 말하고 있으나 '북갈라디아설'과 '남갈라디아설' 두 설 다같이 그 두 문장을 자기 자신의 견해에 적합하도록 그럴듯하게 해석할 수가 있다. 이 문제는 다른 것을 고려하여 해결해야 할 것이다.

'북갈라디아설'을 주장하는 사람들은 어떻게 하여 그 주장을 뒷받침할 것인가?

1. 사도행전과 누가복음에서 비시디아, 브르기아, 누가오니아는 지리적인 용어이다. 그러니까 바울의 편지에 있어서도 갈라디아는 그것과 동일해야 한다.

2. 사도행전에 있어서 누가는 안디옥, 루스드라, 더베를 갈라디아 도시라고 부르지 않았다. 그런데 바울은 어째서 그렇게 부르지 않았는가?

3. 바울의 편지로 입증되고 있는 것같이(갈 1 : 6, 기타) 갈라디아 사람들은 변덕스러웠는 고로 갈라디아 사람들은 갈리아(Gallic)인 출신이었다는 것과 어울린다.

'남갈라디아설'을 주장하는 사람들은 다음과 같이 논의를 전개한다.

1. 바울이 고대 갈라디아 왕국에 갔다고 하는 분명한 증거는 없다. 고대 갈라디아 왕국은 교통이 드물고 방언이 거칠은 지방인 고로 바울의 반대

자들이 바울의 선례를 좇아 거기까지 갈 만큼 개방된 지방은 아니었다.

2. 바울의 편지에 있어서(갈 2 : 1, 9, 13) 바나바는 이 편지의 독자들에게 잘 알려져 있다는 것이 바울에게 있어서 당연한 일로 되어 있다(바나바는 남갈라디아의 여러 도시에 알려져 있었는 것만은 사실이다). 그리고 갈라디아서 4 : 14의 "너희는 오히려 나를 하나님의 사자인 것처럼 환영하였다." 함은 사도행전 14 : 12에 기록되어 있는 루스드라의 사건에 언급한 것이다.

3. 로마 시민인 바울은 통상 로마 현의 이름으로 생각하며 이 편지에 있어서도 그렇게 하였을 것은 틀림없다.

이 문제는 최종적으로는 해결을 보지 못하고 있다. 그러나 '남갈라디아설' 의 증거가 유력하다는 것은 의심할 것이 없다고 생각된다.

그러나 더욱 해결하는 데 어려운 문제는 이 편지의 연대 문제이다. '북갈라디아설' 에 의하면, 갈라디아서는 사도행전 18 : 23의 방문 후에, 다시 말해서 바울의 제3차 전도여행 동안에(53－56년) 쓰여진 것이 된다. '남갈라디아설' 에 의하면 사도행전 15장의 사도회의 전후에(아마 49년) 쓰여진 것이 될 것이다. 이 편지의 연대를 늦게 잡아 55년경으로 보는 사람들은 갈라디아서와 57년경에 고린도에서 쓴 로마서와의 사이의 신학적인 유사성을 강조한다. 그러나 이것은 의심스러운 논의다. 실제로 갈라디아서와 로마서에 있어서 바울은 율법의 행위로 의롭다 하는 것이 아니고 믿음으로 의롭게 되는 것을 가르치고 있다. 그러나 갈라디아서에 있어서 그 문제의 논의는 전투가 가장 치열할 때의 전쟁담의(談義)와 같이 들린다. 그러나 로마서에 있어서는 그 논의가 사라지고, 바울은 신중한 어조로 자기의 교리를 해설하고 있다.

그러나 갈라디아서를 사도회의 이전으로 보는 아주 유력한 논거는 이 편지가 사도행전 15장의 사도교령에 관하여 완전히 침묵을 지키고 있다는 것이다. 이 교령은 갈라디아에 있어서 논쟁되고 있었던 문제점에 해결을 주는 것이었다. 다시 말하면 이방인의 개종자는 할례를 받을 필요가 없다는 것이다. 바울이 이 편지를 사도회의 이후에 썼다고 한다면, 그는 반드시 회의에서 결정한 것을 인용하면서 논쟁을 끝냈을 것이다.

따라서 우리의 견해는 바울이 사도회의 전에 이 편지를 썼다는 것이다. 이것이 옳다면 이 편지는 48~49년에 쓴 것이 된다. 그것은 안디옥에서 혹은 회의를 위하여 예루살렘에 올라가는 도중에서 썼는지도 모른다. 그러한 경우에 이 편지는 바울의 편지 중에서 가장 빠른 편지가 될 것이다.

이 편지가 쓰여진 이유는 애매하지 않다. 바울이 갈라디아를 떠난 후에 어떤 유대교주의자들(열심히 유대인 습관을 보존하려는 유대인 그리스도인)이 갈라디아에 나타나 바울의 전도를 받고 개종한 사람들에게 할례와 모세의 율법을 굳게 지키는 것이 그리스도교에 절대 필요하다고 설득하였다. 이것은 두말할 나위 없이 바울이 주장하는 복음과는 모순된다. 그래서 유대교주의자들은 바울을 사정에 따라 변동하는 자라고 중상하며, 혹은 모든 것을 베드로나 야고보에게서 배워서 자기 말처럼 말하는 사도라고 중상하면서 바울의 사도로서의 신임을 헐뜯으려고 갖은 술책을 다 썼다. 바울은 당장 강한 열정으로 이 편지를 써서 이 유대교화하려는 저희들의 선전을 타파하고 자기의 사도적인 독립성을 주장하여 자기의 복음의 깊은 원리를 설명하였다. 이 원리는 신영어성서가 정당하게도 기록하고 있는 바와 같이 '신앙과 자유'이다. NEB는 갈라디아서에 이 표제를 붙이고 있다.

1. 편지의 요약

(1-2장에 있어서 바울은 자기의 사도의 독립성에 관하여 서술하고 있다.)

사람에게서 임명받은 것도 아니요, 하나님에게서 임명받은 사도 바울에게서 갈라디아교회의 신도들에게.

너희는 그렇게도 빨리 자기의 부르심에서 배반하고 하나님의 복음을 엉뚱한 것으로 변경해 버렸다. 하나님의 은혜의 복음을 곡해하는 자(이것이야말로 기회주의자의 눈에 띄인 특징이 아니냐)는 모두 저주를 받을지어다. 나의 복음은 사람이 만들어 낸 것이 아니고 예수 그리스도의 계시로 나에게 전해 준 것이다. 나는 하나님께서 그 아들을 계시하실 때까지 교회를 핍박하는 데 열심있는 유대인이었다. 나는 하나님의 계시를 받았을 때 예루살렘의 사도들에게도 상담하지 아니하였다. 오히려 나는 아라비아로 갔다. 그후 3년이 지나서 우리는 예루살렘에 2주간 방문하였다. 예루살렘에서 나는 베드로와 주의 형제 야고보를 만난 것뿐이었다. 그후 나는 수리아와 길리기아 지방으로 갔다(1장).

14년 후에 나는 바나바와 디도와 함께 다시 예루살렘을 방문하여 나의 복음을 중요한 사람들에게 나타내 보였다. (가령 디도가 할례를 받았다 하더라도 나는 복음의 원리를 희생하기까지 거짓 형제들과 타협하려고 하지는 않았다.) 모교회의 주동된 사람들은 내가 말하는 복음을 승인하였다. 실제로 야고보와 베드로와 요한은 나에게 축복을 베풀었고, 저희들은 자국 백성들의 범위내에서 활동하기로 하고, 바나바와 나는 이방인에게 전도하자는 것에 동의하였다. 저희는 꼭 한 가지 것을 요구하였다. 그것은 우리가 예루살렘의 가난한 자들을 돌보아 원조하는 일이었다. 이 일은 내가 노력해 온 일이다.

그 후에 나는 안디옥에서 터놓고 베드로에게 반대하였다. 최초에 그는 이방인 그리스도인들과 친교하고 있었다. 그러나 야고보에게서 보낸 종자들이 예루살렘에서 왔을 때에 베드로는 그 사귐에서 몸을 피했다. 나는 베드로에게 "당신은 유대인이면서 이방인처럼 생활하고 있다면 어째서 이방인에게 유대인같이 생활하라고 강요합니까?"라고 말했다. 우리는 유대인이지만 하나님에게 영접을 받는 것은 율법을 행하였기 때문이 아니고 그리스도를 믿었기 때문이다. 율법을 행함으로써 인간이 결코 하나님에게 대하여 자기를 정당화할 수 없을 것이다. 내 자신에 대하여 말하자면 나는 율법과 인연을 끊었다. 나의 생활은 나를 위하여 죽으신 하나님의 아들을 신뢰하는 생활이다(2장).

너희 어리석은 갈라디아인들이여, 너희 그리스도인의 경험은 무엇으로 일어났느냐? 내게 말해다오. 율법을 지켰던 까닭인가? 아니면 그리스도를 믿었기 때문이었는가? 이러한 신앙은 아브라함의 옛날부터 존재한다. 아브라함이 하나님의 말씀을 듣고 복종하였을 때 하나님께서 아브라함을 받아들였다. 우리는 이러한 믿음을 가지고 있는 고로 아브라함의 참된 아들 딸들이다. 아무도 율법을 온전히 지킬 수 없다. 이러한 율법은 우리를 하나님의 저주에 이르지 않게 한다. 그러나 그리스도의 죽음은 우리를 죽음에서 구원하여 내신다. 그리고 하나님의 축복은 이제 이방인에게 열려지고 있다.

인간의 유언도 일단 작성되면 이것을 파기할 수 없다. 하나님의 계약은 그 이상이다. 하나님과 아브라함과의 계약은 그리스도를 지목하고 있으며, 그 430년 후에 나타났다. 율법으로 말미암아 무효하게 된 것은 있을 수 없다. 일시적인 척도인 율법의 목적은 악한 일을 율법의 위법으로 하는 것이었다. 그러나 율법은 생명을 주는 데에 무력하였다. 율법 아래 감시를 받는 것은 우리 모두가 동일하게 하나님의 자녀와 하나님의 후사가 된다는 하나님의 약속이 실현되는 낮은 단계였다(3장).

위에서 우리는 우리 자신을 보호자, 혹은 관리인 아래 있는 아이들에게 비유하였다. 이제 우리는 미성년의 시대가 끝나고 하나님의 자녀라는 은사가 주어졌으므로 양자가 되어서 하나님의 가족이 되었다. 그럼에도 불구하고 어째서 너희는 신앙적인 옛 노예상태에 돌아가 특별한 날이라든가 계절에 대하여 떠들어 대고 있느냐?

나의 도에 따르기를 부탁한다. 나의 제1차 전도여행시에 너희는 병자인 나에게 얼마나 친절했던가! 너희는 지금 잘못된 아첨을 위하여 왜 나에게서 떠나 버렸는가? 그래, 나는 너희가 그리스도의 형상이 이루어질 때까지 또 다시 해산의 수고를 하게 되었다.

너희가 의뢰하고 있는 율법 그 자체는 너희가 잘못한 것을 밝히 보여 주고 있다. 너희는 아브라함의 두 아들에 관한 창세기의 이야기를 기억하고 있을 것이다. 사라와 그의 아들 이삭은 자유의 신앙을 예표하며, 하갈과 그의 아들 이스마엘은 노예의 신앙을 예표하고 있다. 이삭과 같이 너희는 약속의 아들이며 반드시 자유가 주어져 있을 것이다(4장).

(5 - 6장에 있어서 바울은 실제 문제에 대하여 논하고 있다.)

그리스도께서 인간을 자유케 하기 위하여 우리를 해방하셨다. 그 경우 그것은 자유이지 결단코 육욕을 만족케 하는 방종이 아니다. 육욕을 만족케 하기 위하여 사는 것이 아니고 성령을 힘입어 살아가라. 그때 우리는 그 생활을 그 과실을 보고 알 것이다. 육욕에 빠진 사람들은 결단코 구원받지 못할 것이다. 그러므로 성령으로 말미암아 우리 속에 사랑과 기쁨과 평화와 기타 모든 것을 받을 수 있도록 할 것이다(5장).

죄를 범하고 있는 형제를 친절하게 바로잡아 주라. 서로 무거운 짐을 져 줌으로 말미암아 그리스도의 율법을 완수하라.[1] 자기 자신이 조금이라도 훌륭한 사람인 체하지 말고 자기 자신의 행위를 검토하라. 가르침을 받는 사람들은 자기를 가르치는 교사와 물질적인 은혜를 나누어 가져라. 하나님은 어리석게 여김을 받지 않는다. 인간은 자기가 씨뿌리는 것을 거두어 들인다. 영의 추수를 하도록 하라. 육의 추수를 해서는 안 될 것이다. 어떤 이는 생명을 거두어들일 것이고, 다른 이는 죽음을 거두어들일 것이다. 우리는 모든 사람에게 선을 행하는 데 피곤하지 말아야 한다. 특히 하나님의 가족들에게는 더욱 그러하다.

내가 큰 글자로 쓰고 있는 것에 주의하라. 나는 지금 나의 손으로 친히 쓰고 있다. 할례를 베푸는 자는 단지 외면적인 것에만 마음을 쓰고 있다. 그러나 그렇다 하더라도 저희는 바로 율법 그 자체를 지키지 않고 있다. 저희가 원하고 있는 것은 너희의 육에 대하여 자랑하고 싶은 것뿐이다. 그러나 내가 자랑하고 싶은 것은 나를 위하여 모든 것을 바꾸어 주신 그리스도의 십자가뿐이다. 중요한 것은 육에 나타낸 표적이 아니고, 새로운 인간이 되게 한 것이다. 이 길을 걸어가는 사람들과 하나님의 이스라엘 모두에게 평화와 긍휼이 있기를 바라노라.

나를 괴롭게 하던 자들에 대하여 말하자면 저희는 내 몸에 그리스도의 소유라는 표로서 화인을 맞은 것에 주의할 것이다. 나는 저희 모두에게 도전한다.

우리 주 예수 그리스도의 은혜가 너희와 함께하시기를 원하노라(6장).

2. 갈라디아서의 사신

갈라디아서에서 논의되고 있는 문제는 무엇이 인간을 그리스도인으로 만드느냐 하는 것이다. 그것은 할례나 율법 준수일까? 아니면 그리스도를 믿는 신앙으로일까? 바울은 5 : 6에서 "그리스도 예수에게 연결되어 있다면 할례의 유무가 문제가 아니고, 사랑의 실천이 동반하는 신앙이야말로 중요하다."고 대답하였다.

이 문제는 더욱 큰 문제의 일부이다. 인간은 어떻게 해서 하나님께 대하여 자기를 바르게 할 수 있을까? 그것은 율법을 지키는 것으로 될까? 오늘날 말로 한다면 십계명을 지키며 산상설교를 따라 사는 것, 기타의 행위로일까? 그렇지 않다. 그러한 일은 해야 할 것이다. 그러나 우리는 그것을 완전히 실행할 수 없다. 어떤 사람이라도 자기 자신의 도덕적 노력으로 하나님께 대하여 자기를 옳게 할 수는 없다. 하나님에게 받아들여지는 방법은 '행위'로 말미암는 것이 아니고, 우리 죄를 위하여 죽으신 그리스도를 믿는 믿음으로 말미암는 것이다. 그리고 참된 선행은 우리의 신앙의 '결과'이지 우리의 신앙의 필수조건은 아니다. 그리스도인의 생활은 수많은 규칙을 꼬박꼬박 지키는 데 있는 것이 아니고, 성령의 도움으로 '그리스도의 율법'으로 사는 것이다.

"할례를 받지 아니하면 구원이 없다."고 말한 갈라디아서의 까다로운 문제는 오래 전에 생명을 잃은 문제이다. 그러나 이 편지의 사신은 시대에 뒤떨어진 문제는 아니다. 어떠한 종교적인 의식도 구원의 조건으로서 그리스도를 믿는 신앙과 나란히 놓여질 때는 언제든지 이 편지는 그 잘못을 타도하는 성령의 검이 된다. 구원은 그리스도를 믿는 신앙으로서만이다. 갈라디아서는 '그리스도인의 자유의 편지'라고 불려지고 있으며, 또한 '복음적인 그리스도교의 대헌장'(the Magna Carta)이라고 부름받고 있는 것은 거의 의심할 여지가 없다.

제 16 장

교회에 있어서의 그리스도의 영광 : 에베소서

바울의 편지 중에서 가장 뛰어난 편지를 결정하기 위하여 여론조사를 실시해야 한다면 대개의 사람들은 로마서를 선택할지 모른다. 그러나 에베소서에 투표할 사람도 있을 것이다. 칼빈(Calvin)은 이 편지를 "가장 마음에 든 편지"라고 부르며, 콜리지(Coleridge ; 영국의 시인, 평론가, 1772-1834)는 에베소서를 "인간의 가장 신성한 작품 중의 하나이다."라고 단언하였고, 오늘의 프린스톤의 존 맥카이(Dr John Mackay)는 "나는 이 책의 혜택을 입고 있다."[1]라고 고백하였다.

1. 이 편지의 신빙성

이와 같은 찬사를 들은 후에 현대의 많은 학자들이 초기 교회에 있어서 분명하게 이 편지를 쓸 수 있었던 바울이 이 편지를 썼다는 것을 거절하고, 바울의 편지의 모방자-다시 말해서 '바울에게 속한 자'라고 부르는 사람-가 이 편지를 썼다는 것을 알게 된다면 사람들은 충격을 받을 것이다. 에베소서가 왜 바울의 손으로 저작되었다는 것을 의심하게 되었을까?

첫째로, 그 문체와 용어 범위 때문이다. 에베소서에는 바울의 다른 편지에서는 찾아볼 수 없는 약 90개의 말이 사용되고 있다고 한다. 이 일에 대하여 사람들은 그것보다도 짧은 골로새서(이것은 일반적으로 바울의 저작이라고 인정하고 있는)에도 바울의 다른 편지에 없는 56마디의 말이 있지 않느냐고 답변을 한다. 그런가 하면 또 다른 사람들은 그렇지만 골로새서에도 나타나는 '몸', '충만', '비밀' 등의 말을 에베소서의 저자는 다른 의미로 사용하고 있다고 대답한다. 그러나 이러한 것을 의심스럽다고 사람들이 말하는가 하면, 또 다른 사람들은 바울적인 특징이 없는 에베소서의 복잡한 문장에 주의하도록 지적하고 있다. (그러한 사람들은 가령 롬 3 : 21-26 ; 골 1 : 3-8 ; 몬 8-14 등을 빠뜨려 버렸는지, 아니면 에베소서에서 볼 수 있는 기도나 명상의 말씀은 가령 고린도 전서와 같은 직접적인 질의응답의 문체와는 필연적으로 다르다는 것인지 둘 중의 하나이다.)

문제를 검토해 보면, 그것이 결정적인 것이라고 인정할 수 없기 때문에 에베소서가 바울의 저작인 것을 의심하는 사람은 다음의 에베소서의 **신학**을 열거한다. 저희는 말한다. 에베소서에는 보편적이고 세계교회적(ecumenical)인 교회론이 있으며, 이것은 바울의 영적인 시야 밖에 있는 것이라고 한다. 그러나 과연 그러할까? 골로새서뿐만 아니라 고린도 전서 10 : 32 ; 12 : 28 ; 15 : 9 등에 있어서 이러한 교회론이 예상되는 것이 있지 아니할까? 바울은 의심할 바 없이 교회의 보편적인 사명에 관한 교리를 가지고 있으며, 또 그것을 가르쳤다. 에베소서에 있는 것은 그의 초기의 사고의 당연한 논리적 발전이다.

마지막으로, 에베소서가 바울의 저작인 것을 의심하는 사람들은 골로새서와 에베소서의 **문학적인 관련**(*literary links*)에 호소하고 있다. 골로새서의 어구의 3분의 1 이상은 에베소서에 나타난다. 그리고 에베소서의 이곳저곳의 문장은 골로새서의 그것에 부합하는 문장을 모방하여 쓰고 있다고 생각한다. 거기서 바울의 저작을 의심하는 사람은 바울의 제자가 필사하여 썼다는 것을 인정시키려고 한다. 그러나 소위 이 필사된 것도 극히 자유롭고 교묘하게 필사되었는 고로 다른 사람들은 그것으로 하여금 이에 반대의 결론을 – 바울의 저작에 찬성하는 결론을 – 끄집어 낼 정도이다.(현대 신학의 저자나 설교자는 자기 이전의 책이나 설교에서 논한 주제를 다시 쓰기도 하고 말하기도 하라고 부탁을 받는다. 그러한 경우에 많은 사람들은 이전의 일련의 사상에 되돌아가기는 하지만 새로운 상황에 적합하도록 그 논법을 바꿀 것이다.) 그러나 더욱 바울의 저작을 옹호하는 사람의 말을 빌린다면, 만일 에베소서가 골로새서가 기록된 후 얼마 안 가서 기록되었(두기고의 인편으로 전해졌다)다면 그의 이전의 편지에 나타난 어구가 아직 바울의 머리에 남아 있지는 않았을까?

여기에 있어서 바울의 저작인 것을 옹호하는 적극적이며 정당한 논거에 대하여 말해 보기로 하자. 첫째, 바울의 저작인 것을 부인하는 사람에게 두기고에 대하여(엡 6 : 21 이하 ; 골 4 : 7 ; 행 20 : 4 참조) 언급하는 취지는 무엇이냐고 물어보자. 그것은 완전히 참이라고 하는 표징이다. 둘째, 헬라어로 에베소서의 618마디 짧은 말 중에 550마디나 바울의 다른 편지에 그것과 비슷한 말들이 있다는 것이다. 셋째, 바울이 에베소서에 있어서 유대인 – 이방인의 논쟁의 중요성을 강조하지 않는다 해도 그것은 주로 이방인들의 독자에게 쓰고 있기 때문이다(엡 2 : 11 – 13 참조). 넷째, 초기 교회에 있어서 바울의 저작에 관한 완전한 일치가 있었다는 것을 상기하기로 하자. 의문을 품게 된 것은 현대에 이르러서이다. 그리고 다섯 번째로 이 편지가 바울의 저작이 아니라면 초기 교회에 있어서 바울의 영적 동료자들이었던 '알려지지 아니한 위대한 인물'이 있었다는 것을 상정해야 할 것이다. (학생에게 호메로스 문제가 제출되며, 자기가 알고 있는 한 호메로스의 저작으로 알려지고 있는 것은 호메로스로 인하여 쓰여진 것이 아니고 같은 이름이나 동일한 재능을 가진 다른 사람으로 인하여 쓰여졌다고 대답한 자가 있다. 우리는 여기서 이 학생과 거의 같은 입장에 세움을 받고 있다).

아메리카의 학자 캐드버리(H. J. Cadbury)는 그 논쟁 전체를 다음과 같은 질문으로 요약하고 있다 : "바울의 모방자가 제1세기에 있어서 90~95% 바울의 문체를 따라 책을 썼을까? 그렇지 않고 바울이 자기의 통상적인 문체와 비교하여 5%에서 10% 상위하는 편지를 썼을까? 어느 것이 있음직하다고 생각할까?"[2]라는 것이다. 이 입증의 의무는 바울의 저작을 부정하는 자들에게 있다. 그럼에도 불구하고 저희는 자기들의 논거를 충분히 입증할 수 없는 고로 우리는 전통에 따라서 이 편지를 쓴 이는 바울이라고 하는 것이 훨씬 타당하다.

그러나 에베소서는 정말로 특히 에베소의 그리스도인들에게 써서 보낸 것일까? 이 문제는 이 편지 그 자체의 두 가지 특징으로 말미암아 제출되고 있다. 그 중의 하나는 우리에게 알려지고 있는 가장 오래된, 그리고 가장 신임할 만한 자료(사본)에는 '에베소에'(1 : 1)라는 말이 결여되어 있다는 것이다. 또 하나는 바울이 에베소의 그리스도인들을 알고 있는 것처럼 이 편지의 저자는 그 독자들을 개인적으로 알고 있는 것같이 여겨지지 않는다(1 : 15 ; 3 : 2). 보통 말하고 있는 설명은 에베소서가 바울로 말미암아 아세아의 이방인 교회에 써서 보낸 **회람장**이라고 보는 것이다. 이것으로 인하여 가장 오래된 사본에 '에베소에' 라는 말이 없고, 또 편지 마지막 부분에 개개인에 대한 개인적인 인사가 없다는 것이 설명으로 되고 있다. 바울은 본래 편지 서두의 인사부분에 공백을 남겨 두었을 것이다. 그리고 두기고가 여러 교회에 가지고 갔을 때 그 공백부분에 적당한 장소 이름을 삽입하는 것이 두기고의 임무였을 것이라고 생각된다.

2. 편지의 내용

바울의 여러 편지 가운데 이 편지처럼 분석하는 데 용이한 것은 없다. 이 편지는 두 가지 부분으로 나눌 수 있다. 첫째 부분은 신학적인 부분이고, 둘째 부분은 윤리적인 부분이다 :

인사(1 : 1-2)

교리적인 부분(1 : 3-3 : 21)-이 부분의 주제는 하나님의 인간에 대한 영원한 목적이 그리스도와 교회에 있어서 명시되고 있다는 것이다.

윤리적인 부분(4 : 1-6 : 20) - 이 부분에 있어서 그리스도교 신도라 함이 매일의 생활에 있어서 무엇을 의미하고 있는가에 대하여 말하고 있다.

결어(6 : 21-24)

이 편지의 맨 처음의 송영부분의 헬라어의 본문은 긴 문장과 고풍의 말이 결부되어 1 : 3~14은 구독점으로 연결되어 일련의 문장이 있고 독자들을 당황케 하는 어구가 계속되고 있다. 그래서 보통 일반의 독자들을 위하여 NEB와 같은 현대역의 성서는 짧은 몇 가지의 문장으로 나누었다. "신영어성서는 일곱 개로, 일본 성서협의회역은 열하나로, 공동역성서는 여섯 개로 분할하고 있다." 또 바울의 사상을 현대적인 용어로 개역하고 있다. - 역자 주

고린도 후서 5 : 19에 있어서 바울은 인간에게 그리스도를 보내신 목적을 "그리스도 안에서 하나님은 세상을 자기와 화해하기 위하여"라는 말씀으로 요약하고 있다. 에베소서에 있어서도 바울은 그리스도와 교회로 말미암아 이 세상에 대한 하나님의 계획을 고심하여 분명하게 설명하고 있다.

"모든 것이 그리스도 안에서 통일되게 하려는 것이다"(1 : 10). 처음의 송영부분의 이 말씀은 온전히 현대적이며 에큐메니칼적인 것같이 생각된다. 이 말 그 자체는 사람들에게 그리스도 교회의 증언을 아주 약화시키고 있는 현대 교파의 불행한 분열을 어떻게 치유할까? 그 방법에 관한 회의의 주제를 연상시킬런지 모른다. 그러나 바울은 그것보다도 더욱 큰 것, 곧 그리스도 안에서 인류의 재통일에 관한 하나님의 계획에 관하여 서술하고 있다. 바울은 그리스도 안에서의 하나님의 목적은 이 세상에서뿐만 아니라 우주 전체를 포함할 만한 한몸을 만드는 것이라고 말하고 있다(3 : 10 참조).

여기서 에베소서에 있어서 약술한 하나님의 계획 그 자체에 관해서 서

술해 보자. 이미 말한 바와 같이 6장 가운데서 최초의 3장은 신학적으로 서술하였고, 다음의 3장은 윤리에 관하여 말하고 있다. 그 신학이란 다드(C. H . Dodd)의 다음과 같은 하나의 문장에 요약될 수 있을 것이다 : "교회는 그리스도 안에서 계시된 하나님의 목적을 역사 가운데서 구현하는 것이다. 신학은 이와 같은 단체로서의 교회의 영광이다."[3] 이 사실은 다음의 세 가지의 항목으로 나누어 바울 자신의 많은 말을 사용하고 있는 에베소서 1~3장의 사상을 검토함으로써 다시 분명해질 것이다.

(1) 궁극적으로 현실적인 것은 '한 분이신 하나님께서 우리 모든 사람의 아버지가 되시는 하나님' 이시다. 하나님은 그리스도로 말미암아 "우리가 하나님의 자녀가 되도록 사랑 가운데서 미리 작정하셨다"(1 : 5). 그리고 하나님은 모든 피조물을 위하여 하나의 신앙의 집단을 계획하셨다(1 : 10). 그러나 이 세상에는 - 실로 우주에는 - 그 중심에 커다란 갈라진 분열이 있고, 죄 많은 인간들은 서로 싸우고 심한 분열을 초래하며, 초인간적인 힘 - 악마적인 '모든 지배와 권위' - 으로 말미암아 하나님께서 창조를 위하여 계획한 질서는 혼란에 빠졌다. 우주에 있어서 치명적으로 갈라진 금 - 불화와 적의 - 을 인간 자신으로서는 회복할 수 없다. 하나님만이 그것을 할 수 있다. 그리고 강력한 일치를 창조할 수 있도록 모든 악의 힘 - 인간적인 힘과 초인간적인 힘 - 을 굴복시키는 것이 하나님의 목적이다.

(2) 이 계획은 그리스도 안에 집중되어 있다. 복음은 하나님의 '비밀' 에 관한 좋은 소식이며, 나타난 비밀(1 : 9), 다시 말해서 이제 분명해진 숨겨진 하나님의 목적이다. 그것은 그리스도 안에서 구체적으로 표현되었다. 이 그리스도는 유대인의 메시야인 것뿐만 아니라 온 인류를 위한 하나님의 화해의 대리인이다. '때가 찼을' 때에(1 : 10) 하나님은 인간의 죄를 위하여 죽도록 그리스도를 보내셨고, 죽은 자 가운데서 그리스도를 부활케 하사 그리스도를 하늘에 앉히시고 하늘에서 지금 그리스도를 모든 권세와 권력 위에 군림하게 하셨다(1 : 20 - 21). 이렇게 하여 하나님은 그 계획을 실행하셨다. 하나님께서 그리스도 안에서 계획하신 것은 불순종한 모든

것이 하나님 자신에 대하여, 또 서로간의 화해하는 것에 지나지 않는다.

(3) 이제 하나님의 계획이 실시되는 것은 **교회를 통해서이다**(3 : 9－10). 교회는 그 생명을 하늘에 올리신 머리 되신 그리스도로부터 받은 것이(1 : 22 ; 4 : 15 ; 5 : 23)나 교회는 일하는 몸－하나님의 구원의 목적을 인간들 사이에서 실행하도록 예정된 단체－이다(1 : 23 ; 4 : 12 ; 5 : 23). 하나님께서 그리스도 안에서 교회를 통하여 행하려는 것은 사귐－한몸에 속하도록 하는 것－이다. 그 사귐에 있어서 '중간에 막힌 담' (2 : 14),[4] 즉 전에 이방인과 유대인을 갈라 놓았던 유대인의 율법은 이제 그리스도의 희생적인 죽음으로 제거되었다(2 : 13, 16). 이방인은 이방인과 유대인과의 사이의 깔려 있는 적개심으로 말미암아 매장당하고 있으며, "이 세상에서는 희망도 없고 하나님도 없이" 멀리 떠나 있었으나(2 : 12), 이제는 "외국인도 아니요, 손님도 아니요, 하나님의 백성과 같은 국적을 가진 자요 하나님의 가족"이 되었다(2 : 19, NEB). 그러나 이것은 옛날부터 찢어지고 갈라진 틈의 치유가 여전히 더욱 커져 가는 것의－하나님의 지배하에서 우주 전체가 그리스도 안에서 궁극적인 일체를 향하여 움직이고 있는 것(1 : 10)의－서곡이다. 이런 일이 일어날 때 이방인들과 유대인들이 '한 새 사람' (2 : 15)이 되고 이 새 사람은 그리스도로 말미암아 아버지 하나님 앞으로 가까이 나아가(2 : 18) 크고도 산 성전이 만들어지기 위하여 '성령 안에서 하나님의 처소' 가 될 것이다(2 : 22).

이렇게 엄숙한 신학적인 대부분이 맨 처음의 2장에 나타난다. 3장에 있어서는 바울이 자기에게 "측량할 수 없는 그리스도의 충만의 기쁨의 소식을 이방인들에게 전파하는 특권"(3 : 8, NEB)이 주어져 있다는 하나님의 은혜와 그것에 나타난 하나님의 계획을 말한 후 독자들을 위하여 숭고한 기도를 드리면서 맺고 있다 :

> 이러한 까닭에 나는 아버지 앞에 무릎을 꿇고 기도하고 있다. 아버지에게서 하늘과 땅의 모든 가족이 그 이름을 취하고 있다. 바라기는 아버지께서 그 풍성

> 한 영광을 좇아 그 영으로 말미암아 힘과 능력으로 너희의 속사람을 강하게 하여 믿음으로 말미암아 너희의 마음속에 거하게 하시며 너희가 사랑 안에 뿌리를 박고 굳게 서기를 바라며 또 너희가 모든 하나님의 백성들과 함께 그리스도의 사랑의 넓이와 길이와 높이와 깊이가 어떠한가를 파악하여 사람의 지식을 훨씬 넘는 이 사랑을 알게 되며 필경에는 하나님의 충만한 풍성 위에 풍성에 이르기를 바라노라(3 : 14－19 NEB).

그러나 신약성서의 진리는 항상 선을 이루려 하는 진리다. 그래서 에베소서의 후반에 있어서 바울은 독자들에게(그리고 우리들에게) "자기들의 부르심에 합당하게 살기 위하여"(4 : 1) 어떠한 태도를 취해야 할 것인가를 말하고 있다. 교회의 전진명령은 실제로 다음의 네 가지가 있다. 우리는 그것을 자기 자신에게 적용해야 할 것이다.

첫째, 우리는 그리스도인으로서 온유와 인내로 말미암아, 또 하늘에 올라가신 그리스도로 말미암아, 주어진 여러 가지 은사를 활용함으로 말미암아 "그리스도의 몸을 건립"(4 : 12)할 것이며, "그것은 하나님의 아들에 대한 우리의 믿음과 지식에 고유한 일치를 얻기 위해서이다." 하나님의 아들은 교회의 머리시며, 몸 전체는 하나님의 아들에게 의존하고 있다(4 : 13 이하, NEB).

둘째, 우리는 "허무한 생각으로 사는 이방인들의 생활을 버리고" 새 사람으로서 하나님께서 그리스도 안에서 우리를 용서하신 것처럼 서로 용서하며, 하나님의 귀여운 자녀로서 그리스도께서 사랑하신 것처럼 자기를 희생하는 사랑을 가지고 살도록 해야 할 것이다(4 : 17－5 : 1).

셋째, 우리는 그리스도인의 가정을 건설할 것이다. 그리스도인의 가정은 '그리스도께 대한 두려워하는 마음'으로 가족(남편과 아내, 부모와 자녀, 주인과 종) 사이에 옹호와 존경과 복종과 봉사와 인내를 낳으며, 그것으로 말미암아 가족이 교회의 축소형이 되는 것을 의미한다(5 : 21－6 : 9).

넷째, 이 세상에서 교회가 직면하는 싸움에 있어서 우리는 하나님이 제공하신 전신갑주를 입어야 한다. 하나님의 전신갑주란 진리의 띠, 정의의 흉배, 평화의 복음의 신, 믿음의 방패, 구원의 투구, 성령이 제공하는 하나님의 말씀 등이다. 이러한 전신갑주는 기도의 능력과 함께 그리스도인들이 악마와 그의 모든 부하들에게 접전하는 주의 싸움을 싸울 수 있도록 하는 전신갑주이다. 그리고 그 목표는 교회가 하나님의 지배하에서 성장하며, 그리스도의 왕국이 되며, 온 인류가 그리스도의 주권 아래서 한 몸이 되는 것 외에 아무것도 아니다(6 : 10－20).

바울은 자기를 '쇠사슬에 매인 그리스도의 사자' 라고 부르며 자기 편지를 종결하고 있다. 신약성서의 다른 어떠한 편지라도 이 에베소서만큼 지상의 구석구석에 퍼지고 있는 극악무도에 대항하는 싸움에 있어서 오늘의 세계의 교회가 당면하는 임무에 관계하는 서신은 없다. 에베소서는 한몸이 된 교회가 정말로 그리스도의 거룩한 일을 행하는 몸이며, 또 교회의 사명은 하나님이시며 우리 주 예수 그리스도의 아버지 앞에서 예배하며 서로 사랑하는 형제애로 말미암아 모든 국민이 결합된다는 꿈을 내걸고 있다. 이 편지는 또 관념적인 철의 장막 배후에서 위축되며, 가시철사로 둘러쳐진 속에서 생활하고 있는 사람들에게 "일치하라. 그렇지 않으면 멸망한다."라고 부르짖고 있다. 그리고 그리스도의 깃발 아래서 싸우고 있는 사람들에게 이 편지는 "전진하라. 그리스도인 용사들이여!"라고 말하고 있다.

제 17 장

옥중에서의 기쁨의 노래 : 빌립보서

제2차 세계대전 시에 마틴 니이묄러(Martin Niemöller)는 히틀러에게 순종하는 것보다 하나님께 복종하는 것을 택하였는 고로 수용소에 들어가게 되었다. 그 직후에 니이묄러가 옥스퍼드 대학에 있는 자기 친구에게 보낸 편지를 나에게 읽을 수 있게 허락하였다. 그 편지에 기록된 문장을 나는 지금도 잊어버리지 않는다. 그것은 "전에는 내가 복음을 운반하는 사람이었다. 그러나 지금은 그 복음이 나를 운반하고 있다."는 말이다. 나는 이러한 문장과 그 편지 전체의 침착함을 지금도 생생히 기억한다. 그러나 그때 내가 그 편지를 읽고 기억났던 것은 빌립보서에 관한 것이었다.

그것은 당연한 것이다. 왜냐하면 이 두 통의 편지를 쓰게 된 상황이 아주 닮았기 때문이다. 저작의 장소는 각각 그 나라의 수용소(감옥)이며, 두 개의 편지의 저자는 주 예수에게 충성을 다하다가 투옥된 그리스도의 사자들이었다.

여기서 논하려는 것은 니이묄러의 편지가 아니라 아마도 62년경에 쓰여진 빌립보서이다.[1] 여러 가지 점에서 빌립보서는 바울의 많은 편지 중에서 가장 아름다운 편지이다. 또 가장 간단한 것이기도 하다. 그래서 바울의 편지를 연구하려는 사람은 아마 이 편지에서 시작함이 좋을 것이다.

1. 이 편지의 집필된 사정

지도를 조금만 보더라도 빌립보는 그리스의 동북부 마게도냐의 한 도시라는 것을 알 수 있다. 빌립보는 또 유명한 도시였다. 알렉산더 대제의 아버지 마게도야인 필립포스의 이름을 따서 명명했던 이 도시는 역사상 중대한 싸움의 전쟁터였다. 역사 지도 가운데는 이 곳에 전쟁터였다는 표징이 붙어 있다. '로마공화국의 죽음의 자리' 라고 기록되어 있는 것도 있다. 여기서 기원전 42년에 로마의 장군 율리우스 가이사를 살해한 공화당의 브루터스와 카씨우스는 그리스도가 탄생하셨을 때에 로마황제가 되도록 하나님께서 작정한 사람, 곧 아우구스투스의 손에 살해되었다. 그 싸움이 있은 후 얼마 안 가서 승리자는 빌립보를 로마의 식민지로 삼고 거기에 많은 퇴역군인들을 정주시켰다. 싸움과 부르짖는 소리는 그치고 장군과 왕은 세상을 떠나고, 그후 약 90년에 나팔의 화려한 합주는 울려퍼지지는 않았으나 오늘에 와서 필립포스나 아우구스투스에 대하여 들은 적이 없는 무수한 사람들에게까지라도 알려져 있는 키가 낮은 사람(바울)이 이 도시에 찾아왔던 것이다.

바울과 그 조수가 바다를 건너서 빌립보에서 그렇게 멀지 않은 한 곳, 유럽에 상륙한 것이 바로 바울의 제2차 전도여행 때였다. 바울이 어떻게 하여 빌립보에서 활동을 시작했는가에 대하여는 사도행전 16장에 기록되어 있다. 사도행전을 기록한 누가의 걸작의 하나인 이 서술은 그 지방의 감옥에 바울과 실라가 투옥되었고, 저희는 지진으로 말미암아 다행히 석방되었으며, 그 간수(옥사장)가 개종하는 일로 최고 절정에 달한다. 이렇게 하여 바울은 빌립보에 복음의 씨앗을 뿌려 풍성한 수확을 거둬들이게 되었다. 그리고 여기에 수년 후에 바울이 "나의 기쁨이며 면류관이라."고 불렀던(빌 4 : 1) 회중이 만들어졌던 것이다.

이렇게 하여 세월이 지난 후 바울은 다시 한번 빌립보를 방문하였다(행 20 : 1, 6). 젊은 빌립보 교회에 박해(빌 1 : 29-30)나 말썽꾸러기(troublemaker, 3 : 2 이하)가 없는 것은 아니었지만 복음운동은 성공하였다. 마침내 바울은 예루살렘에서 잡혀 가이사랴에서 2년간 구류당한 후에 로마황제의 재판을 받기 위하여 로마로 호송되었다. 고대세계에 있어서라도 친절한 목사의 임무를 하는 자가 있지 않더라도 교회의 소식은 당장 전달되었다. 그렇게 하여 어느 날 빌립보 그리스도인들은 바울의 곤경을 듣고 놀랐던 것이다. 그래서 저희는 오늘날 우리들이 흔히 말하는 것같이 돌아다니면서 모금한 후 곧 에바브로디도라는 그리스도인이 빌립보 교회 소식과 바울을 원조하기 위한 선물을 손에 들고 로마에 도착하였다. 바울은 이에 대하여 감사하여 "너희가 나의 환난에 동참하였다."고 말하였다(4 : 14). 불행하게도 에바브로디도는 중병을 앓아 로마에 체재할 수밖에 없었다. 그가 중병에서 회복되었을 때에 바울은 그 사자(messenger)를 위하여 감사의 편지를 써서 그를 빌립보로 돌려보냈다. 이것이 지금 우리가 연구하고 있는 빌립보서이다.

2. 편지의 요약

이 편지의 내용을 짤막하게 요약해 보기로 하자.

빌립보에 있는 친애하는 동료 그리스도인들과 빌립보 교회에서 직임을 맡은 여러분! 디모데와 나는 여러분에게 문안을 드리노라. 우리 아버지 하나님과 주 예수 그리스도로부터 은혜와 평안이 너희에게 있기를 바라노라.

내가 기도할 때 언제나 너희와, 너희가 복음에 참여하고 있는 일에 대하여 하나님께 감사하고 있다. 내가 너희 모든 이들을 사모하고 있다는 것, 또 너희가 사랑과 지혜에 있어서 성장하도록 내가 기도하고 있는 일을 하나님은 알고 계신다.

너희는 나의 신변의 소식을 알고 싶어한다. 참으로 이상한 것은 내가 감옥에 갇힘으로 말미암아 복음이 전진하며 그리스도가 더욱더 전파하게 되었다. 실제로 모든 사람들이 순수한 동기에서 그리스도를 전파하는 것은 아니로되 중요한 것은 그리스도가 전파되는 것이다. 나는 얼마 되지 않아서 석방될 것을 확신하고 있다. 그러나 중요한 것은 내가 살든지 죽든지 내 몸을 통해서 그리스도가 존귀하게 되는 것이다. 나는 그 두 가지 기도에 놓여 있다. 나는 그 어느 편을 택해야 좋을런지 모른다. 죽어서 그리스도와 함께 있게 되는 것은 내게는 좋은 것이다. 그러나 육신으로 살아 있는 것은 너희에게는 더욱 좋은 일일 것이다. 그리고 그렇게 되리라고 생각한다. 그렇게 되면 너희는 재차 나를 만나게 될 것이다. 그러나 내가 가게 되든, 못 가게 되든 너희는 복음에 합당하게 시민노릇 하며 함께 신앙에 굳게 서서 너희 대적에게 허둥지둥 당하지 않도록 해야 할 것이다. 내 자신에게와 같이 너희에게 하나님은 그리스도를 믿는 특권 뿐만 아니라 그리스도를 위하여 고난당하는 특권도 주신 것이다(1장).

이제 너희의 사귐 가운데 균열이 있다는 것에 대하여 한마디 하겠다. 너희 그리스도인으로서의 자질로 말미암아 너희들 가운데 일치를 도모하여 나의 기쁨의 잔을 채우라. 그리스도는 자진하여 하늘의 영광을 버리고 십자가의 죽음에 이르기까지 지상에 낮아지는 길을 택하셨다. 그리하여 다른 이들의 일을 돌보며 거짓없이 겸손하여라. 하나님은 그리스도를 높이 올리셔서 모든 이름 위에 뛰어난 이름을 주셨다.

너희 자신의 구원을 달성하기 위하여 노력하라. 하나님은 그렇게 노력할 때에 너희와 함께하신다. 심판날에 나는 너희의 일을 자랑할 것이다. 나는 지금 내 생명을 희생의 제물로 드린다 하더라도 기뻐한다. 너희도 그렇게 되기를 원한다.

다음에는 나의 계획에 관하여 말해 보자. 머지않아 나는 디모데를 너희에게로 보낼 것을 원하고 있다. 그는 너희를 뜨겁게 사랑하고 있다. 내게는 디모데 이상으로 신뢰할 만한 친구는 없다. 그러나 내 자신이 가까운 시일에 너희에게로 가리라고 믿고 있다. 이 편지와 함께 너희의 사자 에바브로디도를 돌려보낸다. 너희는 그가 병들었다는 것을 들었는 고로 얼마나 크게 고심했는가? 그러나 하나님께서 불쌍히 여기시고 그의 생명을 건져 주셨다. 바라기는 그를 기쁨으로 맞이해 다오. 왜냐하면 그가 너희를 대신하여 목숨을 걸고 나를 섬겼기 때문이다(2장).

마지막으로, 형제자매들이여 기뻐하라! 나는 여기서 편지를 마치려고 하지만 이전에 말한 것을 다시 되풀이한다. 너희에게 할례를 베풀고 싶어하는 유대교주의자 저 개들을 주의하라. 저희가 자랑하고 싶어하는 것은 겉으로 보이는 표징이나 특권이다. 저희가 그렇게 한다면 나는 선민의 일원으로서 저희들과 같이 자기의 특권을 자랑할 수가 있다. 그러나 그리스도인이 되었을 때 나는 그 모든 특권을 버리기를 기뻐하였다. 그리스도의 부활의 생명을 알았을 때 그리스도의 고난에 참여하는 것이 그 위에 없는 축복이었다. 내 자신은 이미 목표에 도달했다고 느끼지 않는다. 그러나 나의 하나의 목적은 하나님이 그리스도 안에서 높이 불러 주셨다는 상급을 받는 것이다.

그러므로 나를 본받으라. 그리스도를 대적하는 많은 원수들이 있다. 그 원수는 관능적이며 세속적인 일당이나 저희의 운명은 멸망이다. 그러나 우리의 국적(시민권)은 하늘에 있다. 우리는 구주 그리스도가 이 비천한 몸을 그리스도 자신과 같은 하늘의 몸으로 바꾸어 주실 것을 기다리고 있다(3장).

사랑하는 형제(자매들)이여, 주 안에 굳게 서시오. 너희 다투고 있는 두 부인들이여 화해하여라. 주 안에서 기뻐하라. 다시 말하노니 기뻐하라. 모든 일에 인내하라. 염려하지 말라. 너희가 필요로 하는 것을 기도로써 하나님께 고하라. 하나님께 감사하라. 하나님의 평화가 너희를 지키실 것이다. 마지막으로 고상한 것은 그것이 무엇이든지 명심하여라.

너희가 실지로 나를 기억해 주는 것으로 나는 격려를 받고 있다. 내가 자기의 궁핍한 것에 대하여 불평을 말하는 것이 아니다. 왜 그런가 하면 어떠한 경우에 있어서라도 나는 만족할 수 있는 비결을 알고 그리스도와 일체가 됨으로 어떤 일이라도 할 수 있기 때문이다. 그러나 나는 너희의 선물을 감사하고 있다. 내게 보내 준 것은 너희 외에는 아무도 없었다. 나는 그래서 충분하며 넉넉하다. 나의 하나님은 너희가 필요로 하는 것을 풍성히 채워 주실 것이다.

나의 인사를 하나님의 백성 한사람 한사람에게 전하여 주길 바란다. 여기에 있는 형제들, 특히 가이사 집의 사람들이 문안을 보낸다.

우리 주의 은혜가 너희 모든 사람들과 함께하기를 원하노라(4장).

-바울-

3. 이 편지의 가치

빌립보서에는 뛰어난 점이 많이 있다. 즉, 신앙에 대하여 훌륭한 발언과 인간 바울을 나타내는 데 많이 알려진 짧은 말이 있다.

바울은 "내게 사는 것이 그리스도니 죽는 것도 유익하다."(1 : 21)고 말하고 있다. 이 말은 그리스도에게 잡힌 사람에게 있어서 이 세상과 생명과 죽음을 어떻게 생각하고 있는가를 나타내고 있다. 또 그는 그리스도인이 자기를 가장 낮추는 것-그리스도의 모범을 따르는 것-을 최고의 의무로 하고 있다. 그리스도는 부한 자이나 우리를 위하여 가난하게 되었다(2 : 6-11).[2] 또 3 : 20~21에서 바울은 그리스도인의 희망을 다음과 같이 표명하고 있다 : "우리의 국적은 하늘에 있다. 거기로서 구주 예수 그리스도가 오실 것을 우리는 기다리고 있다. 그는 만물을 그에게 복종케 하는 능력을 가지고 우리의 비천한 몸을 그의 영광의 몸과 같이 변화시킬 것이다." 또 아마 빌립보 교회 사람들이 자기들의 주위의 이방사회에 있어서 좋다고 여기는 것에 대하여 어떤 태도를 취해야 할 것이냐의 질문에 대한 대답으로 바울은 다음과 같이 귀중한 문장을 쓰고 있다. "무엇에든지 참되며 무엇에든지 경건하며, 무엇에든지 옳으며 무엇에든지 정결하며, 무엇에든지 사랑할 만하며 무엇에든지 칭찬할 만하며, 무슨 덕이 있든지 무슨 기림이 있든지 이것들을 생각하라"(4 : 8).

그러나 이 편지의 가장 중요한 특색은 기쁨의 편지라는 것이다. 벵겔이 말한 바와 같이 "이 편지를 요약한 말은 '나는 기뻐한다. 너희도 기뻐하라.' 라는 말이다." 이 편지 안에 16회나 '기뻐하라' 는 말이 나온다. 이 편지는 감옥에서의 기쁨의 노래이다. 바론(Baron von Hüegel)이 전에 퀘이커(Quaker) 교도인 존스(Rufus Jones)에게 말한 바와 같이 성도라는 이 이상 없는 표징이 "인생의 더러움과 긴장 속에 있어서 빛을 비치는 것"이라면 바울만큼 성도의 칭호에 적합자는 없을 것이다.

빌립보서의 통일에 관한 NOTE

3 : 1까지 바울의 어조는 융화적이며 장려적이다. 그러나 3 : 1에 있어서 두 가지를 생각하지 않을 수 없다. 첫째로 바울은 자기의 편지를 종결하는 것같이 '종말로' (finally)를 쓰고 있다. 그리고 둘째로 그는 공연하게 유대교주의자에 대하여 비난을 폭발시키고 있다. 따라서 어떤 학자는 빌립보서에는 두 개의 짧은 편지가 들어 있다고 주장한다. 3 : 2~4 : 23은 에바브로디도의 도착 후 얼마 안 가서 바울이 빌립보 교회에 보낸 경고와 감사의 편지이다. 1 : 1~3 : 1은 바울이 에바브로디도를 빌립보에 돌려보내기 위하여 쓴 편지이다. 그러나 이러한 분할설은 거의 필요하지 않다. '종말로' 라고 번역한 '토 로이폰' (τὸ λοιπόν)이란 헬라어는 아마도 '그래서' 라는 이행을 나타내는 어구일 것이다. 둘째로 바울의 편지의 돌연한 어조의 변화는 유례가 없는 것은 아니다. 여기서 바울의 비난이 공연하게 폭발한 것은 빌립보에 있는 유대교주의자의 활동에 관하여 좋지 못한 소식을 들은 까닭일 것이라고 설명하면 충분할 것이다. 분할설의 논거는 증명되지 않는다. 아마도 이 편지의 통일을 주장해도 좋을 것이다.

제 18 장

우주적인 그리스도 : 골로새서

그리스도는 진화하는 우주 전체의 신적 중심이며 영적인 목적이다. 이것은 간단하게 말하면, 저명한 과학자 사제 테야르드 드 샤르단(Teilhard de Chardin ; 1881-1955)의 신조였다. 그가 살아 있는 동안 그의 책은 그의 교회로 인하여 읽는 것이 금지되고 있었으나 이제는 전세계에서 읽혀지고 있다. 테야르드에게 있어서는 부활하여 편재하고 있는 그리스도는 모든 운동을 통합하는 원칙이며, 진화과정의 목표이며, 면류관이었다. 그러나 이러한 세계의 '그리스도 중심의 우주관' 을 최초에 표명한 사람은 골로새 교회 신도들에게 편지를 쓴 바울이었다. 바울은 '보이지 않는 하나님의 형상' 이신 그리스도 안에서 "만물이 결합되어 있던 우주 전체는 그리스도를 통해서 또 그리스도를 위하여 창조되었다."(골 1 : 15-17, NEB)라고 말하였다. 하나님의 섭리하에서는 이단에게도 운좋은 부산물이 될 수 있다. 왜냐하면 골로새에 이단이 발생했기 때문에 바울은 그리스도에게 자유롭게 일하는 위치를 주며, 그리스도를 우주적인 그리스도로서 서술하게 되었기 때문이다.

그러나 처음에 우주에 눈을 돌리지 않고 골로새 도시에 눈을 돌리는 것이 좋을 것이다. 지도상으로 에베소를 찾아내어 거기로부터 동쪽으로

160Km 정도 내륙으로 눈을 옮긴다면 라오디게아, 히에라폴리스의 도시는 둘 다 골로새서 4 : 13에 나타나고 있으나 이 도시들은 중간에 강을 끼고 그 양쪽에 위치하고 있다. 그 강의 조금 상류에 그 강을 두 다리를 벌리고 걸쳐 있는 모양의 골로새 도시가 있다. 골로새에는 많은 유대인들이 있었지만 주로 이방인의 주민이 대부분이었다.

이 도시에 교회를 세운 사람은 아마도 에바브라였을 것이다(1 : 7 ; 4 : 12). 바울이 3년간 에베소에서 전도한 결과 교회라 하기보다는 교구라고 불리는 것이 만들어지게 되었다. 내륙에 작은 교회를 일으킨 사람들은 의심할 것 없이 바울의 설교로 개종한 루카스(Lycus) 강 유역의 출신자들이었을 것이다. 그리고 에바브라만이 골로새에 있어서 바울의 친구였던 것은 아니다. 거기에는 빌레몬이 살고 있었고, 아킵보는 분명하게 그 지방의 일개의 목사였다(골 4 : 17 ; 몬 2). 이와 같이 바울은 한 번도 방문한 적이 없었으나(골 2 : 1) 이 교회에 강한 관심을 가지고 있었다. 이 사실이 라오디게아에 있는 자매교회의 경우에도 마찬가지이다(4 : 16).

바울이 로마 감옥에 갇혀 있던 어느 날(60－62년) 에바브라는 로마에 도착하였다. 그리고 골로새 회중 가운데 위험한 이단이 발생하였다고 보고하였다. 바울이 그 편지 안에서 말하고 있는 것을 실마리로 하여 판단한다면 그 이단의 일반적인 성격이 추론된다. 그 이단은 유대교와 그노시스교(그 당시의 이교도 '높은 사상')와 그리스도교를 기묘하게 혼합한 신지학(神知學)이었다. 그 이단에는 유대적인 특징이 있었다. 골로새서에는 절기(종교적 축제), 월삭(신월), 안식일, 그리고 천사예배에 열중하고 있는 것이 기록되어 있다(2 : 16, 18). 마찬가지로 그 이단에는 그노시스교적인 특징이 있었다. 바울은 '망상적인 사색'에 열중하며 '이 세상의 초보적 여러 영력'에 관심을 가진 위험한 '철학'에 관하여 말하고 있다(2 : 8). 더욱더 그 이단은 금욕주의와 '몸의 고행'을 강조했는데(2 : 20－23), 이것에서 문제가 되는 것은 그노시스교의 교리는 물질은 사악한 것이며, 하나님(또는 그 예배자)은 사악한 것과 아무런 접촉도 가질 수 없다는 암시를 받는다. (만일 물질이나 자기 육체가 본질적으로 악하다고 믿는다면 우리는 다음의 두 가지 중에서 하나를 택하지 않을 수 없게 된다. 다시 말하면 자기의 육체를 엄하게 금욕주의로 억제하거나, 육체는 악하고 나쁜 것이므로 아무렇게 하여도 괜찮다고 주장하거나 그 둘 중의 하나이다). 그리고 그 이단은 높은 데 계시는 하나님과 이 세상과의 사이에 영의 여러 중개자(spirit-mediators), 혹은 여러 가지 힘 속에 하나의 고위 계급제가 있다고 생각하는 것 같다. 그리고 그 고위 계급 안에 그리스도도 어떤 위치를 차지하고 있으나 가장 높은 위치는 아니었다.

따라서 그 이단의 잘못은 그리스도론적인 것이며, 또한 윤리적인 것이었다. 한편에 있어서 그 이단은 그리스도의 인격과 행위를 축소시키며, 그리스도의 특이성을 빼앗았다. 또 다른 한편에 있어서 그 이단은 동료 그리스도인에게 대하여 "붙잡지도 말고 맛보지도 말고 만지지도 말라."(21절) 고 하는 무익한 식물의 금기를 동반하는 거짓 금욕주의를 강요하였다. 그래서 바울은 자기 답변의 최초의 그리스도론적인 부분에 있어서 독자들에게 대하여 그리스도는 하나님의 전체성(통전)[1], 하나님의 완전한 충만으로 구원의 필요한 모든 것을 행하셨다고 서술해야 했다. 그리고 제2의 윤리적인 부분에 있어서 그리스도인들의 생활은 하나님의 선한 선물을 경멸치 말고 사악한 옛 이교적인 생활을 사정없이 끊고 부활하여 지배하시는 그리스도와 일체가 되는 새로운 생활을 하는 데 있다고 말해야 했다.

이 편지는 다음과 같이 분석할 수가 있다 :

1. 인사와 감사(1 : 1-12)
2. 그리스도의 인격과 그의 일(1 : 13-2 : 7)
3. 이단에 대한 경고(2 : 8-23)
4. 그리스도 안에서의 새로운 생활(3 : 1-4 : 6)
5. 인사와 축복(4 : 7-18)

1. 편지의 요약

바울과 디모데에게서 골로새에 있는 그리스도인들에게 :

나는 너희 그리스도인들의 믿음과 사랑을 듣고 하나님께 감사하고 있다. 너희의 사랑은 하늘에서 실현될 복음의 희망에 기초를 두었고, 이제 온 세계 도처에 퍼지고 있다. 에바브로가 너희의 사랑에 대하여 내게 말해 주었다. 나는 너희가 선한 일에 있어서 성장하며, 우리를 어두움의 지배에서 구출하여 사랑하는 아들의 나라에 들어가게 해주신 분을 믿기에 합당한 생활을 하도록 너희를 위하여 기도하고 있다.

그리스도는 보이지 않는 하나님의 형상이다. 그리스도는 창조 이전에 존재하였다. 창조는 그리스도를 통하여 행해졌으며, 그리스도를 위하여 만들어졌는 고로 보이는 세계와 보이지 않는 세계의 존재는 그리스도에게 신세를 지고 있다. 그리스도는 죽음의 최초의 정복자로서 고회의 머리이다. 그리고 교회는 그리스도의 몸이다. 하나님은 충만하게 그리스도 안에 거하시기를 선택하시고 십자가로 말미암아 우주 안에서 서로 적대하는 영역들을 모두 화해시켰다. 너희는 이전 하나님에게서 멀리 떠나 있었으나 너희가 들은 믿음과 희망에 굳게 서 있다면 그 화해에 참여할 수 있을 것이다.

나는 교회를 위하여 그리스도의 고난에 참여하는 것을 기뻐한다. 하나님은 오랫동안 감추어 두었던 비밀을 나에게 나타내셨다. 그 비밀이란 '너희 안에 있는 그리스도이며, 장차 오실 영광의 희망' 이다. 나는 그 비밀 안으로 모든 사람을 초대하려고 노력하고 있다(1장).

우리는 아직 만나 본 일이 없지만 너희와 라오디게아의 사람들이 사랑에 있어서 성장하며, 하나님의 비밀을－하나님의 지혜와 지식의 보배를 모두 구현하는 그리스도를－파악하도록 하는 것이 나의 관심사이다. 그래서 너희는 여러 가지 영역에 기인하여 사람이 만들어 낸 교훈과 그리스도에게 기초하지 아니한 가르침에 미끼가 되지 않기를 바란다. 그리스도에게는 너희의 구원을 위하여 필요한 모든 것이 있다. 참된 할례는 그리스도께서 가능케 한 것이다. 다시 말하면 세례에 있어서 그리스도와 함께 죽고 부활했을 때 너희는 이미 옛 생활에서 떠난 것이다. 너희가 죄 가운데 죽었을 때 하나님께서 너희를 그리스도와 함께 살리시며, 죄를 용서하시고 너희를 율법의 요구에서 자유케 하였다. 그리스도는 십자가상에서 이러한 적대하는 모든 힘을 타파하고 그 무장을 해제해 주셨다.

따라서 너희는 아무라도 식사나 절기에 대하여 잘못을 저지르지 말기를 바란다. 또 금욕주의나 천사예배에 유혹을 받아서는 안 될 것이다. 이러한 일에 굴복하게 된다면 너희의 머리이신 그리스도의 지체를 잃어버리게 될 것이다. 그리스도만이 그의 몸에 일치와 성장을 이룩할 수 있다. 너희가 그리스도와 함께 죽고 부활했을 때 너희에게는 이러한 여러 가지 힘의 모든 관련이 잃어진 것이다. 그런데도 불구하고 어째서 저희의 예배에 관한 저렇게 쓸데없는 금제(禁 制)에 주의한단 말이냐?(2장)

그리스도와 함께 살리심을 받았는 고로 그리스도가 지금 군림하고 있는 위에 있는 왕국을 찾으라. 땅에 있는 정욕－노여움, 추잡한 행위, 탐욕, 악의, 기타의 것－에서 인연을 끊어라. 너희의 구습을 좇는 악한 습관을 벗어 버리고 하나님의 백성의 새로운 옷－불쌍히 여김, 친절, 겸손, 온유, 인내, 그리고 모든 것을 하나로 결합케 하는 사랑－으로 옷 입으라. 하나님께서 주시는 새로운 인간성에 있어서는 인종이나 계급제도와 같은 옛 구별이나 차별은 제거되었다. 너희의 마음이 그리스도의 평화로 지배받도록 하라. 하나님께 찬송으로 노래하라. 그리고 모든 것을 그리스도의 이름으로 하라.

이제 너희의 가정에 대하여 한마디 말하겠다. 그리스도인의 가족들 가운데서는 아내는 남편에게 순종하며, 남편은 아내를 사랑해야 한다. 자녀는 부모에게 복종해야 한다. 그러한 고로 아버지는 거꾸로 자녀를 너그럽게 취급해야 한다. 노예는 사람을 기쁘게 하는 자가 아니고 하나님의 종으로서 자기의 주인에게 복종해야 한다. 그리고 주인은 노예도 또한 하늘의 주 하나님을 믿는 자인 것을 알고 노예를 인정있게 대우해야 한다(3장).

하나님께서 우리를 위하여 세계의 문을 열어 주신 것처럼 너희 기도 가운데 우리를 포함시켜 주기를 바란다. 그리스도인이 아닌 자들을 슬기롭게 대하며 저희들과 이야기할 때 은혜의 기지(機智)를 섞어라.

너희 도시의 출신인 오네시몬과 함께 형제 두기고를 보낸다. 두기고는 나의 사정을 남김없이 너희에게 전할 것이다. 나와 함께 잡혀 있는 아리스다고와 마가(그는 너희에게 가도록 되어 있다.)와 유스도라 하는 예수로부터 문안한다. 그들만이 유대인 그리스도인의 동료자들이며,[2] 저희는 틀임없이 나의 원기를 돋우어 주었다. 또 너희의 도시 출신인 에바브라에게서 문안을 보낸다. 그는 루커스강 유역에 있는 교회를 위하여 한결같이 일하며, 또 기도하고 있다. 또 사랑하는 의사 누가와 데마에게서 인사를 보낸다. 너희가 이 편지를 읽은 후에는 라오디게아의 그리스도인들에게도 읽기를 바란다. 또 너희는 라오디게아에서 온 편지[3] (이것은 아마도 에베소서를 가리킨 것일 것이다.)를 읽기 바란다. 또 말이 나온 김에 아킵보에게 자기의 직무에 돌아오라고 전하기 바란다.

이 인사를 나 바울의 친필로 쓰고 있다. 내가 감옥에 있다는 것을 기억하기 바란다. 하나님의 은혜가 너희와 함께하기를 기원한다(4장).

2. 편지의 관련성

이 고대의 편지는 오늘 우리에게 무엇을 말하고 있는가? 맨 처음에 이 편지는 골로새 사람들이 제안한 것과 같이 말하자면 심령론(spiritualism), 안식일 엄수주의(sabbatarianism), 인지학(anthroposophy), 또는 현대의 '고도의 사상' (다시 말하면 그노시스)와 같은 누더기 옷으로 그리스도교를 단장하려는 것으로 그리스도교를 개량하려는 모든 사람들에게 말하고 있다. 바울은 이 편지에서 우리에게 필요한 것은 모두 그리스도 안에 충만하게 넘치고 있다고 말하고 있다. 그리스도는 '보이지 않는 하나님의 형상'

(1 : 15)으로서 하나님의 계시자로서 충분한 분이시다. 그리스도는 하나님이 충만으로 그의 안에 거하신 분으로서, 또 "십자가의 피로 평화를 만들어 내신 자"(1 : 19-20)로서 구속주로서 충분하신 분이시다. 또 그리스도는 그의 몸인 교회의 머리로서 충분한 분이시다(1 : 18). 교회는 그리스도에게 충성을 다해야 하는 것같이 그리스도에게 의존해야 한다. 그러므로 우리는 이 밖의 어떤 중보자도, 금기도, 거짓 금욕주의도 필요하지 않다. 복음을 이질적인 예배로 형식적인 것만을 꾸며서 덧붙인다 하더라도 복음을 부패시키는 것뿐이고, 복음을 풍부하게 하지는 못한다.

그리고 둘째로 "**교회의 머리는 우주적인 차원의 인격이라.**"는 것이다. 「너희의 하나님은 너무나 작다」(The head of the church is a person of cosmic dimensions)라는 표제의 책에 있어서 필립스(J. B. Phillips)는 그 표제와 같이 말하고 있다. 바울이 골로새의 이단에게 말하고 있는 것은-그리고 현대의 많은 그리스도인들에게 말하고 있는 것은-"너희의 그리스도는 너무나도 작다."는 것이다. "그리스도는 그의 부활과 높이 올리심으로 말미암아 그의 아버지의 우주 안에 해방을 받도록 되었다. 지음받은 창조물은 모두 그리스도 안에서 결합되며, 역사는 모두 그를 향하여 집합하고 있다." 바꾸어 말하면, 그리스도에게 관하여 생각할 때 우리는 테야르드(Teilhard)와 그 밖의 사람들이 말하고 있는 것처럼 새로 큰 신학 지도를 사용하게 되어야 할 것이다. 바울은 골로새서 1장에 있어서 그리스도에 관하여 고매하게 말하고 있는 것은 어떠한 참된 그리스도론이 말씀되어야 할 것인가이다. 그것은 그리스도의 사실이 여러 가지 점에서 창조물에 새겨져 있다는 것, 창조물은 모두 그리스도를 바라보고 있다는 것, 그리고 진화하는 우주는 이상한 방법으로 그 가운데서 그리스도의 약속을 운반하고 있다는 것이다.

시인은 종종 최선의 신학자일 때도 있다. 바울은 물론 진실로 광대한 우주가 알려지기 훨씬 이전에 살았다. 그러나 그가 영국의 여류시인 아리스 메이넬(Alice Meynell)의 '우주의 그리스도'를 읽었다면 확실히 바울은 그렇다고 수긍했을 것임에 틀림없다.

그녀는 예수의 지상생활에 대해서 읊기 시작한다 :

한 동정녀에게 고지되어 인간으로서 출생하였다.
교훈을 말씀하시며 그 젊은이는 십자가에 달리셨다.

그러나

어떤 혹성도 알지 못했다.
토지와 파도를 운반하며 우리의 사는 이 혹성이
중요한 보물로서 하나의 버려진 무덤을 운반하고 있다니.

짧은 시간 속에 살고 있는 우리는 부활하신 그리스도께서 하나님의 큰 우주 안에서 널리 일하고 있다는 것을 추론할 수 없을 것이다. 그러나 그녀는 다음과 같이 끝내고 있다 :

그러나 영원한 시간에 있어서 의심할 것 없이
이 세상 것이 아닌 무수의 복음을
우리는 함께 이야기하며 또 읽을 것이다.
'그'는 어떤 모양으로 플레이아데스 성단, 수금성좌, 곰좌를 걸었을까?

아! 나의 혼이여, 준비하라.
생각지도 않은 것을 읽으며
저 별이 나타내는 하나님의 무한한 형태를 자세히 조사하자.
그리고 한 '사람'을 저 별에게 보이자.

제 19 장

데살로니가에 있는 성도들 : 데살로니가 전후서

대영 박물관에 가면 데살로니가에서 발견된 제1세기의 것이라고 생각할 수 있는 비문를 볼 수 있다. 그것은 옛날에 바르다 문(Vardar Gate)이라고 부르는 로마의 아치식 문 위에 있었다. 그 문은 데살로니가를 관통하는 에그나티아 공도(the *Via Egnatia*)를 단 중간에 끼고 서 있었다. 그 문의 미문에 의하면 시당국이 '정치의 문'(politarchs, 아주 희귀한 명칭이다)이라고 부름을 받았고, 이로 인하여 사도행전 17 : 6의 명칭이 정확하다는 것이 확증되었다. 이것은 대단히 흥미있는 일이다.

오늘의 살로니가, 그러니까 그 당시에 데살로니가는 마게도냐의 수도이며, 거기에는 중요한 항구가 있었다. 사도행전 17 : 1~10에 의하면 바울과 그 친구가 어떻게 하여 데살로니가에 가게 되었는가를 알 수 있다. 어떤 이는 사도들이 어디로 가든지 거기서 소동이 일어나든지 아니면 신앙부흥이 일어났다고 말하고 있다. 대략 49년에 바울이 실라와 디모데를 데리고 데살로니가에 도착했을 때에 소동과 신앙부흥이 동시에 일어났다. 바울의 전도활동으로 말미암아 유대인들과 그것보다도 더 많은 이방인들이, 거기다 그 도시의 귀부인들이 개종하여 풍성한 수확을 거두웠다. 그때에 믿지 않는 유대인들은 바울을 반대하여 폭동을 일으켰다. 그래서 그리스도의 사자들은 베뢰아로 옮기지 않을 수 없었다. 여기서도 같은 사건이 일어났다. 거기서 바울은 남쪽 아덴으로 가서 거기서 디모데를 북으로 보내어 데살로니가에서 무슨 일이 일어나고 있는가를 알아보려고 하였다(살전 3 : 1-2). 바울 자신은 아덴에서 고린도로 갔고(행 18 : 1), 고린도에서 18개월간 체재하였다. 고린도에 체재하는 동안에 두 친구(실라와 디모데)는 재차 바울을 만나게 되었다. 그 때에 디모데는 좋은 소식을 가지고 왔다(살전 3 : 6). 데살로니가의 젊은 교회는 평안하였고 심한 박해에도 용감하게 대결하고 있었다. 그러나 한두 가지 문제가 교회 안에서 일어났기 때문에 바울의 지도를 필요로 하였다. 성도덕은 만족한 상태는 아니었다. 개종자 중에는 나태한 자도 있었다. 또 그리스도가 재림하기 전에 죽은 친구들은 어떻게 될 것인가 걱정하고 있는 자도 있었다. 그래서 바울은 데살로니가 교회의 신도들에게 그의 첫째 편지를 썼다.[1]

그 연대는 어느 정도 정확하게 결정할 수 있다. 유명한 델피(Delphi)의 비문에 의하면 갈리오(행 18 : 11에 그 이름이 열거되었다. 또 철학자 세네카의 형제이기도 하다.)는 기원 51년 봄이거나 여름 초에 아가야의 총독이 되었다. 그의 수도는 고린도였다. 그 때까지 바울은 18개월간 고린도에 체재하였다. 그러므로 바울은 49년이나 50년 초에 데살로니가에 도착한 것이 틀림없다. 바울의 데살로니가를 방문할 때와 이 편지의 저작시기와는 그렇게 시간적으로 멀리 떨어져 있지 아니하므로 그 저작시기는 기원 50년으로 정해도 틀린 것은 아닐 것이다.

1. 데살로니가 전서

바울은 처음에 데살로니가의 사람들이 복음을 기쁨으로 받아들였고 고난 중에 있더라도 복음증거를 계속하고 있는 것에 대하여 감사하고 있다(1장). 그 후에 아마도 어떤 유대교적인 그리스도인들이 슬며시 들어오고 있는 문제에 대답하여 바울은 변명을 시작하고 있다. 그는 다음과 같이 쓰

고 있다 : “우리가 너희들 가운데서 행한 전도활동에 대하여 너희는 기억하고 있을 것이다. 우리는 너희에게 아주 성실했고 사람을 기쁘게 하려고 일하지 않았다. 우리는 마치 어머니가 자녀를 키우는 것같이 너희에게 너그럽게 대하였다. 우리는 우리 스스로가 생계를 유지하기 위하여 수고롭게 일하였다. 그리고 너희는 너희대로 우리의 사신 ‘메시지’를 인간의 말로서가 아니고 하나님의 말씀처럼 받아들였다. 그러기 때문에 너희는 자기의 동포들에게서 박해를 받았다. 하나님의 일에 반대하는 이런 사람들은 그 보응을 받을 것을 확신하라”(2장).

다음에 바울은 데살로니가에 돌아갈 수 없는 이유를 설명하고 있다. 그는 다음과 같이 말하고 있다 : “우리가 다시 너희에게 가려고 했으나 사단에게 방해를 받았다. 그래서 내가 아덴에 있는 동안에 디모데를 보내어 너희가 환난 중에서 어떻게 지내고 있는가 알아보려고 하였다. 그런데 디모데가 너희의 좋은 소식을 가지고 와서 들려주었다. 내가 얼마나 위로를 받고 기뻐하였는지, 또 재차 너희를 만나고 싶다는 것에 대하여 어떻게 말해야 좋을지 모른다. 머지않아서 하나님께서 나를 너희에게로 인도해 주실 것이다”(3장).

그 후에 바울은 전해 온 사항들을 취급하고 있다. 그는 다음과 같이 말하고 있다 : “우리가 너희에게 가르친 것을 기억하여라. 너희의 몸을 깨끗하게 하여라. 그리고 침착하게 자기의 일을 하여라. 너희는 이미 죽은 자기들의 사랑하는 자에 대하여 묻고 있다. 소망이 없는 사람들처럼 슬퍼하지 말라. 예수가 죽은 자들 가운데서 부활하신 것을 믿는다면 바로 그대로 하나님은 예수 안에서 잠자고 있는 사람들을 그리스도와 함께 부활케 하여 우리는 영원히 주와 함께 있게 될 것이다. 그리스도께서 영광 중에 재림하실 때 너희의 사랑하는 죽은 사람들은 먼저 그리스도를 만나는 사람들이 될 것이다”(4장).

“너희는 이 말세에 관한 소문에 요동해서는 안 된다. 주께서 언제 재림할 것인지 아무도 말할 수 없다. 중요한 것은 너희가 빛의 자녀로서 깨어 있는 것이다. 구원은 확실하다. 그리스도께서 죽으신 것은 우리가 깨어 있든지 자고 있든지 그리스도와 함께 살기 위함이다."

"너희 지도자를 존경하라. 나태하는 자는 경계하라. 항상 기뻐하라. 쉬지 말고 기도하라. 무슨 일이 일어나든지 감사하라. 너희는 성령의 은사와 예언자의 말에 대하여 물었구나. 그것을 잘 검토하여 좋은 것은 지키고 좋은 소리가 나지 않는 것은 물리치라."

"그리스도께서 재림할 때까지 하나님께서 너희를 축복하여 지켜 주시기를 기원한다. 평안의 입맞춤으로 우리 형제자매 모든 자에게 인사를 보낸다. 우리 형제자매 모두에게 이 편지가 읽히기를 바란다. 우리 주 예수 그리스도의 은혜가 너희와 함께 있을지어다"(5장).

2. 데살로니가 후서[2)]

바울의 데살로니가 후서는 전서가 쓰여진 직후에 쓰여진 것이 틀림없다. 이 후서는 분명하게 바울이 전서에 있어서 영광 중에 그리스도께서 재림할 것에 대하여 말한 것으로 발생한 일종의 오해를 풀기 위하여 계획한 것이다. 바울은 그리스도의 재림이 가까웠다는 인상을 주었고, 그 결과로 개종자들 중에 팔짱을 끼고 일하기를 싫어하는 자들이 생겼다면 그러한 사람들은 첫째로 어떤 사건들이 일어나고 있다는 것을 알아야 한다. 그러므로 그럴 때까지 나태해서는 안 된다고 말하고 있다.

바울은 처음에 박해 중에서 데살로니가의 개종자들이 믿음에 굳게 서 있다는 사실에 대하여 감사하고 있다. 그리스도가 재림하실 때 데살로니가 교회의 사람들을 박해하는 자들을 벌주실 것이다. 그렇게 하여 데살로니가 교회의 사람들은 상을 받을 것이다(1장).

이리하여 바울은 이 편지를 쓰게 된 첫째 이유에 대하여 – 그리스도의 재림에 관한 오해가 퍼지고 있는 것에 대하여 – 언급하고 있다. 바울은 다음과 같이 경고하고 있다 : "너희는 아무에게도 속여서는 안 된다. 주의 날은 어떤 이들이 말하는 것처럼 아직 오지도 않았고 '불법의 사람'[3] 이 나타날 때까지 오지 않을 것이다. 얼마 동안 그 불법의 사람이 나타나지 않도록 막아낼 것이다. 그러나 불법의 사람이 나타나서 최후의 악을 행할 때에 그는 주 예수로 말미암아 멸망당할 것이다. 그러나 너희 나의 독자들이여, 하나님은 너희에게 구원을 주시려고 작정하셨다. 그러니까 굳게 서서 내가 가르친 유전을 지키라"(2장).

마지막으로, 바울은 자기를 위하여 기도해 달라고 부탁한 후에 이 편지를 쓰게 된 둘째 이유를 언급하고 있다. 그것은 언제 그리스도가 재림할지 모른다는 것을 핑계로 어떤 사람들이 일하는 것을 그만두었다는 소식에 기인한 것이다. 바울은 다음과 같이 말하고 있다 : "이러한 사람에게서 멀리하라. 이런 일들은 내가 가르친 것도 아니고, 모범으로 보인 것도 아니다. 내가 말한 것은 '일하기 싫어하는 자는 먹지도 말아야 한다.' 는 것이었다. 침착하여 자기의 일을 조용히 계속하라. 청종하지 않는 자가 있거든 친구처럼 사귀지 않는 것이 좋다. 평화의 주께서 너희와 함께하시기를 기원한다." 그후 이 편지에 권위를 가지게 하기 위하여 자기의 손으로 인사를 쓰고 있다(3장).

이 두 통의 편지는 바울의 편지 중에서 '숨은 미인' (Cinderellas)으로 불려져 왔다. 이 두 통의 편지는 신학적인 문장으로 현저하지 않다는 이유로, 또 분명하게 평범한 충고와 마음에 들지 않는 묵시적 충고 등을 긁어모은 것이라는 이유로 인해 무시당하기 쉽다. 그러나 이 두 통의 편지는 가장 초기의 한 교회의 상황을 생생하게 보여 주고 있다. 그리고 이 편지의 변함없는 사신을 통찰해 본다면 이 편지에는 오늘날 우리에게 더욱더 유익한 충고가 들어 있다는 것을 알 수 있다. 이 편지는 무엇을 말하고 있는가? 중요한 것이 세 가지 있다. 그 하나는 만일 우리가 아무런 고생과 염려가 없는 인생을 소망한다면 그 사람은 아직 그리스도인의 소명을 이해하지 못하고 있다는 것이다. 둘째로, 그리스도인에게 있어서 죽음에는 그것이 어떻게 일어나든 간에 그 고통이 없어졌다는 것이다. 왜냐하면 그리스도와 일체가 되어 있는 사람들은 영원히 그리스도와 함께 있기 때문이다. 그리고 최후의 위기시대에 있어서 우리의 의무는 우리의 생활 규율에 굳게 서서 자기의 일을 계속하는 것이다.

옛날에 뉴잉글랜드에 있어서 사람들이 말세에 관하여 흥분상태에 있었을 때, 집회가 개최되고 있는 동안의 한낮에 노인 사회자가 "촛불을 가져오십시오. 그리고 자기 일을 계속하시오. 주께서 재림하실 때 자기의 의무를 조용히 실행하고 있는 것을 주에게 보이는 것보다 더 좋은 것이 있겠습니까?"라고 말하고 있었다.

이것이 바울 편지의 진의이다.

제 20 장

사랑으로 진리를 말함 : 빌레몬서

모두가 옛날의 것은 아니지만 애굽의 모래 속에서 파피루스의 편지가 발굴되었다. 그 몇 가지의 편지 가운데에 아우렐리우스 사라팜몬(Aurelius Sarapammon)이라 이름하는 사람에게서 그 대리인에게 보낸 한 통의 편지가 있었다. 그것은 다음과 같은 내용이다 :

> 내가 이 편지로 의뢰하고 싶은 것은 당신이 알렉산드리아라는 유명한 도시에 가서 35년 전에 도망친 당신의 지인 아무개라고 이름한(그 부분은 손실되어 있다.) 나의 노예를 찾아달라는 것이오. 이 노예를 찾거든 그를 구류해 두시오. 당신은 그를 감금하며 매로 칠 수도 있소. 그를 숨겨 준 사람은 아무라도 필요하다면 그 사람을 당국 앞에 고소할 권한을 주겠소.

이 편지에는 도망친 노예에 관하여 이상과 같이 기록되어 있다. 신약성서 안에 도망친 노예에 대하여 60년경에 쓰여진 또 한 통의 편지가 보존되어 있다. 그것은 바울이 빌레몬에게 써서 보낸 편지이다. 그리고 이 편지의 배경이 되어 있는 사건이 밝혀진다면 이 편지는 작은 것이지만 아주 인간성이 풍부한 편지인 것을 알게 될 것이다.

1. 집필의 사정

이 작은 드라마의 최초의 무대는 소아시아의 동쪽으로 160km 지점에 있는 도시 골로새이며, 그 세 사람의 주역은 바울, 빌레몬이라 이름하는 골로새의 한 시민과 그의 노예 오네시모이다.

바울의 에베소의 전도활동으로 말미암아 복음이 내륙의 골로새에 전해지게 되었다. 그리고 그의 최초의 개종자 중에 빌레몬과 그의 아내 압비아가 있었다. 저희는 선량한 그리스도인들이었으며, 그 교회의 집회는 확실히 저희 집에서 열렸던 것 같다. 그러나 불행하게도 오네시모라는 빌레몬의 한 노예가 주인의 돈을 제멋대로 써 버리고 도망쳤다. 이 노예는 방랑하여 최초에는 어디로 갔는지 분명치 않았다. 그러나 그는 마침내 로마에 나타났다. 오늘날 영국의 사람들이 돈을 충분히 가지고 있다면 의심할 것 없이 런던 대도시에 당도하는 것처럼 오네시모도 로마에 당도하였다. 그러나 거기서 다행하게도 이 사건에 이상한 섭리가 작동하였다. 그 무렵에 바울은 로마에 도착하여 그리스도인으로서 재판을 받게 되었다. 그런데 어느 날 바울의 감옥문이 열리고 오네시모가 들어왔다. 그가 어떻게 하여 바울을 발견했는지는 분명하지 않다. 하여간 오네시모는 자기의 부끄러운 이야기를 눈물을 흘리면서 차근차근 이야기했다고 상상된다. 그 결과 오네시모는 그리스도인이 되어 바울을 돕기 시작하였다. 그러면서 바울을 위로하였다. 바울은 오네시모를 대단히 좋아하였으나 기회가 오면 오네시모를 그의 주인에게 돌려보내는 것이 자기의 의무라고 생각하였다. 얼마 안 가서 그 때가 도래하였다. 어느 날 골로새에서 사자(messenger)가 바울이 있는 곳에 도착하여 교회 안에서 이단이 일어나고 있다는 것을 보고하면서 바울의 지도를 구하였다. 거기서 바울은 골로새에 있는 그리스도인들에게 편지를 썼던 것이다. 이것이 골로새서이다. 그러나 바울은 펜을 놓기 전에 오네시모에 대한 짤막한 편지를 써서 빌레몬에게 보냈다. 이것이 빌레몬서이다. 이 편지 가운데서 바울은 자기가 오네시모를 돌려보내는 것을 말하고 전과 다름없이 오네시모에게 친절하게 대하라고 부탁하고, 빌레몬이 오네시모를 자유하게 하며 오네시모와 같이 더욱 그리스도인의 봉사에 힘써 달라고 시사하였다.

2. 편지의 요약

바울은 "그리스도 예수를 위하여 갇힌 자 된 바울과 및 형제 디모데는 우리의 사랑을 받는 자요, 동역자인 빌레몬과 및 자매 압비아와 및 우리와 함께 군사된 아킵보와 네 집에 있는 교회에게 편지하노니 하나님 우리 아버지와 주 예수 그리스도로 좇아 은혜와 평강이 너희에게 있을지어다."라고 쓰기 시작하였다.

그 다음에 바울은 솜씨있게 다음과 같이 말하여 이 편지의 요점을 말할 준비를 한다 :

"나는 기도 중에 너희를 기억하여 항상 하나님께 감사하고 있다. 너의 주 예수에 대한, 또한 모든 하나님의 백성에 대한 믿음과 사랑에 대하여 들을 적에 네가 신앙에 참여함으로 말미암아 그리스도 안에서 우리의 하고 있는 모든 선한 일이 더욱더 널리 알려지게 되기를 기도하고 있다. 나의 형제여! 너의 활동으로 말미암아 하나님의 백성 가운데 새로운 마음이 주어졌으므로 나는 너의 사랑에 대하여 크게 기뻐하며, 또 격려를 받고 있다."

분명히 최근 빌레몬이 행한 친절한 행위가 바울의 귀에 들렸다. 바울이 이 일을 기뻐하면서 말하고 있는 것은 자기와 빌레몬과의 우정이 상처를 입을 염려가 있음을 말하지 않을 수 없었기 때문이다. 그래서 바울은 아주 신중하게 그 요점을 말하고 있다 :

"이러한 이유에서 아주 솔직하게 너에게 너의 의무를 다하라고 명령하고 싶었으나 사랑을 위하여 부탁함이 좋으리라고 생각한다. 그래서 이제 그리스도를 위하여 갇힌 자가 된 늙은 바울로서 감옥에서 내 아들이 된 자를 위하여 부탁하고 싶다."

이 마지막 말이 무슨 일인가 잠시 빌레몬이 당황할 것 같아 바울은 그 진의를 밝히고 있다 : "그것은 오네시모에 대한 일이다." (여기서 오네시모라는 이름은 헬라어로 '유익한' 이란 의미가 있다는 것에 주의하며, 우리는 바울이 말한 오네시모라는 이름이 적절한 언어유희인 것을 알아챌 수 있다).

"'유익한' 자는 이전에는 너에게 있어서 유익한 자라고는 말할 수 없었으나 이제 그 이름대로 너에게 있어서나 나에게 있어서도 유익한 자가 되었다. 나는 부득이 그를 나 있는 곳에 머물러 두게 하였다. 그것은 그를 돌려보내는 것이 나의 마음에 어긋나는 것같이 느껴졌기 때문이다. 그러나 나는 너의 승낙이 없이는 그렇게 하고 싶지는 않았다."

바울은 말을 계속하고 있다. "오네시모와 네가 잠시 동안 이별하여 있었던 이유는 아마도 네가 그를 되돌려서 선한 일을 하기 위해서였을 것이다. 더구나 이제는 노예에 대하여 좋은 일을 하기 위해서가 아니고 노예 이상의 사람으로서, 나에게 있어서도 노예 이상이고 너에게 있어서도 한 새로운 형제로서, 한 인간으로, 또한 한 그리스도인으로서 선한 일을 하기 위해서였다."

이렇게 말한 후에 바울은 마지막의 부탁을 말한다 : " 네가 나를 신앙의 동료로 여긴다면, 나를 환영한 것처럼 그를 환영하여라. 그러나 네가 아직도 그를 돈을 도적질한 자로 기억하고 있는가? 그렇다면 그것을 '내가 진 빚' 으로 해두기를 바란다. 나는 여기에 내 스스로 '너에게 차용한 것이 있다' (IOU)고 서명한다. 형제여, 주 안에 있는 너에게서 도움을 받기를 바란다. 너는 내게 순종하여 내가 구하는 것 이상으로 해줄 것을 확신하면서 이 편지를 써서 보낸다."

그리고 바울은 자기를 위하여 숙소를 예비해 두라고 부탁하고 있다. 그것은 바울이 자유의 몸이 될 것을 바랐기 때문이다. 바울은 자기의 친구들 – 그 중에는 마가와 누가가 있다 – 에게 인사를 보내면서 축복기도로 끝내고 있다.

3. 이 편지의 흥미와 가치

세 가지를 말할 필요가 있다.

첫째로, 이 짤막한 개인적인 편지가 성서 안에 보존되어 있다는 것은 확실히 바울의 호소한 것이 실패가 아니었다는 것을 증거하고 있다. 그러나 더욱더 그 이상의 것을 말해야 하겠다. 오네시모가 그 주인의 총애를 다시 받았다는 것뿐만 아니라 활동적인 봉사를 하여 바울에게 보답하게 되기를 바울은 바라고 있다는 강력한 암시[1]를 19절 이하에서 나타내고 있다. 빌레몬은 이 암시를 이해하였을까? 40년 후에 안디옥의 감독 이그나티우스(Ignatius)는 에베소의 그리스도인들에게 편지를 썼고, 저희의 감독 오네시모에게 대하여 언급하고 있다. 그는 오네시모를 '말로는 형언할 수 없는 사랑의 사람' 이라고 부르고 있다. 아마도 그는 바울의 이 편지의 문제에 대해 언급하고 있는 것이리라. 바울의 확신이 틀리지 않았다는 것을 증명하였다. 오네시모는 보답을 한 것이다.

둘째로, 빌레몬서는 '노예의 대헌장' (the Magna Carta of the slave)이라고 불려져 왔다. 물론 이 편지는 노예의 해방에 관한 소론(小論)은 아니다. 그리고 신약성서가 노예제도에 공연하게 비난하지 아니한 데 충격을 받는 자도 있다. 이러한 사람들은 초기 그리스도인들이 그 당시의 상황에 대하여 거의 아무것도 할 수 없었다-유혈의 혁명 같은 것을 일으키지 않았다-는 것을 상기해야 할 것이다. 당시 그리스도인들은 공적 사건에 대하여 발언권도, 투표권도 없었다. 당시 그리스도인들이 할 수 있는 것이라고는 자기 자신의 말과 모범을 통해서 복음을 전파하며, 머지않아 노예제도가 가증한 것으로 이해되어 대대적으로 그것이 세상에 있어서 폐지되도록 주인과 노예와의 관계를 형성하는 것이었다. 이 편지는 이러한 원칙이 얼마 안 되어 그 유익한 활동을 일으키는 좋은 실례이다. 그리스도인들이 단호하게 노예제도에 반대하기 위해서는 아주 긴 시간을 필요로 했던 것이다. 이 일은 그 원칙을 손상시키지 않고 그리스도인들이 자기 손에 주어진 힘을 행사할 수 없었던 것을 나타내고 있다.

셋째로, 이 편지는 르낭(Renan ; 프랑스의 역사가)으로 하여금 "편지 문학의 걸작"이라고 불려짐을 받았을 뿐만 아니라 "사랑 안에서 참된 것을 말한"(엡 4 : 15) 바울 자신의 말을 완전히 실례로 나타내고 있다. 에딘버러의 New College의 친애하는 노 '랍비' 던칸(Duncan)은 "이 때까지의 가장 신사적인 편지"라고 이 편지를 적절히 요약하였다.

제 21 장

목회 서신 : 디모데 전후서, 디도서

디모데 전후서, 그리고 디도서는 1720년에 홀(Halle)[1)]의 Paul Anton에 의해서 목회서신(The Pastoral Epistles)이라고 부르게 되었다. 이 명칭은 적절하며 꼭 알맞다. 왜 그런가 하면 이 3통의 편지들은 대부분 신앙의 옹호, 교인들에 대한 배려, 그리고 목사 자신의 경건한 생활에 관하여 젊은 목사들에게 조언하는 말로 구성되어 있기 때문이다. 이 편지들의 주요 목적은 거짓 교훈을 비난하는 것을 따로 한다면 그리스도인의 품성과 행위의 뛰어난 기준을 확립케 하며, 사도적 교훈에 충실하도록 권면하고 있다. 그리고 이 편지에 거듭거듭 가르쳐지고 있는 것은 '건전한 교훈과 선한 행위' 에 관한 것이다.

그러나 이 편지를 쓴 목사는 바울일까? 바울의 이름은 확실히 각각 편지의 서두에 붙어 있다. 그러나 19세기 전반에 현대의 성서비평이 일어난 이래 많은 사람들은 바울이 이 서신들의 저자라는 것을 의심하게 되었다. 오늘날 실제로 학자들은 다음 세 그룹으로 나누어지고 있다.

(1) 완전히 바울의 저작이라고 인정하는 사람들
(2) 바울이 실제로 쓴 것의 단편이 바울의 제자들로 인하여 편집되었다고 보는

사람들

(3) 온전히 바울의 저작인 것을 부정하는 사람들

1. 역사적인 측면

이 편지는 사도행전에서 말하고 있는 바울의 생애의 역사적인 틀 속에 꼭 들어맞지 않는다고 논의된다. 그것에 대한 어려움은 인정하자. 그러나 바울의 여행이 사도행전의 마지막 장에서 끝났다고 아무도 확정할 수 없기 때문에 이 이의는 결정적인 것이 아니다. 옥중서신에서 판단한다면 바울은 로마 감옥에서 석방되기를 바랐다는 것을 알 수 있다. 바울에게 있어서 그와 같이 바라는 이유가 있었다. 왜냐하면 바울은 로마 정부의 판단에는 아무런 반역의 요소도 없었기 때문이다. 그리고 초기 교회에서는 바울이 실제로 무죄방면으로 석방되어 다시 여행을 떠났는데 재차 체포되어 유죄판결을 받아 로마에서 순교했다는 전승이 있었다. 만약 그것이 사실이라면 바울의 생애는 목회서신에 기록되어 있는 것에 적합하게 된다.

2. 교회적인 측면

목회서신에 서술되어 있는 교회는 바울시대에는 잘 알려져 있지 않았던 조직이 되어 있다고 논의되고 있다. 교회 정치는 더욱 발전하고 있는 것처럼 보이고, 감독, 장로, 집사 등의 세 종류의 성직자에 관하서 쓰여져 있고, 일정한 규칙과 규정이 있는 과부의 등록이 있었다－이러한 인상을 첫째로 받는 것은 의심이 없다. 그러나 이 점에 있어서 이 이의도 완전히 다른 이를 납득시킬 수 없다. 목회서신에 있어서 '감독'과 '장로'란 분명하게 같은 인물이다(딛 1 : 5－7 참조). '장로'는 그 칭호이고 '감독'은 감독자로서의 기능이다. 또 바울은 에베소의 장로를 '감독'이라고 부르며(행 20 : 17, 28), 빌립보서 1 : 1에서는 '감독과 집사'라고 말하고 있는 것이 알려지고 있다.

3. 교리적인 측면

목회서신에 있어서 비난되고 있는 이단은 바울시대보다는 후시대의 것이며, 비바울적인 '건전한 교훈' 이 강조되어 있다고 주장되고 있다. 그러나 목회서신에서 비난되고 있는 이단은 그노시스화한 유대주의다(딤전 1 : 3-7 ; 4 : 1-5 ; 6 : 3 이하, 20-21 ; 딛 1 : 10 이하 ; 3 : 1-10). 이것은 골로새서의 이단과 전연 다른 것일까? 우리는 한번 더 신중을 기해야 한다. 그러나 신학적인 면에서 본다면 목회서신에는 비바울적인 특색이 있는 것처럼 보인다. 목회서신에 있어서 '신앙' 은 종종 정통적인 신앙과 동의어이며, '의' 는 주로 윤리적이다. 이러한 특색이 거의 바울의 특징을 나타내는 것은 아니다. 목회서신이 율법에 대하여 말하고 있는 것은 바울적인 것이 아니다(딤전 1 : 8-11).

4. 문체적인 측면

목회서신의 용어와 문체는 바울의 그것들과는 상당히 다르다고 논의되고 있다. 이 점이 아마도 가장 유력한 이의일 것이다. 목회서신에서 사용되고 있는 헬라어는 전부 합해서 897어가 있으나, 그중에 순수하게 바울의 편지라고 인정되고 있는 편지에서 발견되지 않는 306어가 목회서신에 사용되고 있다. 뿐만 아니라 그 진지함과 꼼꼼함에 있어서 그 문장은 바울의 세련되지 않은, 그리고 폭발적인 문장과는 아주 대조적이다. 마지막으로 목회서신의 접속사(예를 들면 'οὖν' 〈한국어로는 그러면, 그래서, 따라서, 그 때문에, 그러므로〉이나, 'μέν……δέ' 〈그러나……아직〉이라는 말)가 사용되고 있으나 이것은 바울과는 현저하게 다르다.

어떻게 결론을 내리면 좋을까? 제1과 제2의 이의는 결정적인 것이 아니다. 그러나 제3과 제4의 이의는 대단히 중요하다고 생각된다. 이 몇 가지 이의를 종합해 본다면 반대편의 주장이 유력하다는 것은 의심할 것 없다. 그러나 디모데 전서 5 : 23, 디모데 후서 1 : 3 이하, 4 : 6~22, 디도서

3 : 12~15은 바울의 제자의 말이 아니고 바울 자신의 말이라고 생각하는 것을 누가 의심할 수 있겠는가? 이러한 문장에서 '단편설' 은 사람을 끌어당기며 개연성이 높다고 생각된다. 아마도 바울이 디모데와 디도에게 써서 보낸 몇 통의 진짜 짤막한 편지가 바울의 제자(이 제자 자신 혹은 교회의 지도자) 중의 한 사람의 수중에 들어와 그것이 훌륭한 신앙에 의해서 사용되어 목회서신을 편집했다고 믿어도 괜찮을 것이다. 실제로 이 사람은 목회서신을 바울의 이름으로 발행하였다. 그러나 당시의 유대인과 그리스도인의 서클 안에서 자기가 말해야 할 것에 이와 같이 뛰어난 사람의 권위를 빌려 오는 것은 결코 드문 일이 아니었다. 목회서신 중에는 바울의 유명한 문서의 단편이 들어 있으며, 그리고 그 단편으로 인하여 그 교훈이 유력하게 된 것이 아니었을까?

이 목회서신의 연대는 아마도 90~100년일 것이다.

디모데 전서의 요약

(디모데는 유대인의 어머니와 이방인의 아버지에게서 태어났다. 바울이 남갈라디아에 가서 제2차 전도여행을 하는 동안에 바울의 조수가 되었다〈행 16 : 1 이하〉. 그 후에 디모데는 바울의 전도여행의 대부분에 참가한 것뿐만 아니라 로마의 감옥에도 함께 있었다. 이 편지에는 에베소 교회의 전도를 위하여 머물러 있었다는 것이 가정되고 있다.)

바울에게서 디모데에게로 :

간절히 권면하는 것은 네가 에베소에 머물러 있으면서 신화와 족보 등을 취급하는 이단자에게 반대하여라. 겉으로만 나타내 보이는 율법교사들은 건전한 교훈과 죄인들을 위하여 하나님께서 나타내신 은혜의 아름다운 복음을 내버렸다. 나에게는 이 복음이 위탁되어 있다. (너희가 기억하고 있는 바와 같이 나는 전에 죄인의 괴수였으나 하나님의 은혜를 발견하였다.) 그러기 때문에 너에게 이렇게 명령한다(1장).

모든 사람을 위하여 기도를 드리도록 유의하라. 하나님은 모든 사람이 구원받기를 원하신다. (하나님과 사람 사이에 한 분 중보자 예수 그리스도가 있는 것처럼 하나님은 홀로 한 분이시다. 그리스도께서 우리 모두를 구속하기 위하여 죽으셨다. 그리고 나는 그 그리스도의 전파자〈herald〉이다). 나는 사람들이 기도를 드리기를 원한다. 여성들은 옷차림을 정숙하게 해야만 한다. 나는 여자들이 가르치는 일을 하는 것을 허락하지 않는다. 하나님은 자녀를 낳기 위하여 여자를 창조하였다. 여자는 그렇게 함으로써 하나님을 기쁘시게 할 것이다(2장).

감독에 대하여 말한다면, 감독은 비난할 것 없는 사람이어야 하며, 한 아내의 남편이며 탐욕하지 않고 자기 자신의 가족을 잘 다스리는 사람이어야 한다. 최근에 개종한 사람은 교만하기 쉬운 고로 선출해서는 안 된다. 집사도 또한 고결한 사람이며, 술을 마시지 않고 한 여자의 남편이며, 좋은 가족을 가지고 또 가족을 잘 다스리는 사람이어야 한다.

나는 머지않아 너희에게로 가고 싶다고 생각하고 있다. 그러나 가령 내가 가는 것이 늦어지는 일이 있다 하더라도 이 편지를 통해서 너희는 하나님의 가족인 교회에 있어서 어떻게 행동할 것인가 그 방법을 배울 수 있을 것이다. (우리에게 주어진 그리스도의 계시가 얼마나 아름다운 것일까? 그리스도는 나타났으며, 결백하다 입증을 받았으며, 전파되었으며, 하늘에 올리심을 받았다.)(3장)

거짓 금욕주의의 교사들로 인하여 신앙에서 멀리 떠난 자가 있는지도 모른다. 이와 같이 성령으로 알려져 있다. 그러나 우리는 하나님이 만드신 것은 무엇이든지 기뻐 받아야 할 것을 알고 있다. 건전한 교훈에 충실하라. 너희 자신이 영적으로 합당한 생활을 하라. 너희는 젊다고 해서 사람에게서 업신여김을 받지 말아야 한다. 오히려 신자의 모범이 되며, 가르침이나 설교할 수 있다는 자기의 은사를 양육하라(4장).

깊은 인정을 가지고 젊은이들에게나 노인들에게나 남자나 여자나 할 것

없이 모든 사람에게 대하여라. 이 세상에 있어서 정말 고독한 과부들에게 잘해 드려라. 그러나 가까운 친척이 있다면 그 과부를 돌보는 것은 친척의 의무이다. 과부들의 등록에 대하여 말해 보자. 등록은 60세 이상 되는 자로 할지니 한 남편의 아내였던 자가 그의 그리스도인으로 잘 알려져 있는 사람이어야 한다. 젊은 과부는 등록하지 말라. 젊은 과부는 신용할 수 없다. 쓸데없는 잡담을 하기 쉽다. 저희는 재혼시켜서 가족을 가지게 하는 것이 바람직하다.

성서에 기술되어 있는 대로 잘 다스리는 장로에게는 충분히 보상해야 한다. 두세 사람의 증인으로서 지지가 없거든 장로에 대한 소송을 받아들여서는 안 된다. 잘못을 범한 사람에 대해서는 터놓고 견책하라. 한쪽만 편들어서는 안 된다. 경솔하게 사람에게 안수해서는 안 된다. 말하는 김에 말하지만 물만 마시지 말고 소화를 위하여 포도주를 조금씩 마셔라(5장).

노예에 관하여 말한다. 노예는 그의 주인을 존경해야 한다. 그 주인이 그리스도인이라면 노예가 주인을 공경하지 않아도 좋다는 것은 이유에 합당하지 않다. 오히려 그와는 정반대로 공경하라.

이런 것들을 모두 역설하여라. 자만한 그노시스파의 사람들은 건전한 교훈에서 얼마나 멀리 떠나 있는 것일까? 저희는 논쟁을 즐기며 신앙을 이득으로 생각한다. 만족하다는 것을 아는 신앙에는 큰 유익이 있다. 그러나 금전의 욕망은 모든 악의 근원이다.

그러므로 하나님의 사람이여, 믿음의 경주장에서 경주하여 그리스도가 나타날 때까지 너에게 위탁한 것을 더럽히지 않도록 계속적으로 지키라. 부자들에게 행위에 있어서도 부하도록 일러주라. 이렇게 함으로써 참된 생명을 받게 된다. 그리고 네 자신이 위탁받은 것을 지키라. 그리고 '지식' 이라 불리는 무의미한 것에 귀를 기울이지 말라.

하나님의 은혜가 너희와 함께하기를 바라노라(6장).

디모데 후서의 요약

바울에게서 디모데에게 :

나는 너 때문에, 그리고 네가 그리스도인을 양육하고 있다는 것에 대하여 하나님께 감사하고 있다. 그러나 나는 네가 안수받았을 때 받은 은사를 재연시켜서 그리스도 안에 있는 하나님의 은혜의 복음을 용감하게 증언하라고 강권한다. 나는 그리스도의 사도다. 나는 지금은 고난을 당하고 있으나 하나님께서 마지막에 충족하게 채워 주실 것을 믿는 고로 굳게 서 있다. 내가 너에게 준 건전한 교훈을 좇으라. 아시아에 있는 자들은 모두 나를 버리고 떠나고 말았다. 그러나 나는 오네시보로가 로마에서나 에베소에서 얼마나 충실했는가에 대하여 상기하고 있다. (원컨대 주께서 저로 하여금 그 날에 주의 긍휼을 얻게 하여 주옵소서!)(1장)

너는 내게 들은 진리를 충실한 교사들에게 전하라. 그리고 다윗의 아들이며 부활의 주되신 예수 그리스도의 충실한 군병이 되어라. 이것이 바로 나의 복음이 전파되는 것이다. 나는 지금 쇠사슬에 매어 있으나 하나님의 말씀은 매이지 않는다. (세례식의) 찬미를 기억하라 :

> 우리가 만일 그와 함께 죽는다면
> 또한 그와 함께 생명으로 살아날 것이다.
> 만일 우리가 참고 견딘다면 우리가 받을 보상으로서
> 그와 함께 왕위에 앉을 것이다.

너는 자기의 신도들에게 거짓 교사들의 경건치 않은 재잘거림을 피하라고 일러주어라. 교회와 같은 큰 가족 안에는 그런 사람들이 반드시 존재하는 것은 틀림없다. 그러나 저희의 무의미한 논쟁을 피하라(2장).

이러한 여러 사악은 세상 끝이 가까우면 가까울수록 더욱 악화될 것이다. 실로 어떤 이들은 이미 복음의 파렴치한 풍자만화를 본받아 사람들을 올무에 빠지게 하며, 자기 자신의 욕망을 위하여 일한다. 너는 사도인 내가 안디옥과 갈라디아에서 고난을 당함에도 불구하고 주께서 어떻게 나를 보호해 주셨는가를 알고 있다. 그러므로 사악한 시대에 있어서 너 자신이 너의 받는 그리스도인의 유산과 성서에 입각하여 생활하라. 성서는 너를 하나님의 사람으로서 갖출 수 있다(3장).

하나님과 그리스도 앞에서 나는 네가 하나님의 말씀을 열심히 설교하기를 명한다. 거짓 교훈이 퍼지는 사악한 시대에 있어서 전도자의 임무를 다하기를 명령한다. 나의 지상생활은 거의 마지막이 가까웠다. 내가 받을 보상은 확실하다. 곧 내게로 오라. 누가를 제외하고는 나 혼자 있다. 마가를 데리고 왔으면 좋겠다. 그는 내게 유용하다. 또 드로아에 두고 온 나의 겉옷과 양피지를 가지고 와다오. 구리세공인 알렉산더를 주의하여라. 그는 내가 증거하고 있는 것처럼 위험한 인물이다. 나의 첫 번째 변명 때에 인간적인 후원자들은 모두 나를 도울 수 없었다. 그 때에 주께서 나를 구원해 주셨다. 항상 그러할 것이다. 에베소에 있는 나의 친구들에게 인사를 보낸다(4장).

디도서의 요약

바울에게서 디도에게 :

내가 너를 그레데에 두고 온 것은 그 부족한 것을 보충하며, 그 몇몇 도시에 장로들을 임명하고자 함이었다. 한 아내의 남편이며 믿는 자녀를 가진 성실한 사람들을 장로로 선출하라. 선한 감독이 필요하다. 그것은 수많은 종교적 협잡꾼들이 활동하고 있기 때문이다. (너희의 예언자가 말하기를 "그레데인들은 항상 거짓말쟁이며, 악한 짐승이며, 배만 위하는 게으름뱅이라."고 말하고 있는데 바로 그대로이다.) 저희는 하나님을 "알고 있다."그 고백한다. 그러나 저희는 저희 행동으로 하나님을 부정한다. 저희는 억제되어야 한다(1장).

건전한 교리를 가르치라. 연장자들에게는 스스로 절제하게 하며 분별력을 잃지 않게 하며, 신앙에 있어서 건전하도록 권면하라. 나이 많은 여자들에게는 경건하며 절제하며 젊은 여자들에게는 가정의 덕을 몸에 익히기 위해 잘 훈련하도록 권면하라. 젊은 남자들에게는 자제하도록 장려하며, 네 자신의 생활과 말로 모범을 보여라. 그리고 노예들에게는 주인에게 복종하며 성실하도록 권면하라. 그리하면 저희가 우리의 구주이신 하나님의 교리에 광채를 더할 것이다. 우리는 모두가 그리스도의 희생으로 말미암아 구속되어 그리스도의 출현을 대망하는 인간으로서 살 것이다. 이것을 권위있게 말하라(2장).

너는 자기 교회의 신자들로 이 세상의 권위에 복종하며 말다툼을 피하며, 모든 사람에게 친절을 보이는 일을 생각나게 하라. 우리도 이전에는 완악한 죄인이었으나 그리스도의 긍휼로 구원받았고, 그리스도의 은혜로 말미암아 의롭다 함을 받은 것을 상기케 하라. 율법에 관한 어리석은 사변과 논쟁을 피하라. 이단자에게는 한 번이나 두 번쯤 경고한 후에 이것을 피하라.

아데마나 두기고가 그레데의 너의 직무를 이어받을 것이다. 니고볼리에서 나를 상면하도록 최선을 다하라. 거기서 나는 과동하기로 작정하였다. 교법사 세나와 아볼로를 여행하도록 도우라. 여기에 있는 모두에게서 인사를 보내노라.

은혜가 너희와 함께 있기를 바라노라(3장).

이상 세 통의 편지에는 성령과 교회와의 사이에 성서적인 회화가 서술되어 있다. 그 회화로 말미암아 성령은 그리스도의 복음을 상기케 하여 그 복음에 적용하고 있다(그러기 때문에 바울의 편지의 단편이 조정되어 훌륭하게 마무리하게 되었다). 성령은 특히 목사에게 말하고 있다. 목회서신은 특히 성직자들의 것이다. 말하자면 성서 중의 성서이기 때문이다. 물론 전도는 저희의 중요한 일이다. 그러나 개종자들이 생겼을 때에 그들에게 건전한 교리와 유익한 도덕의 초보를 가르치는 일이 존속한다. 목회서신에는 현명한 지도지침이 넘치고 있다. 뿐만 아니라 목회서신에는 목사 자신의 영적 생활에 귀중한 여러 가지 사실들이 말씀되고 있다.

예전에 데니(James Denney)는 "바울의 편지에는 영감이 넘치고 있으나 목회서신은 정통적인 것뿐이다."라고 말하였다. 이 주해는 공평하다. 그러나 목회서신의 시대에는 영감보다는 건전한 교리가 필요했다. 그리고 목회서신의 정통적인 신앙은 오늘의 시대에도 유익하다. '건전한 교리'를 위협하고 초정통적인 신앙을 조롱하는 것은 쉬운 일이다. 그러나 아주 많은 비그리스도교적인 철학이 인간의 지지를 구하며 경쟁하여 신앙을 해롭게 하는 많은 시도가 오늘과 같은 세계에 있어서 누가 건전한 가르침의 필요를 부정할 수 있을까? 우리가 믿고 있는 대로 '신앙의 파선'을 당하는 것이 경솔한 것이 아니라면(딤전 1 : 19) 목회서신의 메시지가 지금도 적절하다.

마지막으로, 우리는 모두 목회서신이 말하는 상식에서 유익을 얻을 것이다. 목회서신은 항상 현실에서 유리하지 않도록 하며, 악한 것을 솔직한 이름으로 부르며 확실한 법칙을 주는 것이다. 그리스도인 남자들에 대하여는 근신하며, 또 그리스도인 여자들에 대해서는 정숙하도록 달하는 것이다. 이것은 진부한 소리로 들릴지 모른다. 그러나 이러한 것은 오늘날도 말할 필요가 있다는 것을 누가 부정할 것인가? 끝으로, 우리 모두가 전문적인 신학자이거나 심원한 신비가로 있을 수 없는 시대에 있어서 목회서신이 말하는 바의 신비적이 아닌 명백하고 솔직한 그리스도교는 여전하게 필요하다. 우리는 이것을 감사하자.

제 4 부

기타의 사도적 인물의 저작들

제 22 장

제사직에 관한 편지 : 히브리서

제1세기 마지막 10년간에 젊은 교회에 종교적인 사상에서 하나의 작은 걸작품이 유포되기 시작했다. 그것에는 명칭이 없었다. 그러나 얼마 안 가서 그것에 '히브리서' 란 서명이 붙게 되었다. 그 대부분은 그리스도의 완전한 대제사장적 성격을 논한 훌륭한 문장의 논문이다. 그러나 그것은 편지와 같이 짤막한 소식과 인사로서 끝나고 있다. 불행하게도 저자는 그것에 자기 이름을 명기하지 않았고, 또 무엇에 재촉을 받아 썼는가에 대해서도 아무것도 분명하게 말하지 않았다. 그러나 그 13장에 있어서 저자는 몇 가지 실마리를 남겨 두었다. 그것에서 해석할 수 있는 것을 생각해 보기로 하자.

1. 저자, 독자, 유인, 연대

저자는 누구일까? 영국의 흠정역성서(The Authorized Version)에는 바울이 그 저자로 되어 있다. 그러나 고대의 의견은 바울의 저작에 관하여 찬부양론으로 갈라지고 있었다. 그리고 오늘날 우리에게 있어서 그 문체와 사상에 있어서 히브리서가 바울의 것이 아니라는 것은 자명하다. 그 헬라어는 바울의 그것보다도 순수한 그레샤 말이며 리드미컬하다. 거기에다 그 저자와 바울과는 근본적인 그리스도교 신앙을 공유하고는 있으나, 그 저자는 바울의 특유한 방법과는 다른 방법으로 그리스도와 율법과 신앙에 관하여 말하고 있다.

그러나 그 저자가 바울이 아니라면 그는 누구일까? 바나바로 시작하여 아굴라의 아내 브리스길라에 이르기까지 추론되어지고 있다. (독일의 학자가 말한 바와 같이 아굴라가 실제로 교양있는 아내에게 괴롭힘을 받았다는 증거는 하나도 없다.) 그러나 현대의 많은 학자들의 견해에 의하면 저자의 명예를 요구할 수 있는 가장 적절한 인물이 있다.[1] 13 : 23에 '우리 형제 디모데' 에게 언급한 것에서 저자는 바울의 동료였다는 것을 알 수 있다. 그 이상의 것이 추론될 수 있을까? 사도행전 18 : 24에서 누가는 바울의 동료인 아볼로에 관해서 다음과 같이 말하고 있다. 즉, "알렉산드리아에서 난 아볼로라 하는 유대인이 학문이 많고 성경에 능한 자"라고 말하고 있다. 따라서 아볼로는 (1) 그리스도인이 된 유대인이요, (2) 웅변한 설교자요, (3) 알렉산드리아의 태생이요, (4) 구약성서에 정통한 사람이었다. 자, 이 네 가지 조건은 훌륭하게 히브리서를 쓴 사람으로 들어맞는다. 이 저자는 유대인으로 그리스도인이었다. 저자의 수사학적인 문체와 독자들에게 권면하기 위하여 일시 중단한 습관 등은 저자가 설교자였다는 것을 암시하고 있다. 저자는 알렉산드리아에서 유행되고 있었다는 플라톤 철학의 견지에서 그리스도교를 해석하고 있다. 그리고 저자는 구약성서를 광범위하게 사용하고 있으며, 때로는 필로(Philo)와 같은 알렉산드리아의 유대인이 하는 것처럼 구약성서를 우화적으로(allegorizing) 해석하고 있다. 그래서 만일 히브리서의 표지에 이름을 꼭 써야 한다면 히브리서의 가장 유력한 후보자는 아볼로이다. 그리고 만일 아볼로가 아니라면 그런 경우에는 영적으로 말해서 그와 꼭 닮은 쌍동이 같은 인물일 것이다.

저자는 누구를 수신자로 삼고 이 편지를 썼을까? 무엇에 촉진을 받아 썼을까? 현대의 학자들 중에는 그의 독자들은 주로 이방인들이었으며, 거기다 무종교에 빠질 위험에 있었다고 주장하는 사람이 있다. 그러나 이 견해에 의하면 우상숭배에 떨어질 위험이 있는 이방인들에게 써 보낸 편지가 어째서 유대교와 그리스도교를 길게 대조시키는 형식을 취하지 않으면 안 되었는지에 대해서는 설명되지 않는다. 그 독자들은 유대교로 되돌아갈 위험이 있는 유대인 그리스도인이었다는 전통적인 견해가 훨씬 타당성이 있다. 그리고 맨슨(William Manson)[2]으로 해석한 현대적인 해석은 실로 이치에 들어맞는다. 맨슨은 독자들이 로마의 유대인 그리스도인의 교회이며, 그 그리스도인들은 박해로 위협받아 뒷걸음질쳐서 유대교 안에 숨어 버리려고 했다고 논하고 있다.

독자들이 있는 장소를 로마로 보는 주장이 유력하다. 이 편지는 95년경 로마에서 클레멘스(Clement)로 인하여 최초에 인용되었다. 그 저자와 클레멘스와는 교회의 지도자들을 서술할 때에 **헤구메노이**(hēgoumenoi)[3]라는 동일한 헬라어를 사용하였다. 디모데는 로마에서 잘 알려져 있었다(골 1 : 1 ; 몬 1). 그리고 인사를 보내는 '이탈리아에서 온 사람들' 이라는 어구(13 : 24)는 아마도 독자들이 그 같은 장소에 있었다는 것을 나타내는 것이다.

맨슨은 그 독자들이 유대인 그리스도인들이며, 박해에 위협을 당하여 유대교의 보호를 받을 수밖에 없었고, 유대교는 그리스도교가 로마에서 허용되지 않았던 시대에도 허용되었던 종교였다고 논하고 있으나, 이 맨슨의 논의는 마찬가지로 설득력이 있다. 독자들은 너무도 많은 유대교적인 신앙의 요소 안에서 살고 있었는 고로 뒷걸음질을 치며 자기들의 그리스도인으로서 소명의 넓은 시야에 대하여 맹목이 되었다. 이것과는 대조적으로, 이 저자는 사도행전 7장에 나타나고 있는 최초의 순교자 스데반과 동일하게 장래를 보는 넓은 시야를 가진 용감한 사람이었다. 저자는 스데반과 같이 인자의 보편적인 의미를 얼추 보았다(행 7 : 56 ; 단 7 : 13-14 참조). 그리고 또 새 이스라엘인 교회가 세계 전도에 가담하도록 정해져 있다는 것도 알고 있었다.[4]

이와 같은 견해로 말미암아 히브리서의 많은 것이 설명되었다. 예를 들면, 저자는 독자들이 그리스도인의 행로에서 떠내려가지 않도록 경고한다(2 : 1-4). 또 독자들이 자기들의 고백하는 신앙을 굳게 지키도록 부르고 있다(4 : 14). 또 이 편지의 주요 부분에 있어서(7 : 1-10 : 18) 그리스도로 말미암아 가져다준 새로운 은혜의 수단은 유대교가 단지 미리 지시하였다는 실체를 주는 것이라고 저자는 주장한다. 또 독자들이 주저앉지 않도록 경고한다(10 : 38-39). 또 11장에 있어서 독자들을 순례생활을 향하여 소집하고 있다. 또 "예수가 성문 밖에서 고난을 받았으니 우리도 그 능욕을 지고 영문 밖으로 그에게 나아가자."(13 : 13)고 요청하고 있다.

이 편지는 언제 쓰여졌을까? 아마도 유대인의 성전이 파괴된 70년 이전일 것이다. 만일 이 편지가 성전의 함락 이후에 쓰여졌다면 저자는 확실히 그 함락을 언급했을 것이며, 하나님은 옛부터 여러 성소의 이 중심지를 사용하지 않는다고 증거했을 것이 틀림없다. 이 편지에는 두 가지 박해가 언급되고 있다. 그 하나는 과거의 것이고, 또 하나는 이제 곧 일어나려는 것이다. 그 최초의 것은(10 : 32-33) 아마도 복음이 로마에 들어와 황제 클라우디우스(Claudius)가 유대인들을 로마에서 추방했을 때(49년), 로마의 회당에서 일어난 사태를 가리킨 것이라고 생각된다. 둘째 것은(12 : 3 이하) 64년의 네로 황제의 대학살이 되었던 그리스도인에 대한 최초의 탄압운동을 암시하고 있다. 이 저작의 연대는 63년경이 타당하다고 생각된다.

2. 히브리서의 내용

권면하기 위하여 논의를 중단하는 것은 설교자의 옛날부터의 방식이다. 히브리서의 저자는 처음 8장에 있어서 세 번이나 논의를 중단하고 있다. 그러니까 그의 논의의 실마리를 푸는 것은 반드시 쉬운 것은 아니다. 그러나 일단 그의 습관을 안다면(이에 대해서는 서술해 가면서 지적할 것이다.) 그의 논의의 진행방법에 따라갈 수 있을 것이다. 그의 편지는 다음의 두 부분으로 나눌 수 있다. (1) 주요 부분(1 : 1 - 10 : 18) (2) 결말의 권면 (10 : 19 - 13 : 25)이다.

주요 부분

맨 처음, 그 서문에 있어서 구약성서의 계시가 단편적인 것과는 대조적으로 하나님은 이제 이 '마지막 날에' 아들에게 있어서 완전한 자기 계시를 나타내셨다고 저자는 단언하고 있다. 그후 천사로 말미암아 율법이 주어졌다는 전통적인 견해보다 그리스도가 훨씬 위대하다고 저자는 그 논의를 전개하고 있다(1 - 2장). (그러나 2 : 1 - 4에 있어서 저자는 논의를 중단하고 짧게 그리스도인의 길에서 떠나가지 않도록 독자들에게 경고하고 있다.) 다음에 저자는 하나님의 집에서 아들은 종보다 나은 것같이 그리스도는 모세보다 우수한 것을 나타내고 있다(3 : 1 - 6). (재차 3 : 7 - 4 : 13에 있어서 탈선하며 하나님께로서 약속하신 '안식' 에 들어가는 데 실패하지 않도록 독자들에게 경고하고 있다.) 최후로 주요 테마 - 그리스도가 대제사장 - 에 도달했으며, 대제사장의 두 가지 자격 - 그리스도로 말미암아 대표가 되는 사람들과의 동정과 신적인 임명 - 이 그리스도 안에서 성취되었다는 것을 확인하고 있다(4 : 14 - 5 : 10). (다시 한번 5 : 11 - 6 : 12에 있어서 독자들이 실족하지 않도록 짧게 경고한다.) 그리고 6 : 13에 있어서 재차 편지의 주요 부분에 돌아가며 10 : 18까지 그것을 계속한다.

7장에 있어서 그리스도는 제사직의 한층 더 높은 차원에 속하고 있다는 것이 서술되고 있다. 그 높은 차원이란 아론으로 말미암아 대표되는 제사직이 아니라 태고의 멜기세덱으로 말미암아 대표되는 제사직이며(창 14 : 18 - 20 ; 시 110 : 4), 레위기의 제사직은 이상적인 대제사장인 그리스도의 제사직으로 말미암아 대치되고 있다.

8장에 있어서 그리스도는 이상적인 대제사장일 뿐만 아니라 이상적인 성소인 하늘에서 봉사하며, 그 직무는 예레미야로 예언된 하나님과 사람 사이에 새 계약을 세우는 일이라고 서술되고 있다(렘 31 : 31 이하).

9장에 있어서 이상적인 대제사장인 그리스도는 죄를 위하여 완전한 희생을 드렸다고 저자는 말하고 있다. 저자의 논의는 유대인의 희생의 무익한 것과 그리스도의 희생의 궁극적인 것을 입증하여 절정에 달하고 있다(10 : 1-18).

결어적인 권면

첫째로 저자는 독자들에게 그리스도로 말미암아 열려진 하나님의 면전에 나아갈 '새롭고 산 길'(the new and living way)이 주어지고 있다고 권고하며, 실족함에 따라오는 벌을 받지 않도록 경고하고 있다. 그래서 이전에 박해시에 독자들이 믿음에 굳게 섰던 것을 칭찬하며, 독자들이 믿음의 영웅들의 뒤를 이어받는 자들인 것을 상기케 한다. 저자는 독자들이 지금 받고 있는 고난은 하나님이 아버지로서 훈련하는 증거인 것을 말하며, 옛 계약의 공포와 새 계약의 영광 등을 강하게 대비하고 있다(12장). 마지막 장(13장)은 여러 가지 충고와 지도자에게 본받으라는 호소로 시작하여 다른 교훈에 주의하라고 경고한 후, 고상한 축도와 인사로써 종결하고 있다.

3. 히브리서의 사신

제1차 세계대전시에 그려진 캐터릭 캠프(Catterick Camp)의 그림은 무인지대에 죽어 있는 신호대를 보여 준다. 그 신호대는 포화(shell-fire)로 말미암아 절단된 전선을 수리하기 위하여 보냄을 받았다. 그는 거기에 넘어져서 추위로 죽었으나 그의 임무를 다하였다. 그는 굳어진 손에 절단된 전선 두 개의 양끝을 굳게 쥐고 있다. 이 그림의 아래쪽에는 '개통'이라는 의미심장한 한마디가 기록되어 있다.

이 그림이 히브리서의 저자가 말하고 싶었던 비유이다. 근본적으로 말하면 그리스도교는 하나님이 솔선하심에 기인하여 하나님과의 사귐에 - 다시 말해서, 하나님이 그리스도 안에서 행하심으로 가능하게 된 사귐 속에 – 인간이 들어가게 된 것이다. 그리스도가 오시기 전에는 인간은 '하나님과의 불화상태에' 있었다. 왜냐하면 인간의 죄로 인하여 하나님과 사람 사이에 접촉이 뚝 끊어져 버렸기 때문이다. 그리스도는 그의 자기 희생으로 말미암아 끊어진 양끝을 하나로 결합시켰고 하나님과 인간 사이에 단절된 관계를 수복하였다. 또는 다음과 같이도 말할 수 있다. 만일 플라톤이 그리스도인이었더라면 이렇게 말했을 것이라고 상상될 것같이 인간은 그리스도의 희생으로 말미암아 지상의 '그림자' 의 세계를 통하여 천상의 현실세계에 들어갈 수 있게 되었던 것이다. 이것은 유대교가 할 수 없었던 것이다.

히브리서 저자에게 있어서 종교는 예배로 말미암아 하나님께 가까이 가는 것이다. 그리고 이 접근을 방해하여 사람이 원래 이를 위하여 지음을 받은 하나님과의 사귐을 해치는 것이 죄이다. 만일 사람이 자기의 힘으로 하나님과의 사귐에 들어갈 수 있다면 인간은 어떤 방법을 취해서라도 마치 전류를 통하게 하는 것같이 하나님에게 '통하게' 하고야 말았을 것이다. 그러나 어떤 방법으로 한단 말인가? 유대교의 예배는 – 제사장과 성소와 희생의 모든 체계는 – 인간을 하나님과의 사귐에 데리고 갈 수 있다고 고백하였다. 그러나 유감스럽게도 그것은 불가능했다. 그것은 육적인 것은 깨끗하게 할 수 있을런지 모르나 죄로 더러워진 양심을 깨끗하게 할 수는 없다 :

> 유대인의 제단 위에 살해된
>   모든 동물의 피도
> 죄를 범한 양심에 평안을 줄 수 없고,
>   그 오점을 제거할 수도 없다.

그리스도교는 최종적인 종교다. 왜냐하면 유대교가 단지 암시만 하는 하나님께 가까이 접근하는 것을 그리스도의 희생으로 말미암아 확실하게 하기 때문이다. 그리스도와 함께 우리는 '그림자에서 진리에로' 옮겨지고 있다.

이것이 히브리서의 주제이다 : 플라톤의 2중적인 견해[5]의 - 그림자인 것과 현실적인 것의 - 세계관을 사용하여 히브리서 저자는 8~10장에 있어서 유대교로 말미암아 제공되는 물건으로 겉보기의 접근과 이제 그리스도 안에서 하나님으로 말미암아 현실적인 것으로 보는 영적이며, 참된 접근을 대비시키고 있다. 그리스도는 이상적인 대제사장이며, 이상적인 희생(자기 자신의 하나님께 대한 완전한 복종으로의 희생, 10 : 5-10 참조)을 드림으로 말미암아 하늘에 있는 지성소에 이르는 길이 개통되었다. 이와 같이 하여 그리스도인들은 '멸하지 않는 참되고 깨끗한 하나의 희생' 의 혜택으로 이제 여기서 믿음으로 말미암아 하늘나라에 들어가며, '여러 영의 아버지 하나님' [6]과의 사귐을 가질 수 있게 된다.

제1세기에 쓰여진 걸작인 이 편지는 오늘날의 그리스도인들에게 무엇을 말하고 있을까? 저자의 논의와 해석은 유행에 뒤떨어졌거나 부적절하게 된 것도 아니다. 의심할 바 없이 7장의 멜기세덱에 관하여 논할 때 저자는 성서가 침묵을 지키고 있는 가운데 너무나 많은 것을 제멋대로 읽고 있으며, 장막 설계의 서술은 골동품의 취미 이상의 것은 아닌 것같이 여겨진다고 판단할 것이다(9 : 1-5). 그러나 히브리서는 지금도 그리스도인들이 들을 필요가 있다는 세 가지 적절한 의견을 말하고 있다.

그 중의 첫째가 제사장에 관한 것이다. 자기가 '고교회파의 신자' (high churchmen)라고 부름을 받는 것을 떳떳하게 여기지 않는 사람들이라도, 또 의심을 품고 사제주의(sacerdotalism)제도를 보는 사람들이라도 "가장 높은 곳에 계시는 대능자(Majesty)의 오른편에 앉으신"(1 : 3 ; 8 : 1), 대제사장이면서 우리의 본성을 입고 우리의 연약함을 불쌍히 여기시는 예수의 모습이 히브리서 전체에 걸쳐서 말씀되고 있는 데 매력을 느낄 것이다. 장로제도의 사람들은 결코 '사제정치' (priestcraft)의 애호가는 아니다. 그러나 레븐(Leven) 호수의 시인 마이켈 브루스(Michael Bruce)[7]는 그 애호가 중의 한 사람이나, 그는 아마도 히브리서의 특색을 가장 아름답게 표현했

던 사람일 것이다 :

가장 높은 하늘의 신전에
사람의 손으로 짓지 않은 하나님의 집이 서 있다.
거기에 우리의 이성을 입은 대제사장이
인류의 보호자로 나타나신다.

그는 인간을 위한 보증인이시며
땅 위에서 그의 보배로운 피를 흘리셨다.
구세주시며 사람의 친구이신 그는
하늘에 있어서 그의 강력한 계획을 수행하고 있다.

그는 하늘에 올라가 지금 가장 높은 곳에 있으면서
형제의 눈을 땅 위에 굽혀 보시며
우리의 몸의 연약함을 아시고
인간성을 함께하신 분이다.

우리와 함께 고난을 짊어지신 분이 지금도
우리의 아픔을 함께 당하신다.
우리는 지금까지도 하늘에 있어서의
그의 눈물과 그의 고뇌와 그의 부르짖음을 기억하고 있다.

슬픔의 사람은 우리의 마음을 찢으며
모든 고난을 함께하신다.
그는 우리의 비통에 동정하시며
고난당하는 자에게 구원을 보내신다.

그러므로 담대하게 존전에 가까이하여
우리의 슬픔을 모두 알리자.
그리고 하늘의 능력의 도움을 구하여
악한 시대에 사는 우리를 도와 달라고 구하자.

만일 이것이 '사제제도'라면 우리는 아무리 많은 것을 듣는다 해도 지나치게 들은 것이 아니다. '제사장 정치'에 관하여 말하는 것은 그만두고라도 하늘에 있어서의 그리스도의 중보기도의 교리－로마서 8 : 34과 요한 일서 2 : 1에서도 볼 수 있다－는 그리스도의 속죄 죽음의 신앙을 보충하는 것으로서 필요하지 않겠는가? 결국 스위트(H. B. Swete)가 말하고 있는 것같이 우리는 그리스도께서 마음이 내키지 않은 채 하나님 앞에서 우리의 변명을 변호하여 탄원하는 사람처럼 묘사해서는 안될 것이다. 오히려 그리스도는 "그리스도의 요구를 항상 듣고 그것을 받아들이는 아버지 하나님에게서 그의 원하신 것을 묻고 있는 보좌에 계신 제사장이시며 왕"이시다.[8)]

둘째, 세계가 우리의 손으로 당해 낼 수 없는 오늘에 있어서 위에서 말한 것에 못지않게 들을 필요가 있는 것은 히브리서 11장에 울려퍼지는 훌륭한 순례의 어조들이다. 거기서 서술되고 있는 영웅들은 단지 여행의 모험을 한 사람들일 뿐만 아니라 자기의 마음의 고향, 곧 "하나님의 경영하시고 지으실 터가 있는 성"을 바랐던(11 : 10) 사람들이다. 이 사람들이 몸에 붙인 뺏지(badge)는 믿음이다. 그 믿음은 '꿈에 목숨을 내거는 일'이다. 실지로 11 : 1에서 "믿음은 바라는 것들의 실상이요, 보지 못하는 것들의 증거이다."라고 정의를 내리고 있다. 그러나 이 신앙은 "아브라함, 모세, 기타의 광야와 산중과 암혈과 토굴에 유리한" 사람들이며(11 : 18), 위험을 범하며 그것에 견딘 마카베아족의 순교자들에 이르는 사람들에게서 볼 수 있음같이 감히 모험적인 것을 시도하며 그것을 참았던 '확신'이다. 그들은 "믿음의 주요 또 온전케 하시는 이"인(12 : 2) 예수 안에서 하늘의 도성을 구하면서 그들이 찾았던 도달점을 볼 수가 있었다. 예수는 신앙의 가장 힘있는 지휘관이며, 그가 길을 비취시며 '새로운 산 길'을 열었다. 이로 인하여 우리도 오늘날 하늘의 예루살렘을 목적삼고 여행할 수가 있다. 하늘의 예루살렘은 우리 영혼의 바라보는 최후의 목표이다.

셋째, 열광적이며 분파적인 사람이 아니라면 윌리암 맨슨이 우리를 위하여 찾아낸 전세계에 울려퍼지는 곡조에 대하여 이의를 말하지 않을 것이다. 만일 이의를 주창한다 할지라도 그리스도의 나라를 땅끝까지 전하라는 소명이 명료하게 들려지고 있는데도 불구하고, 우리가 무지하게도 옛 안전에 얼마나 강하게 달라붙어 있는가가 히브리서 저자에게서 배울 수 있는 것이다. 교회는 단지 신자가 외부세계의 올무에서 빠져 나오는 도피의 방주도 아니며 또 그래서도 안 된다. 교회는 신자들을 위한 휴식처인 것을 좋다고 생각할 것이 아니라 전투적으로 전진해 나가는 진정한 교회가 되어야 한다. 또 교회는 '가톨릭교회가 말하고 있는 것같이' 단지 그리스도의 '신비체'(mystical)인 것을 그만두고 세계 안에서 그리스도를 위하여 일하는 몸이 되어야 한다. 이러한 것을 회중에다 적용하여 말한다면 우리의 예배가 교회에서 추방되었다는 의식에 멈추지 않고 교회에서 밖으로 파견받아서 가고 있다는 의식으로 끝내야 할 것이다. 교회는 그 예배를 끝내게 될 때 "우리의 예배는 끝났다. 그러나 우리 그리스도인들의 봉사는 시작하려고 한다. 하나님과 함께 이 세상 안으로 되돌아가라." 함같이 회중을 해산시켜야 하는 것은 자명하다.

이 일에 당연한 결과로서 최후의 일이지만 히브리서 저자가 오늘 우리에게 말하고 있는바 아마도 가장 중요한 것이 제출되고 있다.[9)]

히브리서 13 : 7~8에 "하나님의 말씀을 너희에게 이르고 너희를 인도하던 자들을 생각하여 저의 행실의 종말을 주의하여 보고 저의 믿음을 본받으라. 그리스도는 어제나 오늘이나 영원토록 동일하시니라."고 기록되어 있다.

최초의 신앙자들은 믿는 자의 따를 고결한 모범을 남겨 두고 이 세상을 떠났기에 그 상을 받았다. 그러나 죽음은 벌써 주께 대하여 무력하게 되었다. 그리스도가 믿는 자들의 죄를 위하여 살았으며 고난당하셨으며, 죽으신 것은 어제의 일이었다. 그러나 그리스도는 오늘이나 영원토록 하나님의 영원한 나라에서 사시며, '필요할 때' '인간의 구주가 되시며 친구가 되셔서' 도와주실 수 있다. 이는 저자가 말하고 있는 것같이 "예수는 영원히 계시므로 그 제사 직분도 갈리지 아니하기"(7 : 24) 때문이다.

그러나 히브리서의 당시의 독자들이 알지 못한 것이 있었는데, 그것은 독자들의 그리스도는 변함이 없는 그리스도였으나, 그리스도는 계속적으로 전진하고 있으며, 믿는 자들로 하여금 항상 새롭게 신앙의 모험에로 부르고 있는 분이시라는 내용이다. 히브리서의 당시의 독자들은 변화하는 세계에 살고 있으며, 저희에게 있어서 자기를 변화시키는 세계에 적합시키는 것은 대단히 어려운 일이었다. 그러나 저희의 변함이 없는 주는 다른 그 밖의 변화하는 세계에 계시며, 당시의 독자들에게 '영문 밖에' 계시는 그리스도 앞에 나아가도록 명령하고 있다.

오늘 우리도 옛 경계표(landmarks)가 곧 사라져 보이지 않게 되는 세계, 전대미문의 변화하는 시대에 살고 있다. 모든 확실치 못한 것과 위험한 것에 직면하여 우리도 또한 이 세상에서 떠나 옛 '영문'에 둘러싸인 곳에 주저앉아 옛 생활방법을 고집하고 싶어하는 유혹을 받는다. 그러나 그러한 것은 어리석은 일이며 무익한 일이다. 우리는 변하는 것은 없을지라도 항상 전진하는 그리스도를 섬길 필요가 있다. 가령 우리가 "진동치 못할 나라"(12 : 28)에 속하여 있다 하더라도 그리스도 안에 있는 계시는 동적인 것이며, 항상 우리를 그리스도인들의 사상과 행동의 새로운 차원에 소집하고 있다. 1620년에 로빈슨(John Robinson) 목사가 말한 바와 같이 "주는 자기 자신의 말씀으로 더욱 많은 빛과 진리를 말해야 한다."는 것이다. 그리스도의 이름으로 지배를 받지 않는 토지는 아직 많이 남아 있다. 우리는 변함이 없는, 그러면서도 항상 전진하는 그리스도의 발자국을 따라 길의 도달점에서 하나님의 도성을 목적삼고 전진하도록 부름받고 있다.

제 23 장

실천적 서신 : 야고보서

"세상의 평판이나 풍문만으로 남을 비난한다."(Give a dog a bad name and hang him)는 속담이 있다. 루터는 야고보서에다 '악명'(a bad name)을 주었기 때문에 그 악명은 지금까지도 계속되고 있다. 그것은 야고보서를 "지푸라기 서신으로 거기에는 아무런 복음의 음향도 없다."라고 말한 것이다. 루터가 그렇게 말했던 것은 이해가 간다. 그는 이 편지를 그의 믿음만(sola fide)의 슬로건과 모순된 것처럼 생각하였다. 그것은 그렇다 하고, 이 편지는 결코 지푸라기 편지는 아니다. 신학적으로는 루터가 정립한 기준에 달하지 못할런지 몰라도, 신약성서 중에 그리스도교의 실천성에 관하여 이 편지 이상으로 열심히 말하는 저자는 없을 것이다.

야고보는 누구일까?

편지 그 자체에서 얻을 수 있는 대답은 "하나님과 주 예수 그리스도의 종 야고보"이다(1 : 1). 여기에 저자가 사도라고 하는 주장은 전혀 볼 수 없다. 그러나 많은 사람들에 의하면 이 편지는 신약성서에 있어서 탁월한 인물 야고보 – "주의 형제 야고보"(막 6 : 3 ; 갈 1 : 19, 기타) – 의 저작이라고 주장되어 왔다. 주의 형제 야고보는 예수의 육적 생활 시대에는 예수를 믿지 않았으나 부활하신 그리스도가 그에게 나타나셨음으로 말미암아 그 신앙을 가지게 되었다(고전 15 : 7). 사도행전에는 야고보가 예루살렘 모교회의 탁월한 지위에 있었다는 것이 기술되어 있다. 요세푸스의 역사에 의하면 야고보는 기원 62년에 순교했다는 것을 알 수 있다.

이 견해를 지지하면 세 가지 논의가 전개된다. (1) 자기를 부르는데 아주 간단하다(1 : 1). 만일 무명의 저자가 주의 형제의 이름으로 이 편지를 공개했다면 '사도' 라든가 '주의 형제' 라는 말이 첨부되었을 것이다. (2) 이 편지는 유대인 그리스도인적인 경향이 농후하다(2 : 2 ; 5 : 4, 11). (3) 예수의 가르친 교훈 그대로의 것이 되풀이한 것이 이 편지 안에 열 군데나 발견된다(1 : 5-6, 22 ; 2 : 5, 8, 13 ; 3 : 12, 18 ; 4 : 10, 12 ; 5 : 12). 그러나 또 한편에 이 편지의 헬라어가 아주 훌륭한 것이라는 것, 또 교회가 이 편지를 성서의 정전 가운데 넣는 것을 주저했다는 것 등으로 '의인 야고보' (이렇게 부름을 받았다.)가 저자가 아니라고 의심을 사는 것이고, 또 이 편지의 저자는 야고보의 교회에 있어서 권위있는 위치를 차지하고 있었던 또 한 사람 야고보가 있지 않았던가 생각하게 되었다.

야고보는 '흩어져 있는 열두 지파에게' 이 편지를 쓰고 있다(1 : 1). 문자적으로 해석한다면 이 편지는 세계 사방에 흩어져 있는 유대인들에게 보낸 것이라고 할 것이다. 그러나 다시 이 말은 아마도 저희의 하늘 고향을 멀리 떠나 살고 있는 참된 하나님의 백성, 새 이스라엘인 교회를 가리키는 것일 것이다(벧전 1 : 1 참조).

만약 저자가 주의 형제 야고보라면 이 편지는 62년 이전에 쓰여진 것이 된다. 또 다른 한 사람 야고보라면 저작연대는 더 나중이 될 것이다. 야고보서 2 : 14~26의 말씀에서 판단한다면, 이 편지가 기록될 무렵의 사람들 중에는 바울의 신앙의 교리를 왜곡하며 신앙이 전부이고 행위는 별로 중요하지 않다고 말을 하는 사람이 있었다는 것만은 확실하다.

이 편지는 '윤리에 관한 스크랩북' (scrap-book)이라고 불려지고 있다. 확실히 이 편지에는 분명한 어떤 형체가 있는 것도 아니며, 전개되는 논리가 있는 것도 아니다. 야고보는 실제적인 신앙생활에서 화제를 취하여 명쾌한 짧은 문장으로 그 중점을 논술하고, 그 후에 다음 화제로 옮기고 있다. 그러나 그의 자료를 조금 재정리하면 이 편지 안에 다음과 같은 짤막한 설교가 있는 것을 알 수 있다 :

1. 시련과 유혹(1 : 2 – 8, 12 – 18)
2. 부함과 가난함(1 : 9 – 11 ; 2 : 1 – 13 ; 5 : 1 – 6)
3. 믿음과 행위(1 : 19 – 27 ; 2 : 14 – 26)
4. 말씀의 억제(3 : 1 – 12 ; 4 : 11 – 12 ; 5 : 12)
5. 인내와 기도(5 : 7 – 11, 13 – 20)

이 편지에서 짤막하게 세 가지를 발췌해 본다면 이 여러 설교의 성질을 알 수 있다. 최초에 '믿음과 행위' 로 잘 알려져 있는 주제에 대하여 야고보가 말하고 있는 것을 읽어 보기로 하자 :

> 나의 형제들이여, 자기에게 믿음이 있다 말하자. 믿음이 있는 것을 나타내 보이지 않는다면 무슨 유익이 있으리요? 그 믿음이 그 사람을 구원할 수 있겠느냐? 어떤 형제나 자매가 다 떨어진 옷을 입고 그 날에 먹을 양식이 충분히 없다고 하자. 그런데 너희 중의 누군가가 "행복하기를 바라오. 많이 먹으시오."라고 말만 하고 필요한 것은 하나도 주지 않았다고 하자. 그런 경우에 그렇게 따뜻하게 옷을 입고 배불리 먹으시오라고 말했다 한들 무슨 소용이 있겠느냐? 믿음의 경우에도 그와 마찬가지다. 믿음에 행함이 없으면 그것만으로는 생명이 없다(2 : 14 – 17).

다음에 '억제되지 않는 말' 의 위험에 대하여 야고보가 말하고 있는 것을 읽어 보기로 하자 :

> 아주 작은 불꽃 하나라도 정말 큰 재목을 가진 산을 태울 수 있는 것이 아닌가? 혀는 실로 불이다. 혀는 우리의 지체 중에 아주 나쁜 부분이다.……우리는 이 혀를 가지고 우리 주와 아버지 하나님을 찬양하며, 또한 그 같은 혀를 가지고 하나님의 형상대로 지음받은 형제를 조롱한다. 같은 입에서 찬송과 저주가 나온

다. 형제들이여, 이런 일이 있어서는 안 된다. 샘이 같은 구멍에서 신성한 물과 쓴 물을 낼 수가 있겠느냐? 형제들이여, 무화과나무가 감람열매를 맺으며, 포도나무가 무화과를 맺을 수 있겠느냐? 소금물도 신선한 물을 낼 수 없다(3 : 5 - 12, NEB).

마지막으로 '솔직한 말과 기도' 가 필요하다는 것에 대하여 야고보가 말하고 있는 것을 읽어 보기로 하자 :

형제들이여 '하늘로' 나 '땅으로' 나 그밖의 무엇으로든지 맹세하지 말라. 너희가 '옳다' 나 '아니다' 를 말할 때 솔직하게 '옳다' 혹은 '아니다' 라고 말하라. 그렇지 않으면 너희는 심판을 받게 될 것이다(마 5 : 34 - 37 참조).

너희 중에 어려움을 당하는 자가 있느냐? 그 사람은 기도할 것이다. 기뻐하는 자가 있느냐? 그는 찬송할 것이다. 너희 중에 병든 자가 있느냐? 그는 교회의 장로들(목사들)을 청하여 기도를 받을 것이며, 또 주의 이름으로 기름을 바를 것이니라(5 : 12 - 16, NEB).

간결한 것, 예언적인 것, 그리고 실천적인 것 - 이 세 가지가 야고보서를 요약하는 말이다. 야고보는 신랄한 어조로, 때로는 절박한 문체로 글을 썼다. 예를 들면 그는 "허탄한 사람아, 행함이 없는 믿음이 헛것인 줄 알고자 하느냐?"(2 : 20)라고 말하고 있으며, 또 듣기만 하고 행할 줄 모르는 사람들을 "거울로 자기의 생긴 얼굴을 보는 사람"과 같으나 제 자신을 보고 가서 그 모양이 어떠한 것을 곧 잊어버리는 자라고 비유하고 있다(1 : 23 - 24). 또 야고보는 자기의 쾌락과 금전을 하나님처럼 여기는 사람들, 또 가난한 사람들을 압박하며 거짓으로 남의 것을 훔치는 사람들을 지적하고 있다. 그럴 때 그의 예언자적인 영혼은 분연하여 타오른다(4 : 3 - 10 ; 5 : 1 - 6). 그러나 야고보가 시종일관하여 말하고 싶었던 것은 그리스도인의 신앙고백이 실천으로 나타나야 한다는 것이었다. "너희는 도를 행하는 자가 되고 듣기만 하여 자신을 속이는 자가 되지 말라."(1 : 22)는 말이 그의 요구이다. 야고보가 호소하고 있는 요지는 예수께서 호소했던 것과 같은 것이다. 예수는 "저희는 말만 하고 실행치 않는다."라고 말했다(마 23 : 3). 야고보는 이것을 "영혼이 없는 몸이 죽은 것같이 행함이 없는 믿음은 죽은 것이니라."(2 : 26)는 직유로 요약하였다.

그렇다면 야고보서는 믿음과 행함의 관점에서 바울과 조화할 수 없는 것일까? 그렇지 않다. 야고보가 비난하고 있는 것은 바울의 교리를 모방하고 있다. '믿음'과 '행함'이라는 것으로 바울과 야고보는 다른 것을 의미하고 있다. 야고보가 엄격하게 공격하는 '믿음'은 열매를 맺지 않는 정통적인 신앙, 단지 입으로만의 신경(신조)에 대한 예배이다. 야고보가 말하는 믿음은 "내가 하나님을 믿는다. 그러나 언제든지 나의 행함에 영향을 끼치지 않는다면 충분하지 않다."고 말하는 사람과 같은 신앙이다. 이것과는 대조적으로 바울에게 있어서 믿음이란 살아 계신 인격자 그리스도에게 대한 완전한 복종적인 신뢰이다. 거기다 바울은 '행함'이라는 말로 '율법의 행위'-"하늘 장부에 신용을 획득한다."라고 말함과 같은 것-를 의미하고 있다. 야고보는 '행함'이란 실천적인 믿음으로 인한 아름다운 행위, 예를 들면 어려움에 처한 과부나 고아를 돕는 것을(1 : 27) 의미하고 있다.

바울과 야고보는 사실을 말하는 방법이 다르고 강조하는 장소가 다른 것이지 결단코 두 사람 사이에 근본적인 모순이 있는 것은 아니다. 야고보는 바울이 "귀한 것은 사랑으로써 역사하는 믿음뿐이니라."(갈 5 : 6)고 하는 말에 동의할 것이다. 또 바울은 야고보가 "행함이 없는 믿음은 죽은 것이니라."(약 2 : 26)고 하는 말에 동의할 것이다. 또 두 사람은 모두 신앙에 관해서 가장 중요한 것은 믿음으로 사는 것임에 동의할 것이다. 그것은 포사이드(P. T. Forsyth)가 말하고 있는 바와 같이 "그리스도인은 믿음으로 살고 사랑으로 행동한다."고 말하기 때문이다.

제 24 장

희망의 서신 : 베드로 전서

베드로 전서는 희망의 편지이다. 그러나 그것은 단지 처음과 끝이 잘 되도록 소원하는 희망이 아니고 그리스도인의 희망 - '우리가 그리스도 안에서 믿음과 희망을 가지기 위하여' 예수를 죽은 자 가운데서 부활하게 하시고, '예수에게 영광을 주신' 하나님께 의뢰하며 활력있는 확신을 가지고 하늘의 후사를 바라는 희망 - 이다.

베드로가 이 편지를 쓴 것은 흑암의 시대에 그 희망의 등불을 비춰기 위한 것이었다. 그러나 그것은 어떠한 암흑의 시대였던가? 또 그와 같이 희망을 불러일으킬 필요가 있었던 그리스도인들은 어떤 사람들이었던가? 또 이 편지의 배후에 서 있는 것은 실제로 베드로였을까?

1. 저자와 그 독자들

'예수 그리스도의 사도 베드로' 라는 말로 이 편지는 시작되고 있다. 이 편지는 끝마치기 전 "내가 신실한 형제로 아는 실루아노로 말미암아 너희에게 간단히 써서 권한다."고 기록되어 있다(5 : 12). 이 편지는 필기자로서 일한 실루아노(행 15 - 17장에 기록된 실라)의 도움을 받아 사도 베드로가 쓴 편지라는 것이다.

전승은 모두 이 주장에 유리하다. 초기 교회에 있어서 이 편지의 신빙성에 관하여 의심을 품는 자는 없었다. 그 위에 이 편지의 내용을 보면 전승은 확실하다고 생각된다. 저자는 '그리스도의 고난의 증인' 이며, 또 '머지않아서 나타나실 영광에 참여할 자' 라고 주장하고 있다(5 : 1 – 이 말씀은 그리스도의 산상의 변모에 대해 언급한 것으로 읽을 수 있다). 베드로 전서 2 : 23에 의하면 저자가 예수의 재판에 대하여 알고 있는 지식은 직접으로 목격하여 알게 된 지식인 것처럼 생각된다. 이 편지의 속죄론은 마가복음의 그것과 거의 비슷하다(마가복음에는 전승에 의하면 베드로의 설교를 반영한 것이 있다고 한다). 그리고 이 편지에는 예수의 말씀이라고 추가하는 말이 10~12개가 인용되었거나 반영되고 있다.

마지막으로, 여러 가지 상세한 점에서 – 예수를 고난의 주의 종으로 보고 있는 것과 십자가를 '나무' 라고 말하는 것(2 : 24), 그리스도를 보배로운 돌로 해석하는(시 118 : 22) 점에서 – 이 편지와 사도행전의 베드로의 설교와의 사이에 유사점이 있는 것을 알 수 있다.

그러나 우리는 온갖 전통적인 견해에 의문을 가지는 시대에 살고 있기 때문에 베드로와 이 편지와의 관련성에 이의를 제기하거나 또 부정당한다고 해도 놀랄 것은 없다. 우리는 이러한 현대의 의문이나 부정의 실체가 어떠한 것인가를 알아야 한다.

첫째 의문은 언어적인 것이다. 즉, 북쪽 지방의 악센트가 있는 아람어를 말하는 어부가 이 편지와 같이 아름다운 헬라어를 쓸 수 있었을까? 하는 의문이 있다. 이것에 대하여 우리는 베드로가 헬라어를 쓸 수 없었다고 가정하는 권리는 없다고 대답하여도 좋을 것이다. 베드로는 '이방인의 갈릴리의' 출신이지만 그 곳은 두 나라 말을 말하는 지방이며, 그 곳의 주민은 아람어와 헬라어를 말하고 있었다. 그리고 베드로에게는 헬라어의 이름을 가지고 있는 것을 자랑하는 안드레라는 형제가 있었다. 그러나 이러한 변호도 할 필요가 없다. 왜냐하면 이 편지의 아름다운 헬라어는 쉽게 실루아노에게 돌릴 수 있기 때문이다. 환언한다면 베드로는 말하고, 실루아노는 그것을 받아 쓴 것이다. 우리가 실루아노에 대하여 알고 있는 지식에 의하면, 아마도 그렇다고 암시를 받을 것이다. 실루아노는 유대인이었으나 로마의 시민이었다. 그는 초기의 그리스도인 '예언자'이며 이방인 전도의 헌신적인 일꾼이었다. 그는 예루살렘 교회에 있어서 이러한 위치에 있었으므로 사도교령(the Apostolic Decree)을 이방인 그리스도인에게 전하며, 또 설명하도록 위탁받은 두 사람 중의 하나이다(행 15 : 22－23). 또한 그는 바울과 함께 일하였고, 바울과 공동으로 데살로니가 전서와 후서를 집필하였다. (베드로 전서의 상당히 많은 구가 데살로니가 전서와 후서의 어구와 유사하다.) 그러므로 첫째 이의는 유효하지 않다.

둘째 의문은 역사적인 것이다. 이것에 따르면 이 편지에 언급되어 있는 박해는 그리스도인이라는 것이 고발당하는 시대의 박해이며, 그것은 베드로가 죽은 후 시간이 상당히 지나 트라야누스(Trajan) 황제와 플리니우스(Pliny ; 로마의 저술가, 정치가) 사이에 유명한 편지가 교환되던 시대인 대략 112년경의 박해를 가리킨다고 한다.

그러나 이 이의도 마찬가지로 결정적인 것은 아니다. 이 편지 안에 중상적인 욕에 대한 언급이 있으나 4 : 14에서 독자들의 고난은 그들이 그리스도인으로 새 생활을 시작한 연고이며, 그것은 사실상 중압적인 것이었다는 것을 알 수 있다. 그러나 국가 박해가 의미한 것은 아니다. (1) 베드로 전서 5 : 9에 있어서 온 세계의 도처에 있는 교회가 고난을 당하고 있는 것을 말하고 있다. 그런데 3세기 이전의 박해는 모두가 대체로 국부적인 것이었다. 그러므로 이 편지에서 전해지고 있는 박해는 그리스도인들에게 대한 국가적인 공적 박해를 의미하는 것은 아니다. (2) 베드로 전서 2 : 13~14에 의하면 황제나 장관과 같은 이 세상의 권위에 대하여 충성하라고 말할 수 있었던 것을 알 수 있다.(이 상황은 요한 계시록과는 아주 다른 상황인 것을 알 수 있다.) (3) 이 편지가 전하고 있는 박해는 모두 개인적인 영역에 속한 것이고, 소수의 분리파에 대한 증오와 악감정에 의한 것이다.

그 박해는 국가적인 박해가 아니라, 유대인 학대와 아주 닮은 관헌에 의한 것이라기보다 신경을 건드린 사람들의 박해인 듯하다.

셋째의 의문은 신학적인 것이다. 이 편지에는 너무 많은 바울의 편지의 반향이 있으므로 베드로의 저작이라고 할 수 없다고 말한다. 이 사실의 증거로서 '그리스도 안에서' 라는 관용구가 사용되고 있다는 것, 이 편지에 그리스도의 속죄의 죽음을 말하고 있는 것, 또 그리스도인의 사회적 윤리에 관한 교훈이 있는 것(2 : 13 이하) 등이 지적되고 있다. 그러나 이 일에 관해서도 또 그 의문는 무너진다. 사회적 윤리부분에 있어서 베드로는 바울과 마찬가지로 사도적으로 보유한 공통적인 윤리 교훈[1]에서 – 초기의 그리스도교의 정도가 다 자유롭게 사용할 수 있었다는 것에서 – 인용하고 있다. 그 위에 막연하게 '바울적인 특징' (Paulinism)이라고 말해 왔던 많은 것이 이제 사도들에게서 전해진 일반적인 그리스도교 신앙인 것이 알려지고 있는 고로 이 편지의 '십자가' 에 관한 가르침이나 '그리스도 안에서' 라는 관용구가 사용되고 있음에 중점을 둘 수 없다. 마지막으로 이 편지를 쓰는 데 도왔던 실루아노는 아마도 이 편지 전체의 기초자였을 것이다.

그러므로 실루아노는 아마도 단지 필기자거나 비서 이상이었다는 것을 가미하여 우리는 전통에 따라 이 편지를 베드로의 저작이라고 하여도 좋을 것이다. 실루아노는 아마도 이 편지 전체의 기초자였을 것이다.

이 편지의 수신자들은 누구였는가? 그것은 "본도, 갈라디아, 갑바도기아 아시아와 비두니아에 흩어진 사람들"(1 : 1)이다. '흩어진 사람들' 이란 말은 보통으로는 팔레스타인 이외의 이방 지역에 살고 있는 유대인들을 의미한 것으로 첫째로 독자들은 네 개의 로마 현(행정적으로는 본도와 갑바도기아는 하나의 현을 이루고 있었다.)에 주소를 둔 자들이다. 그러나 이 편지를 읽어 본다면 그 독자들은 아마도 이방인들이었음을 알 수 있다(1 : 14, 18, 특히 4 : 3). 그리고 이 편지의 수신인들은 소아시아에 사는 개종한 지 얼마 되지 않은 이방인 그리스도인들이며, 이질적인 세계에 널리 산재해 있는 하나님의 참된 백성에게 들어온 사람들임은 거의 의심할 여지가 없다. 이 편지는 박해에도 불구하고 믿음에 굳게 서도록 격려하는 것이며, 아마도 이것은 회람장이며, 지정된 여러 지방에서 읽혀졌을 것이다.

2. 저작의 장소

어디서 이 편지가 쓰여졌는가? 그 실마리는 베드로 전서 5 : 13에 있다. "바벨론에 잇는 그녀가 너희에게 문안하느니라"(바벨론에 있는 교회가 너희에게 문안한다. 한국어 성서번역, 역자 삽입). 베드로는 아내를 데리고 있었다. 그러나 여기서는 베드로의 자기의 안내에 대한 언급은 전연 개연성이 없다. '그녀' 는 베드로가 거기서 편지를 쓰고 있는 교회를 가리키고 있다고 일반적으로 인정되고 있다(Moffatt 역에는 '바벨론에 있는 너희의 자매교회' 로 번역되어 있다). 그러나 왜 '바벨론' 이라고 말했을까? 이 바벨론은 유브라데 강 연안의 정원(인공정원)들이 있는 한 시대의 유명한 도시라고 할 수 있을까?

그 대답은 '아니오' 이다. 베드로와 바벨론과를 관계짓는 전승은 조금도 없다. 그러나 베드로와 로마와의 관계를 짓는 전승은 많이 있다. 따라서 베드로 전서에 잇는 '바벨론' 은 요한 계시록에서와 같이 익명(匿名)이라고 일반적으로 인정되고 있다(계 17 : 5 ; 18 : 2를 참조하라).

3. 저작의 연대

우리는 이미 이 편지는 플리니우스가 트라야누스와의 편지를 교환했던 시대에 기록했다고 보는 견해를 각하하였다. 네로의 박해시대에 로마에서 죽은 베드로가 이 편지의 배후에 서 있다는 것을 부정하는 유력한 이유는 없다고 본다. 그래서 대개 기원 63년의 연대가 이 편지에 암시되는 사항에 들어맞을 것이다. 이 시대에는 아직 로마 황제에게 충성하라고 권하는 것이 가능하며, 이 편지의 어법에 의하면 현실적으로 박해가 일어났다고 하기보다는 오히려 박해가 임박하고 있다는 것이 암시되고 있다. 우리는 이것을 기억할 것이다. 따라서 이 편지는 로마에서 일어난 박해가 지방의 현으로 퍼져 가고 있는 것처럼 보였다. 기원 64년의 대학살이 있기 조금 전에 쓰여진 것 같다. 그리고 그 이유로 말미암아 저자는 주의 깊게 로마의 익명으로 '바벨론'이라는 이름을 사용한 것이라고 추론해도 좋을 것이다.

4. 편지의 내용

베드로는 처음의 수신자의 주소와 부활의 그리스도에 대한 고상한 송영을 쓴 후 예언이 구원의 복음 안에 성취된 것을 말한다. 그리고 독자들은 거룩한 생활로 말미암아 복음에 응답하라고 명하고 있다(1 : 1－2 : 3).

그리스도는 하나님의 백성의 산 머리지만 독자들은 이러한 하나님의 백성 또는 '하나님의 전'으로서 한 임무를 행하도록 부름받는다. 그 직무는 제사장적으로는 영적 희생을 드리는 것이며, 예언자적으로는 흑암 중에서 빛 가운데로 불러들이는 하나님의 승리를 전하는 것이다(2 : 4－10).

이렇게 말한 후에 베드로는 예상한 대로 박해를 당함에 앞서서 그리스도인에게 필요한 사회생활의 필요한 여러 가지 모범을 독자들에게 가르치고 있다(2 : 11－3 : 12). 만일 박해가 도래한다면, 또 박해가 도래하게 될때에는 그리스도가 침착했던 것처럼 박해를 견디며 개종한 자로서 하나님의 의사에 따라 살아야 한다고 베드로는 말하고 있다(3 : 13－4 : 6). 이러한 위기의 시대에 있어서 각각 맡은 바 은사를 하나님의 영광을 위하여, 또 서로간의 유익을 위하여 활용하여야 한다(4 : 7－11).

박해라고 하는 격렬한 시련에 놀라서는 안 된다. 죄인으로서 또 타인의 일에 간섭하는 자로서 고난당하지 않도록 해야 하지만 그리스도를 위하여 고난받는 것을 기뻐할 것이니라(4 : 12－19).

베드로는 '장로 중의 하나'로서 또 '그리스도의 고난의 증인'으로서 장로들에게 대목자장이신 그리스도께서 상급 주실 것을 바라면서 그 하나님의 백성 무리를 충실히 먹이라고 명령한다(5 : 1-5). 베드로는 장로들이 이미 영광 중에 불러 주신 은혜로우신 하나님께 항상 의뢰하며 자기를 낮추고 깨어서 마음을 준비하여 시련 중에도 굳게 서도록 하고 있다(5 : 6-10).

그후 베드로는 자기의 필기자 실루아노와 '자기의 아들 마가' 의 이름을 열거하며 인사를 보내고 있다(5 : 12-14).

베드로 전서에는 두 개의 중요한 주제가 있다. 그중의 하나는 박해 중에 있어서 굳게 서라는 것이다. 또 하나는 선한 생활을 하라는 것이다(헬라어 〈ἀναστροφή〉 '생활방식', '품행', '처신' 의 뜻으로 신약성서의 13범례 중에 베드로 전서에는 6번의 예가 나타난다). 그러나 이 편지의 가장 중요한 주제는 흑암 중에 있는 그리스도인들에게 희망을 불러일으키는 것이다. 예수는 "의를 위하여 핍박을 받은 자는 복이 있도다."(마 5 : 10)라고 말씀하셨다. 예수의 축복에 대한 말씀에 주석이 없다. 이 편지에는 축복의 말씀을 냉소하며 박해를 견딜 만큼 음흉하고 말없는 스토아주의는 아니다. 이 편지는 그리스도의 진정한 기질을 포착한 문서이다. 그리스도는 자기 앞에 있는 기쁨을 위하여 십자가를 참고 견디었다(히 12 : 2). 이 편지는 하늘이 험악하고 원수가 습격하여 온다 하더라도 "너희를 위하여 하늘에 간직한 썩지 않고 더럽지 않고 쇠하지 아니하는 기업"(1 : 4)을 믿는 자가 상속한다는 희망을 호소하는 광채가 있는 문서이다.

통일문제에 대한 NOTE

이 편지의 본문에 있어서 4 : 11과 4 : 12의 사이에 단절이 있는 것같이 보인다. 4 : 11에 송영과 아멘이 있는 것뿐만 아니라 4 : 12에 있어서는 박해는 이미 시작한 것같이 보인다. 그것에 대하여 그 앞부분에서는 박해는 단지 가능성이다.

베드로 전서는 소아시아의 여러 교회에 보내는 편지이다. 그러나 어떤 교회는 박해를 받고 있으며, 다른 교회는 박해를 받지 않고 있는 것같이 보인다. 그러므로 베드로는 두 가지 형태의 편지를 발송했다는 암시를 받는다. 그중의 하나는 그 위험을 일반적으로 경고하는 것이고, 또 하나는 박해를 한참 받고 있는 사람들에 대한 권고이다. 의심할 것 없이 이 편지를 손에 들려 보내는 사람들에게 각각 그 교회에 있어서 그 상황에 맞는 부분을 읽도록 말씀한 것이라고 생각된다.

베드로 전서의 세례식의 설교에 관한 NOTE

1911년 패르델비쯔(Perdelwitz)라는 독일의 학자는 베드로 전서를 두 가지 부분으로 분할한 것뿐만 아니라 이 편지의 최초의 주요 부분은 새롭게 세례를 받는 사람들에게 한 설교였다고 논하였다. 또 송영과 새로운 부르심('사랑하는 자여')이 있는 것을 그는 4 : 11과 4 : 12 사이에 분명한 단절이 있음을 증거로 하였다. 그리고 4 : 12 이하의 박해는 현재 일어나고 있는 사실에 대하여, 그 전장에서 이미 말하고 있는 박해는 단지 가능성이라고 주장하였다. 따라서 그의 논리는 베드로 전서에는 두 개의 편지가 포함되어 있다는 것이다. 그리고 그는 4 : 11에서 끝나는 이 편지의 주요 부분은 세례식에 있어서의 설교이며, 남은 부분은 박해를 당하고 있는 교회에 대한 편지라고 하였다.

현대에 있어서 '범전례주의'(pan-liturgism)-즉, 어디에서나 초기의 그리스도인들의 예배의 영향을 찾아보려는 경향-라고 하는 것에 매력을 느껴서 이 설교를 지지하는 학자도 있다.

그러나 그것이 진정으로 옳다는 것을 증명하는 것은 없다. (1) 그 학설은 4 : 11과 4 : 12과의 사이에 완전한 단절이 있는 것을 가정하고 있다. 그러나 우리는 이미 이 어려운 문제에 관하여 더욱 납득이 갈 설명을 하였다. (2) 또 그 학설은 전연 시인할 수 없는 것이지만 처음에 부름, 그리고 끝에 개인적인 것을 말하는 법식을 허구라고 썼다. (3) 그리고 그 학설은 완전히 일반적인 무장 가운데도 무리하게 세례의 의미를 찾아내려고 한다. 베드로 전서 1~3장의 말씀을 해석하는 데 당연하다고 하는 것은 그 독자들이 최근의 개종하여 세례의 서약을 상기하도록 요구하고 있다. 이 편지에 있어서 '신생하는 것'이 세례에 결부되는 것이 아니고 부활(1 : 3)과 전파되고 있는 복음 안에 있는 하나님의 말씀(1 : 23)에 결부되고 있다는 것은 '세례식의 설교' 라는 설에 대하여는 확실히 불리하다.

따라서 베드로 전서는 세례식의 설교가 아니고, 새롭게 개종한 그리스도인에게 써서 보낸 보통 편지이며, 임박한 위험에 있어서 그 그리스도인들을 격려하며 모든 곤란을 이기는 믿음의 능력을 증언하도록 구했던 편지라는 것이 이상의 결론이다.

제 25 장

장로의 편지 : 요한 일서, 이서, 삼서

요한 일서

공동서신이라고 부르는 서신 중에 히브리서가 제사직에 관한 서신이고, 야고보서가 실천적인 서신이고, 베드로 전서가 희망의 서신이라고 한다면, 요한 일서는 생명의 서신이다.

요한에게 있어서 '생명' 또는 '영원한 생명' – 이것은 같은 것을 의미한다 – 은 구원 – 하나님이 그리스도 안에서 그 구원의 기원인 – 의 또 하나의 이름이다. '영원한 생명을 갖는다' 는 것은 '하나님의 나라에 있다' 는 것과 또 '그리스도 안에 있다' 는 것과 동의어다. 요한은 이 '생명' (ζωή)이라는 말로 시작하여(1 : 1) '생명' 이라는 말로 끝맺고 있다(5 : 20).

그가 '생명' 이라는 말은 무엇을 의미하느냐고 묻는다면 그것은 실로 '생명이신 생활', '중보자이신 그리스도로 말미암아 하나님과의 사귐 속에서 사는 생명', '죄의 노예의 상태에서 자유롭게 된 생명', '그 최선의 열매가 사랑인 생명', '결코 죽지 않는 생명' 이라고 대답할 것이다.

1. 저자와 그 목적과 그 독자들

이 편지에는 그 저자의 이름이 기록되어 있지는 않아도 그 저자는 분명하게 존경받는 장로이며, 그의 원숙한 경험에서 그의 '자녀들' 인 사람들에게 이 목회적인 편지를 쓰게 되었다. 그는 누구일까? 이 편지의 문체와 사상에는 고려할 만한 것이 있다 하더라도 이 편지는 제4복음서와 같은 사람으로 인하여 쓰여졌다. 이 편지 안에는 제4복음서와 같은 독특한 관용구와 어구들이 나타날 뿐만 아니라 이 편지의 사상 중에 제4복음서에 유사하지 않은 것은 거의 찾아볼 수 없다. 또 이 편지에는 빛과 어두움, 선과 악, 사랑과 미움, 생명과 죽음과 같은 큰 대조가 제4복음서에 못지않게 광범위하게 보급되어 있다. 따라서 요한 일서는 아마도 사도 요한의 제자인 장로 요한[1]의 저작일 것이다. (요한 이서와 요한 삼서는 요한 일서와 동일한 저자로 인하여 쓰여졌다는 것은 거의 확실하지만 요한은 자기를 '장로' 라고 부르고 있다.) 저작의 장소는 제4복음서와 동일하게 에베소 혹은 그 근처일 것이다. 독자들은 에베소 교구라고 부를 수 있는 지역교회였을 것이다. 그리고 이 편지는 제1세기 말엽 10년 사이에 쓰여졌을 것이다.

서신들과 복음서 중 어느 것이 먼저 쓰여졌을까? 이 편지의 많은 문장은 그것을 설명하기 위하여 복음서를 필요로 하는 고로 이 편지는 제4복음서 뒤에 쓰여졌을 것이다. 복음서는 하나님의 아들을 믿는 믿음으로 말미암아 생명을 받기 위하여 쓰여진 것이다(요 20 : 31). 그리고 이 편지는 요한복음서의 독자들이 이미 생명을 얻은 것을 어떻게 알 수 있는가를 설명하기 위하여 쓰여졌을 것이다(요일 5 : 13).

이 편지는 첫째로 믿음의 근본적인 것을 강조함으로써 독자들이 그리스도교의 신앙에 있어서 강하게 되기 위하여 쓰여진 것이다. 그러나 요한에게 있어서는 또 하나의 목적이 있었다. 역설적이지만 그리스도인의 사랑에 대하여 아주 많은 것을 말하는 이 편지는 또 크게 논쟁적이다. 이 편지의 첫째 목적이 신앙을 양육하는 데 있다면, 그 두 번째 목적은 공격하는 것 – 즉, '미혹의 영'(4 : 6)과 신자들을 '미혹케 하는' 선전자를 공격하는 것(2 : 26) – 에 있다. '잘못된 신앙'이란 가현설(Docetism : 그리스도가 진정한 몸을 가지지 않고 가상에 지나지 않는다는 이단), 영지주의(Gnosticism)파의 특수한 형태였다. 가현설(헬라어의 동사, 보이다, 가정하다는 말에서 온 것이다.)은 그리스도가 단지 인간과 같이 보인 것뿐이라는, 다시 말해서 그리스도의 성육신의 현실성을 부정하는 그리스도교의 최초의 이단이었다. 이러한 가현설의 주장자 가운데 케린투스(Cerinthus)라는 사람이 있었고, 그는 제1세기 말엽에 에베소에 혹은 그 주변에 살고 있었다. 그에 의하면 예수와 그리스도는 두 별개의 존재로, 그리스도는 천적인 힘이고 그 천적인 힘은 예수의 세례시에 인간 예수 위에 내려왔다가 십자가를 지시기 전에 예수에게서 떠나 버렸다고 한다. 요한은 요한 일서 5 : 6에서 이 케린투스파의 사람들의 이단을 공격하여 "이 예수 그리스도는 물과 피를 통하여 오셨기 때문이다. 물만으로써가 아니고 물과 피로 인하여 왔기 때문이다."라고 말한다(여기서 '물'은 세례를 나타내며 '피'는 십자가를 나타낸다).

케린투스를 따르는 사람들은 교회에서 '분리'해 나갔다(2 : 19 ; 4 : 1). 이러한 사람들은 대체로 "성육신은 진정한 것이 아니다. 우리들은 뛰어난 지식으로 말미암아 죄가 미치지 못한 곳에 있다. 도덕은 벌써 중요하지 않다."고 선전하고 있었다.

요한 일서를 주의하여 읽어 본다면 요한의 케린투스파의 사람들과의 논쟁의 반향을 이해할 수 있을 것이다. "만일 우리가 죄 없다면"(1 : 8), "만일 누군가가 말한다면"(2 : 4)이라는 문장이 시작될 때에는 언제나 또 요한이 하나님을 사랑한다고 고백하면서 형제를 미워하는 자를 웃음거리로 만든다면(2 : 11, 기타), 또 예수가 육신을 입고 오신 하나님의 아들(4 : 2)이라고 강하게 주장할 때는 언제나 그는 이 이단을 생각하고 있었다는 것이 확실하다. 그러나 이 편지는 논쟁적인 것이 아니었다. 종종 요한은 모든 것을 무익한 논쟁에서 영원의 진리의 밝은 분위기 안으로 끌어올린다.

2. 이 편지의 계획

얼추 보면 이 편지는 소수의 주요 테마를 나선형으로 빙빙 도는 계획성 없는, 수집이 없는 명상같이 보인다. 그러나 요한 일서 2 : 3의 "여기에 그것으로 인하여 우리가 그를 알고 있다는 것을 확신할 수 있는 테스트가 있다."(NEB)는 말로 우리는 이 편지의 참된 본질을 푸는 열쇠를 찾을 수 있다. 이 편지는 참으로 영원한 생명을 가지고 있는지 아닌지를 음미하며 검토하는 도구를 제공하고 있다(이것은 Robert Law의 요한 일서에 관한 책 「생명의 음미」가 잘 암시하고 있다). 이와 같은 음미는 하나님께 관한 세 가지 중요한 개념에 기인하고 있다. 즉, 그것은 '하나님은 빛이니라', '하나님은 생명이라', '하나님은 사랑이라'는 세 가지 개념이다. 그래서 우리는 이 편지를 이러한 개념으로 도입하게 된 세 가지 부분으로 나눌 수가 있다. 무엇보다도 제2부분이 2 : 25에서 시작되고 있음에 대해서는 아무것도 확실하지 않다. 각각의 항목 아래서 음미해야 할 문제는 우리는 빛 가운데 걷고 있는가? 하나님의 자녀들인가? 사랑 안에 살고 있을까 하는 것이다. 그리고 각 항목의 부분에 있어서 세 가지 음미(吟味)의 기준－바른 생활, 순수한 사랑, 참 신앙－이 제출되고 있다.

이 편지의 구조를 푸는 이 실마리로 말미암아 이 편지는 다음과 같이 분석할 수가 있다 :

서언 : 예수 안에 있는 생명의 말씀(1 : 1－4).

하나님은 빛이다 : 우리는 빛 가운데 행하고 있는가? 빛 가운데로 행하고 있다면 우리는 빛 가운데 살며, 그리스도가 사신 것처럼 살아야 한다(바른 생활, 1 : 5－2 : 6). 형제를 사랑하며 이 세상을 사랑해서는 안 된다(순수한 사랑, 2 : 7－17).[2] 예수는 하나님의 아들 그리스도인 것을 믿어야 한다(참 믿음, 2 : 18－24).

하나님은 생명이시다 : 우리는 하나님의 자녀들일까? 하나님의 자녀라면 하나님의 자녀로서 올바른 것을 행해야 한다(올바른 생활, 2 : 25－3 : 10). 형제를 사랑하며 말로만 사랑한 것이 아니고 행함으로써 사랑해야 한다(순수한 사랑, 3 : 11－18). 예수 그리스도는 육신을 입고 오신 것을 고백해야 한다(올바른 신앙, 3 : 19－4 : 6).

하나님은 사랑이라 : 우리는 사랑 안에서 살고 있는가? 그렇다면 그렇게 살아야 한다. (이 부분에서는 음미의 가조가 융합하여 사랑이 강조되고 있다.)

그리스도의 계명에 순종하여야 한다.

예수는 물과 피로 말미암아 오신 그리스도임을 믿어야 한다(4 : 7－5 : 12).[3)]

결어 : 영원한 생명의 보장과 그리스도인의 확실성(우리의 합당한 기도는 들어주신다. 하나님의 아들은 하나님의 아들들을 안전하게 지키신다. 우리는 하나님의 가족에게 속하는 것이다. 하나님의 아들은 우리에게 참 하나님을 알려 주신다. 우리는 이러한 것을 알고 있다.) 거짓 신들에게 주의하라(5 : 13－21)!

3. 이 편지의 가치

논쟁적인 문서에도 하나님의 섭리 아래서는 다행한 결과를 산출할 수 있다. 이 편지에 아름다운 것이 두 가지 있다면 그 중의 하나는 성육신이 강조되고 있다는 것이고, 또 하나는 그리스도인의 사랑이 강조되고 있다는 것이다. 이 편지에는 '기본적인 것의 회복' 이라는 책이름을 붙여도 좋을지 모른다(NEB에는 이러한 표제가 붙어 있다). 이 편지가 말하고 있는 것은 (1) 참 그리스도교의 신앙은 성육신을 믿는 신앙인 것 (2) 참 그리스도인의 생활은 형제애의 사랑이다.

그리스도교의 성육신의 교리의 중심은 "하나님이 그리스도 안에 있다"－나사렛 사람 예수 안에 초월적인 하나님이 우리 인간을 위하여 그리고 우리의 구원을 위하여 몸을 낮추셨다－는 것이다. 케린투스와 그 제자들은 성육신을 단지 외관적인 것으로서 격하함으로써 요한은 자기가 할 수 있는 데까지는 영적인 정열을 가지고 성육신의 현실성을 재확인하지 않을 수 없었다. 저희의 사변에 대하여 요한은 타협의 여지가 없고 "예수 그리스도는 육체를 입고 오셨다."(4 : 2)고 대답하였다. 또 "그 아들을 부인하는 자는 아버지가 없다. 아들을 고백하는 자는 또 아버지가 있다."(2 : 23), "아들을 가진 자는 생명을 가졌다."(5 : 12)고 말했다. 물론 요한은 옳다. 만일 하나님이 참으로 그리스도 안에 안 계신다면 복음은 시끄럽게 지껄이고 돌아다니는 어리석은 이야기가 되며, 아무런 의미도 없는 것이 된다. 성육신은 온전히 그리스도교 신앙의 근원이며 면류관이다.

이 편지의 또 하나의 뛰어난 점은 그리스도인의 생활에 있어서 사랑이 가장 중요하다는 것을 훌륭하게 주장한 것이다. 거듭거듭 그는 "사랑만이 참 그리스도인의 자격이라." "사랑하지 않는 자는 하나님을 알지 못한다."(4 : 8)고 주장하였다. 이 교훈은 요한 일서 4 : 7~21에서 절정에 이르고 있다. 이 부분은 바울의 고린도 전서 13장과 같이 정말 그리스도인의 사랑의 찬가에 대한 요한의 걸작이다.

이 일은 모두 실로 그리스도 안에 계시는 하나님께 관한 요한의 교리의 실천적인 당연한 결과이다. 우리가 자기들의 형제를 사랑해야 한다는 것이나, 또 그렇게 함으로 말미암아 우리가 진실로 하나님의 자녀인 것을 나타내야 한다는 것은 사랑이 하나님의 존재의 법칙 – 하나님의 활동은 그것이 창조이거나 지배이거나 심판이거나[4] 모두가 사랑의 활동 – 이기 때문이다.

이것은 하나님이 그 아들 그리스도를 보내시는 일에 있어서 모든 것을 나타내셨다. "사랑하는 자들아, 하나님이 이같이 우리를 사랑하셨은즉 우리도 서로 사랑하는 것이 마땅하도다"(4 : 11).

그러나 칼라일(Carlyle)이 말한 바와 같이 "사랑과 같이 가치없는 것은 없다." 요한은 "자녀들아 서로 사랑하라."고 말하지 않을 수 없었으나, 하나님께 대한 사랑을 가장하여 그리스도인 형제를 사랑하지 않는 눈으로 보는 거짓 그리스도교에 대하여 그는 의분을 품고 노한 것이다. "아무라도 '하나님을 사랑한다' 하면서 자기 형제를 미워한다면 거짓말쟁이다.

눈에 보이는 형제를 사랑치 못한 사람이 눈에 보이지 않는 하나님을 사랑할 수 없다"(4 : 20).

그러므로 요한에 대하여 다음과 같이 말하는 것이 적절하다(Browning의 말에서) :

> 그는 단테(Dante)처럼 잘 사랑했다.
> 왜냐하면 그가 미워했기 때문이다.
> 악을 미워한다면 사랑하는 것을
> 방해하는 모든 사람을 미워하기 때문이다.

요한 이서

존경할 만한 한 '감독'은 자기 교구 안에 거짓 가르침이 퍼지고 있다는 말을 듣고 그 위험한 일에 대하여 목회적인 편지를 썼으나, 그 후에 자기 교회의 사람들이 그 거짓 가르침에 큰 영향을 받고 있다는 것을 듣고 앞에 쓴 편지의 요점을 포함한 짤막한 편지를 쓰기로 결심하였다고 생각해 보기로 하자. 이러한 것이 요한 일서와 요한 이서와의 관계다. 요한 이서는 요한 일서의 간략화한 것이며, 요한 일서에서 찾아볼 수 없는 말이 요한 이서에는 거의 없다는 것이다. 그 저자인 장로는 동일인물의 에베소의 장로 요한인 것은 틀림없다. 제1절에 기록된 '택하심을 입은 부녀'(the lady chosen by God)는 교회를 말한 것이고, 한 부녀가 아닌 것은 거의 의심할 것 없이 인정되고 있다. 그래서 인사를 보내고 있는 '택하심을 입은 네 자매의 자녀'(13절)는 장로의 교회의 회원이다.

이 편지가 보내지는 교회의 교회원이 장로에게 찾아와서 하나의 보고를 한 것은 분명하다. 그 보고는 장로를 기쁘게 함과 동시에 슬프게도 하였다. 교회원 중에 진리에 충실한 자가 있다는 것을 듣고 그는 기뻐하였다. 그러나 그리스도인의 사랑의 의무를 거듭하여 말할 필요를 느꼈다(4-6절). 그러나 그를 슬프게 한 것은 성육신의 현실성을 부정하는, '진보적'이라고 말하는 가르침이 퍼지고 있다는 소식이었다. (분명히 요한 일서에 기록되고 있는 바의 전위적인 그리스도인은 가현설의 신봉자였다). 장로는 이에 대답하여 친히 방문하려고 하였으나 그 준비로서 역사적인 그리스도교 신앙에서 이탈하려는 소위 '진보적인 가르침'은 기만이고, 하나님의 아들 예수의 참된 가르침을 잃어버린다면 하나님도 잃어버린다고 단언하여 독자들이 그 이단을 배척하도록 명한 것이다. "그를 집에 들이지도 말고 인사도 말라."는 것은 요한의 충고의 요지다. 이것은 그리스도교의 사랑의 법에 상충한 것같이 보이는 실로 엄격한 충고이다. 이러한 사고에 대하여 장로는 위험한 상황에 직면하여 관용이란 불가능하다고 말대꾸를 해야 했다. 이러한 상황에 있어서 문제는(그것은 장로의 문제뿐만 아니라 우리의 문제다.) 그 사람의 그리스도관에 심한 결함이 있다고 생각되는 사람들과 함께 어떻게 살아갈 것인가이다. 그리스도교의 사람의 법을 어기는 것도, 그리스도교의 진리에 대한 우리의 충성을 손상시키는 것도 없이 어떻게 살아갈 것인가 그 방법을 찾아내는 것이다.

요한 삼서

요한 삼서는 요한 일서와 요한 이서와 거의 같은 시기에 에베소에서 쓰여진 편지이다. 이것은 '빌레몬서와 비슷한 요한의 편지'라고 부를 수 있을 것이다. 왜냐하면 이 편지는 개인적인 것에 관한 짧은 사신이기 때문이다. 그리고 빌레몬서와 같이 그 배경에 그 지역의 한 교회가 있다. 그것은 아마도 요한 이서가 보내진 교회였을 것이다.

이 편지가 쓰여지게 된 원인은 그 교회에 있어서 하나의 '소동' 혹은 '언쟁'이 발생되어졌기 때문이다. 이 편지에 관련된 주요한 인물들은 다음과 같다 :

장로(이 편지를 쓴 사람)

가이오(Gaius ; 이 편지의 수신자)
디오드레베가(Diotrephes ; 이 사람의 활동으로 인하여 소동이 일어남.)
데메드리오(Demetrius ; 이 편지를 가지고 간 자)

디오드레베가는 이 교회에서 중요한 직무를 맡은 자다. 장로는 그가 '교회의 지도자가 되고 싶어한다.' 고 기분 나쁘게 주석을 달고 있다. 그는 분명하게 에베소의 장로로부터 지도를 불유쾌하게 생각하였다. 그는 장로로부터 보내 온 사자들(missioners)을 기쁘게 환영하는 것을 거절할 뿐만 아니라 그 사자들을 정성들여 대접하는 교회원들을 교회에서 추방하였다. 그래서 장로는 자기의 친구 가이오(아마도 소수파의 지도자)에게 편지를 썼고, 그 편지 가운데 자기가 보낸 사자들에 대하여 가이오가 친절하게 했다는 것을 감사하며, 사자들이 다음에 방문할 때 저희를 지지하라고 요구하였다(2-8절). 장로는 자기 자신이 곧 가서 디오드레베가에 관한 것에 끝장을 내기를 바라고 있다. 그 후에 장로는 이 편지를 가지고 가기로 되어 있는(그리고 아마 그 사자들의 지도자였던) 데메드리오를 추천하며 인사를 보내고 있다.

디오드레베가는 장로 혹은 감독이었을까? 캐논 스트리터(Canon Streeter)[5]는 디오드레베가는 실지로 소아시아에서 최초의 '전제 군주적인 감독' 이었다고 주장했다. 이와 같은 '감독' 이 제1세기 마지막 10년 동안의 시기에 존재했을까? 또 디오드레베가가 장로-자기가 이러한 역직을 받은 것을 잊어버린, 큰 평판이 있는 장로-였다는 것은 마찬가지로 있을 수 없는 것일까? 디오드레베가에 관하여 진실이 어떠했든, 만일 그 행위가 그리스도로 하여금 비난을 받았다면 '제우스 하나님으로 말미암아 양육을 받는다.' 는 의미의 이름을 가지고 있다고 해서 무슨 소용이 있겠는가?('디오드레베가' 라는 이름의 헬라어는 '제우스에 의해서 양육을 받는다' 는 의미가 있다.) 그리스도는 "으뜸이 되고자 하는 자는 모든 사람의 종이 되어야 하리라."(막 10 : 44)고 말씀하였다.

제 26 장

믿음을 옹호하여 : 유다서

유다는 누구일까? 만일 '야고보의 형제'(1절)라면 그는 마가복음 6 : 3의 유다이며, 예수의 혈연관계였다(이 유다의 손자들이 팔레스타인의 여러 교회의 지도자이며, 트라얀 황제의 치세 98－117년까지 살아남았다). 구약성서와 에녹서를 알고 있는 것에서(14－15절), 그는 확실히 유대인이었다고 상상된다. 그가 다른 유다라면 스트리터가 추측한 대로 예루살렘의 제3대 감독 유다였는지도 모른다. 그 독자들이 어디에 살고 있었는지도 추측의 범위를 벗어나지 못한다. 아마도 수리아 안디옥이었을 것이다.이 저자가 야고보의 형제였다면 저작연대는 70~80년보다 늦지는 않을 것이다. 다른 유다라면 제1세기 말엽일 것이다.

그러나 그가 이 편지를 쓴 이유에 대해서는 알 수 있다. 그는 "성도에게 단번에 주신 믿음의 도를 위하여"라고 논하려고 하였다(3절). 신실한 자의 충성이 이단자들로 말미암아 위협을 받으려는 것이었다. 이러한 사람들은 분명하게 그리스도인의 도덕폐기론자 아니면 자유주의자이다(4절). 저희는 그 비신앙, 불손, 불순종, 주정뱅이, 그리고 부도덕으로 말미암아 그리스도인이 지닌 아름다운 이름을 손상시켰다. 저희가 참혹한 인간이라면 저희와 사이좋게 말을 주고받는 것은 그리스도인의 의무가 아니다. 이런 정신으로 유다는 이단자들을 비난하고 있다. 하여간 그는 첫째로 독자들 앞에서 무서운 경고로서 광야에서 불순종한 이스라엘이 당했던 운명과 배반한 천사들과 평지에 있던 도시들의 예를 들고 있다. 그 후에 유다는 문제를 일으킨 자들(the trouble-makers)을 다음과 같이 공격하고 있다. "저희는 기탄없이 '양심에 가책없이' 너희와 함께 먹으니 너희 애찬의 암초 '흠' 이요 염치없이 잔치에 동석하며 자기의 배만 채운다."고 유다는 말하고 있다. 그 후에 저들의 호헌장담에 대하여 "물없는 구름이요, 열매없는 가을 나무요, 자기의 수치의 거품을 뿜는 바다의 거친 물결이요, 영원히 예비된 캄캄한 흑암에 돌아갈 유리하는 별들이라."고 그의 분노가 격발한다(12-13).

그러나 유다는 이단에 대하여 그의 독설을 쏟은 다음에 일련의 고상한 명령을 한다 :

> 그러나 "사랑하는 자들아, 너희는 하나님의 가장 거룩한 믿음 위에 자기를 건축하라. 성령으로 기도하라. 하나님의 사랑 안에 자기를 지키라. 영원한 생명을 목표로 우리 주 예수 그리스도의 자비를 대망하라. 의심을 가진 자가 있거든 저희를 불쌍히 여기고 불 가운데서 끌어내어 구원하라. 또 그 외의 사람들을 두려운 마음으로 불쌍히 여기라. 그러나 육신을 더럽히는 자들에 대해서는 그 옷이라도 싫어하라"(20-23절).

그리스도인들이 "하나님의 능력으로 보호하심을 입었다"(벧전 1 : 5)는 것은 신약성서의 가르침이다. 유다는 이 진리를 그의 고상한 송영 안에서 인정하고 있다. 그는 "능히 너희를 보호하사 거침이 없이 하시고 너희로 그 영광 앞에 흠이 없이 즐거움으로 서게 하실 자"에게 송영을 드리고 있다(24절).[1] 그러나 하나님은 인간에게 자유의사를 주셨는 고로 어떤 사람들에게는 항상 하나님의 사랑의 보호에서 벗어나서 죄를 범할 가능성이 있다. 유다는 하나님이 깨어서 사랑으로 보호하여 주실 것에 어울리도록 인간은 깨어서 노력해야 하며, 이것이 '그리스도인의 견인' 이라고 하는 것을 기억나게 한다. "하나님의 사랑 안에서 자기를 지키라."(21절)는 잊을 수 없는 말씀으로 진리를 말한 이 사람은 아무리 비천한 사람이라도 확실히 신약성서의 정경 가운데 그 이름이 명기될 만한 인물이다.

제 27 장

그리스도의 재림의 약속 : 베드로 후서

베드로 후서를 베드로 전서에서 따로 떼어서 유다서의 뒤에 두는 것은 세 가지 이유가 있다. 그것은 (1) 베드로 후서가 베드로의 저작이 아니라는 것은 거의 확실한 것이다. (2) 그것은 유다서를 자유롭게 모방한 것이다. (3) 신약성서 중에 최후에 쓰여진 편지라는 이유에서이다.

학자들은 왜 베드로가 이 편지를 쓰지 않았다고 믿고 있을까? 그것은 첫째, 오리게네스(Origen)와 유세비우스(Eusebius) 등의 초기의 교회 교부들이 베드로의 작품이라는 데 의문을 말하고 있기 때문이다. 둘째, 그 어조와 내용에 있어서 베드로 후서는 베드로 전서와 같지 않다는 것이다. 셋째, 어느 쪽인가 하면 지나칠 정도로 수식한 헬라어는 갈릴리의 어부로 인하여 쓰여지지 않았다는 것이 확실하기 때문이다. 넷째, 베드로 후서는 대충 말하면 유다서를 모방했기 때문이다(벧후 2 : 1－3 : 3은 적어도 12곳 가량이 유다서 4－18에 의거하고 있다는 것을 알 수 있다). 다섯째, 베드로 후서는 바울의 편지를 '성서'라고 부르고 있기 때문이다(3 : 16). 이러한 다섯 가지 이유를 생각하여 진지한 학자는 이 편지가 베드로의 저작이라는 것을 피하고 교회의 지도자 중의 한 사람에 의해 쓰여진 것이라고 한다. 그 지도자는 대충 제2세기 중엽에 베드로의 뛰어난 이름의 권위를 빌려서 독자들에게 강력하게 경고했을 것이다.

저자는 자기 교회의 사람들 중에 거짓 교사들이 활동하고 있는 데 대하여 고민하고 있었다. 저희가 자유사상가였다는 것은 아주 분명하다. 그러나 저자가 이 편지를 쓰고 싶은 마음이 든 것은 주로 거짓 교사들이 주의 재림의 희망에 대하여 냉소적인 태도를 취했기 때문이다. 저희는 신앙인들에게 대하여 "주의 약속한 재림이 어떻게 되었는가? 몇 세대나 지나지 않았는가? 그런데 주님은 오시지 않는다. 이러한 어리석은 기대는 내버리자."고 말하고 있었다. 이러한 사람들에게 저자는 다음과 같이 대답하였다.

이 편지는 '열심하라', '주의하라', '준비하라'는 권면으로 성립되고 있다. 첫째로 저자는 자기 자신을 그리스도의 위엄(그리스도의 변모)의 목격자라고 말하며, 독자들에게 예언의 확실한 말씀을 생각나게 한 후 독자들이 열심으로 "자기들의 부르심과 택하심을 굳게 하라."(1 : 10)고 명령한다(1장). 다음에 유다서의 '장려'의 대부분을 모방한 저자는 독자들이 이단자들을 주의하라고 말한다. 저자는 이단자들이 "너희에게 자유를 주겠다고 약속을 하면서 자기들 자신은 멸망의 노예가 되고 있다."고 경고한다(2장). 그리고 그 후에 조롱하는 자들을 적대하며, 주의 날이 오는 것은 확실하다고 단언한다. 독자들이 '사랑하는 형제 바울'의 충고에 순종하도록, 또 그리스도의 구원의 지식으로 성장함으로써 주의 날을 예비하라고 명령한다(3장).

현대의 독일의 학자 에른스트 케제만(Ernst Käsemann)은 베드로 후서는 성서 정경에서 제외되어야 한다고 생각한다.[1] 그 이유는 베드로라는 위명에 기인하여 정통적이라는 것이 믿음을 대치하기 때문이라고 한다. 정경을 제정할 때에 그것에 참가한 사람들이 베드로 후서를 제외하였더라면 성서는 그만큼 빈약하게 되었을까? 아마도 그렇지는 않았을 것이라고 생각한다. 그러나 "날이 새어 샛별이 너희 마음에 떠오르기까지"(1 : 19)라는 아름다운 문장은 또한 바울의 편지를 잘못 주해하는 것("그 중에 알기 어려운 것이 더러 있으니 무식한 자들과 굳세지 못한 자들이 다른 성경과 같이 그것도 억지로 풀고 있다." 3 : 15-16), 또 특히 그리스도의 재림에 관한 현명한 말씀을 잃어버리게 된다고 생각하고 있다.

세계가 '큰 소리로' 불타도록 정해져 있다는(현대 과학자들 중에는 핵무기의 확장과 함께 그 가능성은 무시할 수 없을 것이라고 생각하는 사람도 있다.) 이 일을 우리가 믿어도 좋고 안 믿어도 좋다(3 : 10). 그러나 베드로라는 위명을 쓴 저자의 말과 같이 어느 날 하나님이 역사의 두루마리를 말아올리며 악을 최후적으로 끝장을 지우게 된다고 우리는 믿어야 할 것이다. 그래서 저자는 시편 90 : 4을 인용하여 조롱하는 자들에게 말한 가운데 다음과 같이 아직도 유익한 말이 있다. "주께는 하루가 천년 같고 천년이 하루 같은 이 한 가지를 잊지 말라. 주의 약속은 어떤 이의 더디다고 생각하는 것 같이 더딘 것이 아니라 오직 너희를 대하여 오래 참으사 아무도 멸망치 않고 다 회개하기에 이르기를 원하시느니라"(3 : 8-9). 그의 약속에 따라 의가 거주하는 새 하늘과 새 땅을 대망하면서 주의 날이 오기까지 신앙에 굳게 서서 은혜 안에 성장하는 것이 우리의 의무이다. 주의 날이 오기까지 신앙에 굳게 서서 은혜 안에 성장하는 것이 우리의 의무이다.

제 28 장

하나님의 심판과 승리 : 요한 계시록

제임스 데니(James Denney)는 한때 요한 계시록을 터널에 비유하여 그 처음 입구와 마지막 출구는 밝고, 그 중간 부분은 "엄청난 것이 우뢰와 같이 지나가며 독자들의 고막을 터트리고 독자들을 당황케 하는 한 줄기 흑암" 같은 것이라고 말한 적이 있다. 이것이 보통 독자들의 요한 계시록에 대한 첫째 인상이다. 독자들은 처음 3장에 있어서 일곱 교회에 대한 이 편지의 의미를 이해할 수 있다. 또 마지막 2장의 새 예루살렘의 환상에 감동할 수 있다. 그러나 그 중간의 '길게 펼쳐 있는 흑암'의 부분에 있어서 도대체 무엇이 일어날 것인지 묻고 있다. 가령 우리가 독자들에게 그것은 보좌와 두루마리 인봉과 나팔과 대접과 네 생물과 666번의 짐승과 붉은 짐승을 탄 여자와 성도들의 천년 지배, 악마가 던져 들어가는 불못 등에 관한 것을 말한다 해도 독자들에게 유익이 될 것은 아무것도 없다. 이 물음에 대하여 옳게 대답한다면 그것은 하나님의 심판과 승리에 관한 것이다. 이렇게 말한다 해도 곧 독자들은 납득하지 못할 것이다. 그러나 이 책은 오늘의 독자들을 당황하게 할지라도, 몇 세기 동안이나 오늘에 이르기까지 많은 사람들이 갈 바를 알지 못했다는 것을 안다면 독자들은 위로를 받을 것이다. 초기의 교회는 오랫동안 이 책을 정경에 넣는 것을 주저했으며, 또 종교개혁시에 루터는 요한 계시록을 정경에 포함시키는 것은 잘못이라고 말했다. 그러나 이하에서 말하는 이유로 말미암아 우리는 아마도 요한 계시록을 정경 안에 넣는 것을 기뻐할 것이다. 그리고 또 이 책이 "그리고 저희는 세계를 영원히 다스릴 것이라."(22 : 5)는 할렐루야 코러스를 가지고 신약성서를 완결짓는 역할을 다했다는 것을 아무도 부정하지 못할 것이다.

1. 묵시문학과 계시록

학자들은 일반적으로 이 책을 '계시록' 혹은 '묵시록'이라고 부른다. 영어의 'Revelation'은 계시, 묵시를 의미한다. 그 말은 라틴어에서 유래하였다. 이 계시라는 말은 '덮개를 제거한다, 나타낸다, 지시한다'는 뜻이다. 요한 계시록은 묵시문학-즉, 최후의 일을 분명하게 하며, 하나님의 최종적인 심판과 승리를 나타내는 저작-의 전형적인 가장 훌륭한 것이다. (우리 중에 많은 사람들이 우리의 성질 가운데 계시록적인 경향을 가지고 있다. 예를 들면 소녀는 "노파가 죽어 하나님과 함께 있다."고 누가 말한다면, "아, 얼마나 좋은 일일까"라고 말한다. 죽음은 노파에게는 슬픈일이지만 '천국의 친절한 분'과 함께 있는 고로 좋은 일이라고 소녀는 바른 말을 하는 것이다.)[1]

요한 계시록은 결단코 최초의 묵시록이 아니다. 기원전 200년부터 기원전 100년 어간에 유대인들은 외국의 압박의 멍에 아래서 신음하면서 많은 묵시록을 썼다. 그중에 가장 유명한 것이 구약성서의 다니엘서이다. (그 외에 외전의 제2에스드라(Esdras)와 에녹서이다.)

계시록은 파국을 포함하며 이에 계속되는 비극을 초월하는 역사를 인간이 해석하려는 탐구를 표현한 것이다. 묵시록은 '악한 시대에 관한 소론', 덮개를 제거하고 신자에게 하나님의 목적의 최종적인 결말을 나타냄으로 말미암아 엄격한 시련 중에서 사는 산 자에게 용기를 주기 위하여 쓰여진 책이다. 그러므로 묵시록은 필연적으로 환상의 형태-어두운 운명의 역사의 지평선 저편을 그리는 환상의 형태－를 취할 수밖에 없다.

그러나 묵시록의 비유는 어째서 그처럼 환상적이며, 그 수는 저렇게 기묘하며 그 광경은 저렇게 이 세상 것이라고 생각할 수 없는 것일까? 두 가지 이유가 있다. 그 하나의 이유로서 이러한 책은 표현할 수 없는 것을 표현하며, 눈이 아직 보지 못한 것을 기술하며, 아직 나타나지 아니한 미래를 들여다보려고 시도하고 있는 것이기 때문이다. 묵시록의 말은 우리 인간이 그러한 것을 가능케 하는 신화나 상징의 말을 취할 수밖에 없다. 둘째 이유로서 묵시록은 언론의 자유가 빼앗긴 시대에 쓰여졌기 때문이다. 묵시록은 일종의 지하조직의 저항문학이었다. 그러므로 묵시록 저자는 독자들이 해석할 실마리를 발견할 것을 기대하면서 암호와 같은 말로 자기의 사신을 맡길 수밖에 없었다. 이렇게 하여 요한 계시록 저자는 로마를 '바벨론' 으로 부르고, 박해하는 황제를 '짐승' 이라고 불러야 했다.

우리는 여기서 요한 계시록을 취급하기로 하자. 어떠한 위험 중에서 이 책이 쓰여졌는가? 누가 이 책의 수신자일까? 그리고 누가 이 책의 저자일까?

이레네우스(Irenaeus)는 이 책은 로마 황제 도미티안(Domitian)의 치세(81－96년) 말경에 쓰여졌다고 말하고 있다. 아마도 이 책은 95년경에 쓰여졌으리라고 추측된다. 그 내용을 연구하면 그것은 확인될 것이다. 64년에 황제 네로가 그리스도인들을 박해하기 시작하였다. 그리고 약 30년 후 박해의 불길이 다시 타올랐다. 그때 그리스도인들을 고통케 한 변명으로써 '황제예배' 를 가져오기 위한 것이었다고 말한다. 황제숭배는 그 의도로서 널리 확장된 로마제국에 그것이 결여되고 있는 것은, 다시 말해서 공통된 종교를 주는 것으로 로마제국을 하나로 결합하려고 시도한 것이다. 도미티안 이전의 황제들은 이 예배를 그렇게 중요한 것이라고 생각하지 않았다. 그러나 도미티안은 그것을 중요하게 생각하였고, 국가의 관원들은 황제를 '우리의 주, 우리의 하나님' 으로 부르라고 강요하였다. 일곱 교회가 있는 소아시아에 있어서 이 황제예배가 심하게 강요되었다. 황제의 상을 세워 놓고 제사장이 임명되었고, 식민지국의 사람들에게는 도미티안에게 하나님으로 존경하라고 명령하였다('짐승과 그 상에게 절하는 자'에 언급한 계 14 : 9-11 참조).

그리스도냐, 황제냐? 이것은 진실한 그리스도인에게는 아주 중대한 문제였다. 그리스도인에게 있어서는 홀로 한 분만이 '주'의 이름을 받기에 합당한 분이다. 그런데 황제의 포고를 거부한다면 추방이나 죽음까지도 각오해야만 하였다. 요한 계시록의 저자는 황제예배를 거부했기 때문에 로마인이 정치범자를 투옥하는 밧모라는 에게 바다의 적적한 섬으로 추방당했다. 거기서 그는 이 책에 기록된 환상을 보았다. 그는 이것을 '예언'이라고 부르고 있다(1 : 3). 예언자가 하나님의 마음속에 있는 뜻을 아는 것을 허용한 자를 의미한다면, 그는 자기 자신이 예언자로 부름받을 권리가 있었다("주 여호와께서는 자기의 비밀을 그 종 선지자들에게 보이지 아니하시고는 결코 행하심이 없으시니라." - 암 3 : 7 참조).

요한 계시록의 저자는 누구였을까? 그는 요한이라는 이름을 가진 유대인 그리스도인이었다(1 : 4, 9, 22 : 8). 그러나 그 문체를 조사해 본다면 이 책의 저자는 요한복음과 요한의 편지들을 쓴 사람이 아닌 것을 알 수 있다. 요한복음서를 쓴 요한은 번영과 같이 아주 간결한 문장을 쓴 사람이었다. 밧모의 예언자는 온전히 자기류의 문법으로 히브리적인 헬라어를 썼으나 '프랑스 혁명'을 쓴 카라일(Carlyle)과 같이 주위에 빛을 발하는 문장을 쓴 사람이었다.(이 두 사람이 닮은 것은 그 문체 뿐만은 아니다. 카라일은 혁명을 하나님의 진노가 죄로 타락한 세상에 내리는 심판의 나타남으로 보았다. 이런 점에 있어서도 양자는 유사하다.) 이 책이 지니고 있는 권위있는 어조에서라면 이 저자는 소아시아 교회의 지도자였다는 것을 알 수 있다. 이 책의 저자를 요한복음서의 저자와는 다르다고 구별하기 위하여, 또 이 저자 특유의 은사를 말하기 위하여 이 저자는 일반적으로 '선견자 요한'이라고 부름을 받는다. 그의 목적은 혹독한 시련의 시대에 사는 동료 그리스도인들을 굳게 서게 하는 것이었다.

2. 요한 계시록의 내용

이 책은 하나의 편지 – 목회서신 – 의 형식을 취하고 있다. 그리고 아시아의 일곱 교회에서 읽혀지도록 하기 위하여 쓰여진 것이다. 하여간 이 책은 하나님의 심판과 승리의 드라마로 보는 것이 가장 적당할 것이다. 이 드라마에 있어서 이야기의 줄기는 무서운 결말(dénouement)을 향하여 움직이고 있다. 이 책의 자료를 요한은 자기의 환상(1 : 10), 구약성서(특히 다니엘서), 유대인의 묵시문학, 사도의 설교, 세계 여러 나라의 신화(여자와 아이와 용 등에 관한 신화) 등에서 인용한 것들이다. 그러나 그 모든 것은 교묘하게 짜여서 통일을 이루고 있으며, 그 드라마는 '바벨론'(로마)의 파멸과 하나님의 백성(교회)의 옹호라는 절정을 향하여 타오르고 있다.

이 책의 내용은 다음 일곱 가지 부분으로 나눌 수 있다 :

1. 서문(1장)
2. 일곱 교회에 보낸 편지(2 – 3장)
3. 하늘에 열린 문(4 – 5장)
4. 심판의 환상(6 – 16장)
5. 바벨론의 붕괴(17 – 19장)
6. 종결(20 : 1 – 22 : 5)
7. 마지막 말(22 : 6 – 21)

이 책의 개요를 설명하기 전에 이 책의 두 가지 특징에 주의하자.

첫째로 이 드라마에 있어서 요한이 궁리한 것의 하나는 삽화의 원칙이다. 그것은 마치 음악가가 두 가지 장중한 악장 사이에 하나의 경쾌한 악장을 삽입한 것처럼, 요한은 심판에 관한 자기의 환상이 조금만 있으면 견딜 수 없게 될 그 때에 지상의 고통의 무대에서 천상의 지복의 무대로 스위치를 올려서 그 긴장을 풀게 하는 방법을 취하고 있다. 이와 같은 간주곡은 7장에 있다. 7장에는 심판에 관한 일곱 가지 인봉의 중간에 있어서 요한은 영광 중에 흰옷을 입은 구속받은 순교자들을 틈 사이로 보여 주고 있다. 또 하나의 간주곡은 14장에 나타나는데, 요한은 승리한 교회와 영광 중에 나타나는 인자를 묘사하고 있다.

요한 계시록의 둘째 특징은 **짝을 이룬 사건들** – 하늘과 땅이 호응하는 사건들 – 이다. 예를 들면 12장 이하에 있어서 천상에서 대천사 미가엘이 사단과 싸워서 이긴 승리는 그리스도가 지상의 십자가에서 악과 싸워서 이긴 승리에 호응한 것이다.

여기서 이 책의 연속한 개관을 시도해 보고자 한다.

서문에 있어서 요한은 일곱 교회에 인사를 보내며 보좌에 계신 그리스도께로서 당장 일어나려고 하는 환상이 주어지고 있음을 전하고 있다 (1장).

일곱 교회(에베소, 서머나, 버가모, 두아디라, 사데, 빌라델비아, 라오디게아)에 대한 편지에 있어서 요한은 그리스도의 대변자로서, 그 영적인 상태를 잘 알고 있는 여러 교회를 향하여 장려하며 또 비난한다. 가장 광명한 빛이 충실한 빌라델비아 교회에 비취며, 가장 어두운 그늘이 미지근한 라오디게아 교회 위에 내려지고 있다(2 – 3장).

고유한 의미에서 계시는 4~5장에서 시작한다. 하늘의 열린 문을 통해서 요한은 보좌에 앉으신 말로 표현할 수 없는 하나님이 하늘의 천군들에게 예배를 받으시는 것을 본다. 전능자의 손에는 일곱 개의 인봉으로 봉한 두루마리가 있다(이것은 하나님의 세계에 대한 계획이 기록되어 있는 책이다). 한 분만이, 다시 말해서 자기 위에 죽은 표적을 가진 어린 양이 그것을 펴기에 합당하다는 것이 발견된다. (우리는 곧 이사야 53 : 7에 기록된 '도살장으로 끌려가는 어린 양'과 같이 끌려가는 분을 생각한다. 요한은 예수를 대신하여 당하는 여호와의 고난의 종으로서 묘사하고 있다.) 인봉된 두루마리가 펴지자 심판의 환상이 시작된다. 세 가지의 연속된 일곱 개의 환상이 계속된다. 그것은 일곱 개의 인봉과 일곱 개의 나팔과 일곱 개의 대접이다. 지상의 사건들에 호응하는 천상의 사건들 – 그것은 지상의 역사에 계속하는 천상의 역사의 시기를 나타내는 것이 아니고, 하나님의 심판을 주제로 한 변형일 것이다.

일곱 개의 인봉을 개방함으로 말미암아 심판이 시작한다(6장, 8 : 1). 네 사람의 말탄 자가 지상에 온역과 죽음을 펴지게 하기 위하여 세차게 나아간다. 다섯 번째 인봉이 개방될 때 순교자들이 자기들을 옹호해 달라고 하나님께 부르짖는 소리가 들린다. 순교자들에게는 흰옷이 주어지며 '잠시 동안 쉬도록' 언도되고 있다. 여섯 번째 인봉이 개방되니 온 세계를 뒤흔드는 지진이 일어난다. 그리고 영광 중에 구속받은 자들이 틈 사이로 보이는 삽입적인 부분이 있은 후 제7의 인봉이 열리니 '천상의 잠시 동안의 조용함'이 일어난다. 그리고 그것은 폭풍이 일기 전에 잠시의 쉼에 지나지 않는다.

일곱 개의 인봉이 열린 후 일곱 **나팔소리**가 울린다(8 - 9장, 11 : 15). 최초의 여섯 천사가 나팔을 손에 잡고 부니까 각각 땅 위에 우박이 쏟아지며, 바다에 불이 던져지며, 강의 물이 쓰게 되고, 천체가 어두워지고, 메뚜기에게 쏘이는 재해가 일어난다. 그리고 하늘의 기병대들이 인간을 죽이는 사건이 일어난다. 그리고 의미가 분명치 않은 두 개의 삽입부분(천사와 두루마리, 성전과 두 증인, 10 : 1 - 11 : 14)이 있은 후 일곱 나팔소리가 난다(11 : 15). 그리고 "이 세상 나라는 우리 주와 그리스도의 나라가 된다. 주는 세세 무궁토록 왕노릇 하리라."는 큰 외침이 천상에서 들린다.

12장과 함께 '플래시백'(영화 문예에 있어서 회상을 위하여 장면이 순간적으로 과거로 되돌아가는 장면)이라고 불려지는 삽입부분에 있어서 아들(그리스도)을 잉태한 여자(교회)가 나타난다. 이 여자는 용(악마)에게 위협을 당하고 있다. 그 아들이 하늘로 끌어올려 하늘에 달할 때(승천)에 용은 그것을 쫓아가지만 미가엘 천사에게 정복되어 내던짐을 받는 것뿐이다. 그후 지상에서 용은 24짐승에게 도움을 받아 여자의 자손을 공격한다. 첫째 짐승(로마 황제)은 하나님의 백성과 싸우며, 둘째 짐승(지방의 황제예배)은 앞에서 말한 짐승의 잔인한 공범자로서의 역할을 다한다.

14장과 더불어 일어나려고 하는 일에 영원한 배경을 보여 주는 또 하나의 삽입부분이 시작된다. 이 부분에 있어서 요한은 승리하는 교회와 권위의 보좌에 앉은 인자를 본다. 그후 천사는 차례대로 가까워지고 있는 심판의 모양에 대하여 큰 소리로 말하고 있다.

15~16장에 있어서 승리의 순교자들이 영광 중에서 노랫소리에 반향하여 일곱 천사가 하나님의 진노의 대접을 들고 나타난다. 처음의 네 개의 대접은 땅과 바다와 강과 태양을 파괴하며, 다섯째 대접은 짐승의 나라에 흑암 중에 내던져진다. 그리고 여섯째 대접은 유브라데 강에다 기울어 악령이 지상의 왕들을 소집하여 하나님과 악의 힘과의 최후의 큰 전쟁으로 향하고 있다.[2] 일곱째 대접은 지상의 지진을 일으켜 도시와 마을을 황폐케 한다.

17장과 18장에 있어서 차차 절정에 가까워지고 있다. 요한은 환상 중에 사악한 음부인 바벨론(로마)이 짐승을 올라타고 하나님의 백성의 피로 취해 있는 것을 본다. 그후 요한은 하늘의 명령으로 말미암아 '큰 바벨론' 의 운명이 선고받고 있는 것을 듣는다. 또 한편에 지상의 왕들, 상인들, 선장들은 바벨론이 무너지는 것을 보고 슬피 울고 있다.

그 결과 하늘에서 할렐루야 노랫소리가 발하여 그 소리가 거의 없어지지 않는다. 그 때에 하나님의 말씀인 그리스도가 흰말을 타고 나타나 짐승과 그를 예배하는 자들을 정복한다(19장).

승리의 그리스도는 이제 순교자들과 함께 천년 동안 세상을 지배한다. 그 후에 옥에 갇혀 있는 사단이 해방되어 하나님의 백성을 대항하여 최후로 공격을 하고 있다. 그리고 패복하여 불못에 던짐받은 후 최후의 심판이 시작된다. "또 내가 보니 죽은 자들이 무론 대소하고 그 보좌 앞에 섰는데 책들이 펴 있고 또 다른 책이 펴졌으니 곧 생명책이라. 죽은 자들이 자기 행위를 따라 책들에 기록된 대로 심판을 받으니라"(20장).

최후에 흑암의 최후 심판의 날이 지나가고 독자들은 터널을 빠져 나와 빛 가운데로 들어간다. 새로운 모세처럼 요한은 비스가 꼭대기에 서서 약속의 땅을 내다본다. 옛 하늘과 땅은 지나가고 요한은 '거룩한 성 새 예루살렘'을 틈 사이로 보는 것을 허락받았다. 그 성에는 "주 하나님이 저희에게 비취심이라. 그리고 저희는 세세토록 왕노릇 하리로다"(21 : 1-22 : 5).

맺는 말에 있어서 요한은 그 성취가 가까운 줄 알고 이 책에 변경을 가하는 자는 모두 저주받을 것을 말하고 축도를 서술한다(22 : 6-21).

3. 이 책의 해석과 가치

성서 중에 이 책처럼 그 해석자의 의견에 따라 손상을 받으며, 괴상한 표현을 구하는 사람들의 절호의 채굴자리가 된 것은 없다. 한탄할 하나의 잘못은 이 책이 장래의 어느 때에 인간에게 일어날 숨겨진 것이 많이 기록되어 있다는 것, 옛날부터 무어의 달력(Old Moore's Almanac)과 같이 취급해 버리는 것이다.[3] 예를 들면 13 : 18의 '666'이라는 숫자의 동물은 해석자 시대의 유행이나 즐김에 따라 모하메드(Mohammed), 교황 포프(Pope), 루터(Luther) 나폴레옹(Napoleon), 그리고 히틀러(Hitler) 등과 동일시되어 왔다. 아마도 요한은 사악한 황제 네로(Nero)[4]를 생각한 것일 것이다. 이러한 괴상한 표현을 살리는 유일한 방법은 요한이 이 글을 쓴 시대에 비추어 이 계시록을 읽는 것이다.

또 하나의 잘못은 요한의 상징을 있는 그대로 직역의주로 해석하는 것이다. 예를 들면 마지막 2장은 영감을 받아 기록한 하늘의 측량지도(測量地圖)로 보았다는 것이다. 천상의 예루살렘은 진주를 온통 박아 놓은 12문, 12사도의 이름이 새겨진 144규빗의 높이가 있는 성벽을 가진 방형(方形)의 순금의 거리라고 요한은 묘사하고 있으나, 그의 관심은 계수적(計數的)인 것에 있는 것이 아니고 상징적인 것에 있었다. 그의 목적은 '영원한 도성'은 말로 형언할 수 없는 규모의 것이며, 완전한 것임을 나타내려고 하였다. 여기서 요한은 천상의 지도 제작자가 아니고 '황금의 도성 예루살렘'을 쓴 성 베르나르두스(St. Bernard)와 같은 시인이었다. 베르나르두스는 요한의 의미를 포착하였다. 또 밧모 섬의 요한은 묵시적인 '예루살렘' 이라는 찬송가를 썼으며, 또 죽을 때 하늘에 보이는 여러 가지 일들을 돌연히 노래하기 시작한 시인 윌리암 브레이크(William Blake)와 같이 눈에 보이지 않는 세계의 현실성에 대하여 생생한 감각을 가진 것뿐만 아니라 심리학자로 인하여 '원형적 상징'(archetypal image)라고 불려지는 것을 자유자재로 사용하였다. 예를 들면 그것은 늙은 용, 생명의 책, 하늘의 전쟁 그리고 샛별 등이 있는데, 요한은 그것들에 아무런 설명도 붙이지 않고 우리의 상상에 맡기면서 사용하였다.

그것에 더하여 요한 계시록을 이해하려고 한다면 요한의 신비적인 숫자의 신학에 통하여야 한다. 요한에게 있어서 '3'은 하늘의 수이며 '4'는 땅의 숫자이고 '7'은 완전수(7의 단수- '일년, 이년, 또는 반년' NEB에는 삼년반으로 번역되어 있다. 12 : 14-는 악의 주권자의 시대를 나타낸다.) '12'는 교회의 수이다.

3중의 "거룩하다, 거룩하다, 거룩하다, 주 하나님 곧 전능하신 이"(4 : 8)는 천적인 '3'의 좋은 예다. '사방(四方)'의 바람이 있음같이 땅의 '네' 모퉁이가 있다(7 : 1). 하나님의 심판은 일곱 단위로 경건치 못한 사람들에게 내리는 것같이 세계에 대한 하나님의 구원계획의 두루마리에 '일곱' 가지의 인봉이 있는 것에 주의하자(5 : 1). 그것에 못지않게 흥미있는 것은 7 : 4의 구원을 위하여 인친 자가 144,000인이라는 것이다. 이것은 '12'의 '12'배에 1,000을 곱한 수다. 그 수로 말미암아 요한은 **'그 지도자들과 함께 싸움에 승리한'** 자들의 이 이상 없는 완전성을 독자들에게 나타내려고 한 것이다. 따라서 반복하는 것이지만 요한 계시록은 그것이 쓰여진 시대에 비추어 읽어야 한다. 그리고 요한이 언급하고 있는 것을 기원 1세기의 마지막 10년간의 인물 또는 사건들과 소문[5]에서부터 찾아야 할 것이다.

여기서 하나 옛날부터의 문제에 대해 현대의 학자 카이드(G. B. Caird)가 새로운 해답[6]을 주고 있는 것을 말하는 것은 가치있는 일이다. 계시록 1 : 3에 '때가 가까움이라.'고 기록되어 있다. 이 '때'는 어떠한 위기의 때

일까? 그것은 로마로 인하여 교회에 대한 박해라는 점에서 모두는 일치한다. 그러나 그 후에 말하는 환상 가운데 이 위기는 모든 위기를 끝나게 하는 위기 곧 세상 끝을 배경으로 말하고 있다. 요한은 세상이 곧 끝날 것을 기대하였을까? 대부분의 사람들은 그렇다고 대답할 것이다. 그러나 요한은 자기의 예언이 머지않아서 전부 성취되리라고 기대하고 있었는 고로 1 : 3의 위기는 세상 끝이 아니고 교회에 대한 박해라고 대답하는 것이 적당할 것이다. 요한은 이 위기를 이 이상없는 위기를 배경으로 말하고 있다. 그 목적은 장래 일어날 순교자에 대하여 그 고난이 어떠한 의미를 가지고 있다는 것과 저희의 고난이 하나님의 영원한 목적에 있어서 어떠한 위치를 차지하고 있다는 것을 나타내는 것이다.

하나의 실례를 들어 보자. 번연(Bunyan)의 '순례자'는 '해설자의 집'에서 불이 벽 앞에서 타오르는 것을 보고 당황한다. 그 불은 한 남자가 불 위에다 물을 부었을 때 일층 더 높이 타올랐다. '해설자'가 '순례자'를 '벽 뒤편'에 데리고 갔을 때 '순례자'의 당황은 그쳤다. 벽 뒤편에서 '순례자'는 한 남자가 기름이 들어 있는 그릇을 손에 들고 있는 것을 보았기 때문이다. 마침 그와 같이 역사에는 뒤쪽에 방이 있고 신자는 그 뒤편에 있는 방을 들여다보고 자기 생활에 있어서 일어나는 사건들의 내적 의미를 이해할 수가 있었다. 밧모의 요한은 그러한 사람이다. 그의 저작의 목적은 로마의 행정관 앞에 끌어낼런지 모르는 그리스도인들에게 '벽의 뒤편'을 보여 주는 것이다. 바꾸어 말한다면, 순교자에게 자기들의 고난은 그리스도로 말미암아 증언되고 있는(1 : 2) 하나님의 영원한 목적의 일부이며, 그 목적은 세상과 같이 옛 것이고 세상 끝날과 같이 궁극적인 목적인 것을 알리는 것이었다.

이렇게 읽는다면 요한 계시록은 새로운 관련성을 가지게 되며, 우리가 숙명적으로 살아야 할 오늘날의 시대에 대하여 하나님의 말씀을 말할 수 있게 된다. 그 오늘의 관련성에는 다음 세 가지의 사실이 있다.

첫째로, 요한 계시록은 위기에 대한 사신이라는 것이다. 우리의 시대는 세상에 있어서나 교회에 있어서나 위기의 시대이다. 이것은 진부한 이야기지만 틀림이 없다. 금세기에 있어서 악이 역사에 있어서 전례를 보지 못할 정도로 세계에 횡행하며, 인류는 인간의 발명의 재능으로 핵의 큰 파괴의 공포에 싸이게 되었다. 많은 장소에 있어서 그리스도인들은 악평과 박해와 순교까지도 당하지 않으면 안 되었다. 필연적으로 많은 사람들은 지상에서 일어나려는 것을 두려워하여 실망하고 있다. 거기서 19세기 전에 쓰여진 이 별난 책이 재차 혼란하여 불행한 시대에 있어서 확고한 신앙을 불러일으킨 소집나팔이 되는 가능성이 있다. 예언자 이사야가 나라의 위기시대에 있어서 국민에게 대하여 "믿는 자는 급절하게 되지 아니하리로다."(사 28 : 16) 말한 것처럼 요한 계시록은 오늘 우리에게 대하여 그렇게 말하고 있다.[7)]

둘째로 요한 계시록은 **그리스도교의 참된 낙천주의**를 당당하게 주장하고 있다. 현대의 위대한 예언자 라인홀드 니이버(Reinhold Niebuhr)는 전에 「비극을 넘어서」(*Beyond Tragedy*)라는 표제의 책을 썼다. 선견자 요한의 '비극을 넘는다' 는 낙관주의는 이 계시록의 구원의 노래 전체에 울려 퍼지고 있다. 이 책에는 이러한 특징이 있다. (그 노래는 요한 시대의 교회의 예배에서 실제로 불렀던 찬송가에 기인한 것이라고 생각하는 자도 있다.) 요한의 낙천주의는 '구름이 자욱히 낀 캄캄한 날' 을 모르는 것 같은 청천백일 아래 있는 어수룩한 남자의 낙천주의는 아니다. 오히려 이 계시록의 낙천주의는 악의 밑바닥을 무서워하지 않고 들여다보는 낙천주의이다. 그것을 두려워하지 않는 것은 세상이 하나님에게 속했으며 악에 속하여 있지 않다는 것을 알고 있기 때문이다. 이 세상은 하나님의 손에 달린 일인 고로 모든 가치에 넘치고, 또 인간의 죄와 어리석음의 결과로 모든 악에 차 있기는 하나 그래도 아직 이 세상은 하나님의 구원 목적의 무대이며, 하나님의 목적이 집중하고 있는 장소이다. 요한은 이렇게 믿고 있다. 이러한 세상의 비밀을 푸는 열쇠는 인류를 구속한 저 희생의 표징을 짊어지고 이제 하나님과 함께 다스리시는 영광의 하나님의 어린 양인 예수 그리스도이다. 십자가상에서 그리스도의 악과 싸워 이긴 승리를 위하여 악이 지배하는 세상은 최종적으로는 이길 수 없다는 것을 요한은 알고 있다. 왜냐하면 악의 세상은 이기려고 하여도 한 번도 이길 수 없었기 때문이다. 악의 세상은 소멸하는 세상이며, 이 소멸할 세상에서 인간은 악한 일을 하는 데 지나지 않는다. 이 말은 포사이드(P. T. Forsyth)[8]가 지옥을 방불케 하는 제1차 세계대전이 한창일 때 쓴 말이다. 그러나 이 말은 밧모의 요한의 '비극을 넘는' 낙천주의를 표현한 것이다.

최후로 요한 계시록은 천상의 현실을 영원히 증언하는 것이다. 신약성서의 다른 저자 이상으로 요한은 보이지 않는 영원한 세계에 관한 그 자신의 확신을 다른 사람에게 전하는 능력을 가지고 있다. 그리스도인의 길의 끝에는 하나의 도시, 곧 하나님의 도시가 있고 하늘에는 그 밖의 어떠한 의미가 있다 하더라도 하늘은 지상의 슬픔의 끝이며, 마음이 깨끗한 충성된 자들에 대한 마지막의 보응은 '만의 몇만 배, 천의 몇천 배'의 구속받은 자 앞에서 얼굴과 얼굴을 대고 하나님과 그리스도를 보게 될 것이다. 그러나 요한은 이것을 그 최초의 독자들에게 보증한 것처럼 오늘 우리에게도 보증하고 있다.

하여간 선견자 요한은 다음과 같이 쓰고 있다 :

> "내가 보매 거룩한 성 새 예루살렘이 하나님께로부터 하늘에서 내려오니 그 예비한 것이 신부가 남편을 위하여 단장한 것 같더라. 내가 들으니 보좌에서 큰 음성이 나서 가로되 보라, 하나님의 장막이 사람들과 함께 있으매 하나님이 저희와 함께 거하시리니 저희는 하나님의 백성이 되고 하나님은 친히 저희와 함께 계셔서 모든 눈물을 그 눈에서 씻기시매 다시 사망이 없고 애통하는 것이나 곡하는 것이나 아픈 것이 다시 있지 아니하리니 처음 것들이 다 지나갔음이러라"(21 : 2-4).

천년 지배에 관한 NOTE

요한 계시록 20 : 1~10의 말씀은 신약성서에 있어서 독특하다. 오늘에 이르기까지 온전히 문자 그대로 이해하는 '천년왕국설'의 신봉자들이 없어진 것은 아니다. 그것은 주의 재림 전에 그리스도는 순교한 성도들과 함께 천년 동안 지상에서 왕노릇 한다는 주장이다. 요한은 이 교리를 그리스도교 이전의 묵시록에서 인출한 것이라고 말하는 자가 있다. 카이드(G. B. Caird)는 이것에는 증거가 없는 것을 지적하며, 이 천년왕국의 사상은 요한의 사상에 있어서 불가결한 요소였다고 논하고 있다(op. cit., p. 250ff.). 그리스도에게는 부활 후 두 가지 생이 있다. 그 중의 하나는 하나님의 우편에 계신 그리스도의 지배이며, 또 하나는 이 세상에 있어서의 그리스도의 구원활동이다. 그와 같이 선견자 요한은 순교자들은 지금은 영광 중에 있으나 '이 세상에 풀리게 하여' 복음을 전진케 할 수 있다고 믿었다. 그리스도와 순교자들의 지배는 정도의 차이가 있어도 부활 후의 그리스도께서 행사하는 지배와 본질적으로는 다른 것은 없다고 요한은 생각하였다. 그리스도인들은 "이 세상의 권위는 우리 주님과 그의 그리스도의 권위가 되었다."고 말하게 되는 때가 지상에 올 것이라고 믿어야 할 것이다(11 : 15). 그렇지 않으면 그리스도의 승리는 피이로스(Pyrrhic)의 승리(희생이 너무 커서 어울리지 않는 승리의 의미)에 지나지 않기 때문에 그리스도는 악령(powers of evil)에 소유된 대로 있다는 것이다.

이러한 해석의 시도는 당황하는 이 문장 안에 그리스도교의 진리를 찾아내려는 용기있는 시도다. '천년왕국'의 교리는 일반적으로 「옥스포드 그리스도교회 사전」 가운데 다음과 같이 말하고 있다 : "천년왕국설은 정통적인 그리스도교로 인하여 공식으로는 물리치지는 않았으나 성서 안에 또 그리스도교의 전통 가운데 적절하고 정당한 근거가 있는지 아닌지에는 의문이 있을 것이다."

결 어

제 29 장

신약성서의 통일성

신약성서는 문학적인 관점에서 본다면 여러 종류의 책들이 책장에 꽂혀 있는 서재와 같다. 더 알기 쉽게 말한다면, 신약성서는 문학적인 잡탕이다. 신약성서 가운데는 여러 종류의 문학형태가 있다. 첫째로 어떤 점에서는 전기를 닮았고, 다른 점에서는 전기에 닮지 않은 복음서라고 부르는 네 권의 복음서가 있다. 그 다음에는 이방인이면서도 유대인의 눈을 가지고 역사를 보았던 사람에 의해서 쓰여진 한 권의 역사서가 뒤따른다. 그 후에는 여러 가지 편지를 넣은 자루와 같은 부분이 있다. 이 부분에는 장중한 신학적인 논문(로마서), 아주 아름다운 개인서신(빌레몬서), 수사학적인 설교(히브리서), 윤리적인 스크랩북(야고보서) 등이 들어 있다. 그리고 그 전체가 그리스도교적인 묵시문학(계시록)을 가지고 솜씨있게 매듭짓고 있다.

그 다양성은 그것만으로 끝나지 않는다. 다양성은 그 내용에까지 이르고 있다. 성서의 각종 각색의 내용을 연구한 결과로 얻는 우리의 첫째 인상은 아마도 그 저자들은 모두 다른 주제를 논하고 있을 것이다. 하나 예를 들어 본다면 공관복음서의 지배적인 주제는 하나님의 나라이며, 바울의 편지의 지배적인 주제는 '그리스도 안에' 있는 사귐이며, 요한의 문서의 지배적인 주제는 '생명' 또는 '영생' (이 용어는 상호 교환이 가능하다.)이다. 실제로 예수 그리스도의 인격은 이 세 가지 주제 모두와 밀접하게 관계가 있다. 그러나 그것은 어째서일까? 신약성서 중에 세 가지 서신(messages), 다시 말해서 세 가지 복음이 있단 말일까? 아니면 하나의 복음이 있다는 말일까?

신약성서를 조금 안다면 사람들은 세 가지 복음이 있다는 견해를 가질 것이다. 그러나 좀더 깊이 연구한다면 신약성서에는 근본적인 통일이 있다는 생각을 가지게 될 것이다. 왜냐하면 현대의 학자들에게 도움을 받아 방금 말한 세 가지 주제를 연구한다면 공관복음서에는 예수께서 말씀과 행동으로, 다시 말해서 예수 자신의 인격과 선교에 있어서 "하나님의 나라가 가까웠다."고 전파했다고 말하고 있으며, 바울의 편지에 있어서는 바울은 "그리스도 안에서 하나님은 세상을 자기 자신에게 화해시켰다."라고 썼고, 요한의 문서에 있어서 요한은 "하나님의 말씀(구원의 목적)이 육체가 되었다." 다시 말해서 인간의 존재에 있어서 하나님의 말씀이 표현되었다고 단언하고 있으나 바울이나 요한이 각각 다른 개념을 사용하고 있다. 그리스도와 하나님 나라의 도래에 있어서 하나님은 그 백성을 구원하기 위하여 결정적으로 말하며 결정적으로 행동하였다는 공통된 확신을 표현하게 되었다는 것이 겨우 이해되기 시작하고 있기 때문이다.[1)]

요약하면, 신약성서의 다양성 아래 서신의 근본적인 통일이 있다는 것이다. 신약성서의 27권의 책을 정경 가운데 수집한 사람들은 이 통일을 틀림없이 느꼈을 것이다. 음악적인 비유를 사용한다면 음악가(적어도 12명이 있는)가 신약성서 중에 여러 가지 음악을 연주하고 있다 하더라도 그 음악의 전체에 하나의 지배적인 주제가 울리고 있다. 그 주제는 무엇일까?

그것은 '구원의 이야기'이다. 그것은 '때가 차매'(즉, 하나님의 작정한 때가 도래했을 때) 하나님은 예수 그리스도 안에서 인간의 역사 속에 개입하여 그 아들 그리스도를 하나님의 백성의 구원을 위하여 보내심으로 어떻게 하여 그 구원의 목적을 완성하셨는가의 이야기이다. 이제 이렇게 말함에 대하여 약간의 설명적인 주해를 가할 필요가 있다.

처음에 신약성서의 서신은 분명하게 지금 말한 바와 같이 하나님이 예수 그리스도 안에서 인간의 사건에 결정적으로 개입한 것에 대하여 말한 이야기이다. 무엇보다도 신약성서의 서신의 사람과 세계와 역사에 대한 심원한 의미는 제1세기의 바울이나 요한에게서 금세기의 바르트나 본회퍼에 이르기까지 많은 신학자들로 인하여 파헤쳐져야 했겠지만, 신약성서의 이야기와 그 형태에 있어서 아주 간단한 것이므로 아이들까지라도 그것을 파악할 정도이다. 그 이야기는 그 서신을 설명하기 위하여 '하나님은 말씀하셨다', '하나님은 파견하셨다' '하나님은 주셨다' 고 하는 능동태의 동사를 사용할 필요가 있는 이야기다. 그것은 요한복음 3 : 16의 "하나님이 세상을 이처럼 사랑하사 독생자를 주셨으니 이는 저를 믿는 자마다 멸망치 않고 영생을 얻게 하려 하심이라."고 말하고 있음같이 고전적인 말로 표현되지 않으면 안 될 이야기이다.

다음에 이 이야기는 하나님께서 그 백성에 대한 목적을 완성하신 서술이다. 어거스틴(Augustine)은 "신약성서는 구약성서 안에 감추어 있고, 구약성서는 신약성서에 있어서 밝혀지고 있다."고 말하였거니와 이것은 옳은 말이다. 우리는 신약성서를 구약성서에서 시작한 이야기의 완성으로서 이해하지 않으면 신약성서를 옳게 이해할 수 없다. 성서는 이스라엘 백성과 유대인과 그리스도인들 사이에 종교사상의 발전의 자취를 밝히는 기록의 수집일 뿐만 아니라 주로 하나님의 그 백성에 대한 구원의 목적에 관한 이야기이며, 그것은 애굽에서의 구출로 시작하여 역사서와 예언서들 안에 기록되어 있다. 그리고 하나님의 그 백성에 대한 그 이후의 사업이 계속되며, 아들 그리스도의 파견에 있어서 완성된 것이다. 마이어즈(Myers)의 시 '성 바울' 에 다음과 같은 것이 있다 :

하나님은 자기의 선택한 백성의 포도원의 이삭을 줍기 위하여
그 날이 오기까지 전도자를 보냈다.
그 하나님은 시골뜨기의 격노와 거절을 견디며
마지막에 자기의 영광의 아들을 주셨다.

'악한 농부' 의 비유(막 12 : 1-9)에 있어서 그 비유의 말하는 자는 구약성서의 이야기를 그렇게 보고 있다(다시 말하면 구약성서에 있어서 예언자들의 하나님께 관한 사상을 찾아낸 것이 아니고 예언자, 제사장, 왕으로 인하여 하나님의 이스라엘 안에서의 활동을 발견한 것이다). 또 자기 자신의 임무(ministry)는 하나님이 그 백성 안에 돌입하는 것으로 그 극치에 달한 활동인 것을 알고 있었다는 것을 알 수 있다. 그의 사도들도 같은 것을 보았다. 왜냐하면 사도들의 케리그마(κήρυγμα) 혹은 '설교' 의 첫째 강령은 성서의 성취였기 때문이다.

구약성서와 신약성서에서 우리에게 말씀하시는 하나님은 동일하신 하나님-아브라함, 이삭, 그리고 야곱의 하나님이시며, 그리스도의 아버지 하나님-이다. 그리고 하나님의 하나의 목적이 구약과 신약 두 성서에 있어서 성취되고 있다. 이 진리는 히브리서의 서문에 있는 고전적인 표현에서 발견한다. "옛적에 선지자들로 여러 부분과 여러 모양으로 우리 조상들에게 말씀하신 하나님이 이 모든 날 마지막에 아들로 우리에게 말씀하셨느니라"(히 1 : 1-2). 이 이유로 말미암아 우리는 구약성서를 '쓰레기' 통에 버리는 데 동의할 수 없다. 구약성서를 던져 버린다면 신약성서를 푸는 열쇠를 던져 버리는 것이 된다. 구약성서는 그리스도 안에서, 그리고 교회 안에서 성취되는 구원을 약속하며 그것을 미리 나타내 보이는 것이다.

신약성서의 주제는 셋째로 이 구원의 이야기는 하나이며, 분할할 수 없는 것이지만 구세주, 구원받은(그리고 구원받고 있는) 백성, 그리고 구원의 사업 그 자체의 세 가지 요소로 분석할 수 있다. 또 원한다면 한 분의 주, 하나의 교회, 하나의 구원의 세 가지 요소라고 말해도 좋을 것이다. 이 세 가지 요소는 하나의 밧줄의 세 가닥의 끈-통일에 있어서의 삼위일체성-을 이루며, 그 통일은 구원의 사건의 이야기이다. 이 삼위일체적인 이야기는 신약성서 전체를 일관하고 있다. 우리는 이제 좀더 자세하게 말해 보기로 하자.

1. 한 분이신 주

이미 말한 바와 같이 처음에 **케리그마**(κήρυγμα), 다시 말해서 그리스도로 말미암는 구원에 관해 설교된 메시지가 있었다. 이 **케리그마**는 복음서에서 요한 계시록에 이르기까지 신약성서 전체에 울려퍼지고 있다. 최초의 복음서인 마가복음은 단지 **케리그마**를 확대한 것이며, 마태복음도 누가복음서도, 그리고 요한복음서도 다소 차이는 있다 하더라도 모두 **케리그마**에 입각하여 쓰여졌다. 실로 이 서신은 사도행전에 있어서의 서신의 요지가 되어 있고, 바울의 복음의 토대로 되어 있다(고전 15 : 3 이하 참조). 히브리서, 베드로 전서, 요한 일서에 있어서도 또한 요한 계시록의 환상과 찬송 가운데까지도 이 특징을 포착할 수가 있을 것이다.[2] 그래서 비유로 바꾸어 말한다면, 신약성서의 변화하는 구조 전체에 걸쳐서 어느 곳은 분명하게 사람 눈을 끌고 어떤 곳은 덮어서 감추고 있는지는 몰라도 **케리그마**, 다시 말해서 그리스도 안에서 하나님의 구원의 활동에 관한 기쁜 소식의 황금실이 관통하고 있다. 이것은 1938년에 출판된 다드(C. H. Dodd)의 「사도적 설교와 그 전개」(*The Apostolic Preaching*)[3]에 있어서 납득이 가도록 논의된 명제이다. 그러나 다드보다 23년 전에 포사이드(P. T. Forsyth)[4]는 "신학적으로 보편적인 정식은 존재하지 않았다."라는 중요한 논점을 열거하여 신약성서의 상황에 대하여 "정설이 되는 것은 존재하지 않았지만 확실히 공통적이고 사도적인 복음 **케리그마**는 존재하였다."고 저술하였다.

거기서 한 걸음 더 나가기로 하자. 이 **케리그마**의 중심은 그리스도다. ("우리가 그리스도를 전파한다."고 바울은 말했다.) 신약성서 전체에 하나의 **케리그마**가 울려 퍼지고 있는 것같이 그리스도에 대한 하나의 공통된 신앙적인 태도, **본질적인 하나의 그리스도론**, 그리스도의 인격에 관한 하나의 근본적인 평가가 신약성서 전체에 포함되어 있다. 그것은 무엇일까? 신약성서의 저자들은 그리스도의 인간성에 대하여 강하게 주장은 하고 있으나 저희는 모두 그리스도를 신적으로 부르는 현실성 쪽에 속한 분이라고 보았다. 더욱 간단하게 말한다면 신약성서의 저자들은 모두 "주 예수 – 예수는 주시다."라고 말했다.

예루살렘의 모교회의 **마라나 타**(*Marana tha*)라고 하는 기도는 원시교회가 그렇게 믿었다는 증거이다. 바울은 신앙에 있어서 그리스도는 무엇을 의미하는가를 표현하는 데 있어서 많은 칭호와 범주를 사용하였지만 동료 사도들과 함께 본질적인 것에 대하여 일치하고 있다. 즉, 예수는 '여자에게서 낳은' 참 사람이요, 동시에 "예수는 주시니라", "하나님과 함께 예배할 존재이다."라고 바울은 말하였다. 히브리서의 저자도 다른 것이 없다. 히브리서의 저자는 인간 예수에 대하여 "그는 육체에 계실 때에 자기를 죽음에서 능히 구원하실 이에게 심한 통곡과 눈물로 간구와 소원을 올렸고, 그의 경외하심을 인하여 들으심을 얻었느니라."(히 5 : 7)고 말하였다. 신약성서 중에 이만큼 감동적으로 인간 예수를 강조한 사람은 없다. 그러나 또 그 이상으로 예수가 '하나님의 본체의 형상'이며, '만유의 후사로 세우셨다'(히 1 : 2 – 3)는 것을 확신한 사람도 없다. 또 베드로는 그것에 못지않게 예수는 자기를 공격하는 자에게 고상한 무 저항으로 맞선 사람이었으나(벧전 2 : 22 – 23) 이제는 주시며 그리스도시며(벧전 3 : 15), 하나님과 성령과 함께 존귀를 받을 존재(벧전 1 : 2)라고 확신하였다. 요한 계시록의 선견자는 아버지 하나님과 함께 보좌에 계신 '영광의 그리스도'를 묘사하는 것에 관심을 기울였다. 그러나 이 '보좌에 앉으신 그리스도'는 다윗의 자손 중에서 나셨다(계 5 : 5). 그리고 인간의 구원을 이루기 위해 골고다에 가셨고, 지금도 그 희생의 표징을 띠고(5 : 6, 11, 기타) 있는 동일한 그리스도이다.

복음서를 쓴 네 사람의 경우도 그것과 별다르지 않다. 마가에게 있어서 예수는 참 인간이며, 동시에 하나님께 속한 하나님의 아들이 된다. 마태에게 있어서는 메시야적인 다윗의 자손이며, 산상설교자이신 예수는 '임마누엘' – 하나님이 우리와 함께하심이라 – 이다(마 1 : 23 ; 28 : 20).

누가복음서의 독자는 누가에게 있어서 전에 인간들 가운데서 생활하셨던 참 사람이었으나 그것과 마찬가지로 확실하게 누가는 예수는 '주' 시며 그 기원으로 정함에 있어서 신적 존재라고(눅 1 : 35 ; 24 : 44 이하) 생각했다는 것을 의심하는 자는 없다. 마지막으로 요한은 복음서와 편지에 있어서 예수는 참 사람인 것을 강조하려고 노력하고 있지만, 역시 요한에게 있어서 예수는 **지금 육신을 입고 나타나신 아버지 하나님의 말씀이며**, 신성의 강조로서 말해야 하는 존재("내가 그니라." - 요 8 : 24, 28, 58 ; 13 : 19), 영원하신 하나님의 진리와 능력과 사랑에 있어서 인간을 만나시는 분이시다.

요약한다면, 신약성서의 저자들 사이에 사고와 어법과 명칭에 큰 상위(相違)가 있는데도 불구하고 **본질적으로 하나의 그리스도론이 신약 전체의 기초를 주고 있다**. 그리고 그 그리스도론은 아마도 "예수는 주시다."라는 최초의 그리스도교의 신앙고백에 가장 잘 요약될 수 있을 것이다.

제임스 데니(James Denney)는 다음과 같이 썼다. "이 초기의 그리스도인들의 책에는 모두 하나의 통일이 있었다. 그 통일은 아주 강력한 것이므로 그 책들의 상위한 것들을 급수하고 그 상위를 완화한다. 그 통일은 그리스도에게 대한 신앙의 공통된 관계 가운데, 또 공통적으로 그리스도에게 입은 혜택 안에서 또 하나님과 사람과의 모든 관계는 그리스도로 말미암아 결정되어야 하며, 또 현재 결정되고 있는 공통의 의식 안에서 발견할 수 있다."[5)]

이것은 모든 신약성서의 저자들에게 있어서 오직 **한 분 주**만이시며, 천하에 인간이 구원을 받은 한 분 외에 없다는 말 외에 무어라 말해야 좋을까? 신약성서의 저자들에게 있어서 예수는 오늘날 어떤 사람들에게 있어서 그러한 것같이 오직 단지 '타인을 위한 사람' 이어야 한다는 것뿐이다(물론 예수는 논의의 여지가 없지만). 그는 하나님의 독생자 '우리 주 예수 그리스도' 이다.

2. 하나의 교회

'구원사건의 이야기' 의 밧줄로 꾀인 세 가닥 중의 첫째 가닥이 '한 분이신 주' 시라면 둘째 가닥은 '하나의 교회' 이다.

구주와 구원의 서신에는 필연적으로 구원받은 백성이 의미되고 있다. 복음서의 기자들과 사도들과의 표현은 아무리 상위가 있다 하더라도 교회는 본질적으로 하나님의 새로운 백성이라는 하나의 교회론이 신약성서 전체에 널리 스며들어 있다.

이 교회론의 근원은 구약성서와 이스라엘의 개념(다시 말해서, 예언자들이 말하고 있는 '충실한 남아 있는 백성' 이라는 개념)에 거슬러 올라간다. 이스라엘은 'qahal Yahweh' (헬라어 70인역에는 ἐκκλησία κυρίου), 하나님의 백성, 하나님의 거룩한 회중이다. 신약성서에서 말하고 있는 것은 교회는 그리스도로 말미암아 창조되었고, 옛 이스라엘이 수행하지 못했던 것 - 곧 '이방인들을 비취는 빛' 이 되는 것 - 을 수행하기 위하여 부르심받은 하나님의 백성의 새 백성이라는 주장이다.

먼저 예수와 그 제자단에 대한 것으로 시작하자. 예수께서 하나님의 나라(혹은 지배)의 도래에 관하여 말씀하신 것과 자기 자신을 메시야이며 하나님의 나라를 임하게 하시는 자라고 생각한 것과, 자기가 목자이며 제자들은 하나님의 '적은 무리' 라고 발언한 말씀 - 이러한 것들을 연구해 보면 예수께서 생각하셨던 목적은 새 이스라엘, 하나님의 새로운 백성, 새로운 교회를 집합시키는 것이었다는 것은 분명하다.

첫째, 하나님의 나라 혹은 지배가 도래하는 것은 예수의 설교의 요지였다는 것인데 하나님의 나라란 백성이 하나님의 지배하에 사는 것을 의미한다. 예수는 차례대로 비유 - '겨자씨', '그물', '곡식과 가라지', '성대한 잔치' 등의 비유 - 를 말씀하셨는데, 이러한 비유들에 있어서 예수는 자기의 목적이 새로운 회중을 형성하는 것임을 나타냈다. 그리고 예수는 따르려고 하는 사람들을 부르셨을 때 이러한 하나님의 백성의 중심이 되는 사람들을 집합시키려고 하신 것이다.

둘째, 이것은 예수의 메시야 개념으로 말미암아 확인된다. 예수는 메시야의 개념을 다니엘의 '인자'와 '여호와의 종'의 관점에서 해석하였다. 이 두 가지 개념은 모두 단체적인 인물상이다. 각각 그것은 하나님의 백성의 무리를 의미한다. 예수는 자기를 '인자'라고 불렀을 때(이 칭호는 예수가 즐겨 사용한 것이다), 자기를 특별한 백성, '가장 높은 자의 성도'의 머리라고 이해한 것이다.

셋째, 예수는 자기가 목자의 일을 하는 사람이고, 제자단은 '양의 무리'라고 말하였으나, 에스겔서 34장이나 미가 5 : 4과 같은 구약성서의 말씀에 의하면 예수는 목자의 용어를 사용하여 하나님의 백성을 모으는 자기의 메시야의 임무를 말한 것을 알 수 있다.

이것은 그 문제의 이론이나 혹은 신학이다. 예수께서 실제로 행하신 것을 주의한다면 예수는 자기의 목적을 현실적인 것으로 표현하며, 자기의 목적을 실제적으로 설명한 것을 알 수 있다. 이 문제는 다음과 같은 하나의 문장으로 말할 수가 있을 것이다. 예수는 열두 제자(상징적인 의미를 갖는 수)를 부르셨다. 또 제자들에게 삶을 위한 새 '율법'(산상의 설교에서와 같이)을 주셨다. 또 열두 제자를 전도에 파송하여 하나님의 지배의 도래를 전파케 하며 믿는 자를 모이게 하였다. 또 제자들과 함께 지냈던 최후의 밤에 예수는 새로운 '계약'을 세우셨다 – 이러한 때에 이 모든 것으로 말미암아 예수는 하나님의 뜻에 복종할 수 없다는 것을 알았던 옛 이스라엘을 대신하기 위하여 새 이스라엘, 하나님의 참된 백성을 만들어 내기 위하여 하나님께로부터 받은 바 임무를 수행하셨다는 것이 우리에게 분명해진다.

그러나 예수는 또한 나라에 뿌려진 씨에 자기의 수난의 피땀이라는 물을 뿌려야 한다는 것과, 자기 자신의 죽음에 이르기까지 복종과 자기 죽음에 대한 승리로 말미암아 '적은 무리'는 하나님의 원하시는 큰 무리가 된다는 것을 알고 있다. 이것을 예수는 하나님과의 사귐과 성서의 말씀을 배움으로써 알았던 것이 아닐까? 이렇게 함으로써만이 요한복음에서 말씀한 대로 아버지 하나님의 목적이 완전히 성취되며, '한 무리, 한 사람의 목자' 가 되기 위하여(요 10 : 16) 예수는 '우리 안에 들지 않은', '흩어진 하나님의 자녀' (요 10 : 16 ; 11 : 52)를 모을 수 있었던 것이다.

그래서 예수는 자기의 생명을 희생의 제물로 드려 죽음에 대하여 승리함으로 말미암아 새로운 계약을 세우고, 하나님의 새로운 백성이 현실적으로 존재하도록 하기 위하여 십자가에 달렸다. 예수는 "사람의 손으로 지은 이 성전을 헐라. 내가 삼일 만에 사람의 손으로 짓지 아니한 다른 성전을 일으키겠노라."(요 2 : 19)고 말씀하셨다. 이 말씀은 예수님 자신이 몸으로 죽고 승리하실 것의 예언일 뿐만 아니라 새로운 교회를 세우실 것의 예언이기도 하다. 죽음을 넘어서 예수는 작은 무리의 예배를 위하여 '사람의 손으로 짓지 않은' 새로운 성전이 이제 큰 성전이 될 때를 보신 것이다. 오순절날에 이 **교회**가 실제로 존재하게 되었다.[6] 새 이스라엘은 성령으로 말미암아 능력을 받아 세계에 그 위대한 사업을 시작한 것이다.

여기서 우리는 사도들과 교회에 대하여 말해 보자. 이 오순절날 후에 즉시 젊은 교회는 필연적으로 교회의 본질과 운명을 충분히 이해한 것은 아니었다. 그러나 누가가 교회의 시작에 있어서 말한 말 가운데 있어서라도 다음의 **네 가지 사항**이 희미하게나마 의미가 인정될 수 있다. 즉, 교회는 하나님의 진정한 백성이다. 교회는 그리스도에게 충성을 다해야 한다. 교회는 성령을 통해서 능력을 받는다. 교회는 사명을 위하여 부르심을 받았다. 이 최후의 것을 스데반은 다른 사람보다 더욱 분명하게 알아 자기의 꿈을 위하여 그 생명을 바쳤다.

자, 이제 약 20년 후 제1세기의 50년대에 눈을 돌려 보기로 하자. 바울이 편지를 쓴 것은 이 시기였다. 이 여러 편지에 있어서 위대한 신학자인 바울은 스데반을 훨씬 넘는 통찰력을 가지고 교회의 본질과 역할에 대하여 고심하여 쓴 것을 우리는 알고 있다. 바울에게 있어서 **교회**는 하나님의 에클레시아(ἐκκλησια)로서 유대인과 이방인과 같이 나란히 선 '제3의 인종' 이다(고전 10 : 32). 그 공통된 충성은 "예수는 주시니라."는 말로 표현된다(고전 12 : 3 ; 롬 10 : 9 ; 빌 2 : 11). 교회는 '성령의 사귐' 이며, 하나님의 성령으로 말미암아 만들어진 능력을 받는 사귐이다(고후 13 : 14 ; 빌 2 : 1). 교회는 이렇게 인식하고 있다. 그리고 그 결과 바울이 알고 있는 바와 같이 교회는 참으로 '에큐메니칼' 이라는 것이 하나님으로 인하여 예정되어 있다.

마찬가지로 제1세기 60년대 초에 베드로는 실라의 도움을 받아 교회는 하나님의 친백성이며(벧전 2 : 4 - 9), 그리스도를 주로 삼아 경외하며(벧전 3 : 15) 성령으로 깨끗함을 받아(1 : 2), 흑암 중에서 놀랄 만한 빛 가운데로 들어가게 하신 분의 승리를 전하기 위하여 부르심을 받은 백성이라고 말하였다.

히브리서 저자는 로마에 있는 그리스도인들에게 편지를 썼다. 그때 그는 마찬가지로 교회는 하나님의 백성이며(히 2 : 12 ; 4 : 9), 아들 그리스도에게 충성을 다할 것이다(3 : 1 ; 4 : 14). 교회 안에서 일하신 능력은 성령이라(2 : 6 ; 6 : 4 - 5)고 믿었다. 그러나 그는 자기의 독자들이 교회의 사명을 잊고 있다고 생각했다. 그래서 그는 옛날부터 안전하다고 생각해 왔던 것에 돌아가 위축되지 말고 변함없으신 그리스도에게 인도되어 넓은 이교세계 안으로 모험을 무릅쓰고 나아가도록 독자들이 부름받고 있음을 말하였다.

에베소의 요한(말하자면 기원 80 - 90년경)에게 우리의 눈을 돌이킨다면 우리는 요한이 교회의 본질과 규칙(destiny)에 관하여 같은 확신을 가지고 있는 것을 보게 된다. 포도나무와 그 가지의 비유가 보여 주고 있는 것같이(요 15 : 1 이하) 교회는 참 이스라엘이다. (포도나무는 하나님의 백성으로서의 이스라엘을 나타내는 친숙한 상징이었다.) "예수는 하나님의 아들이다."라는 말은 "예수는 주시다."라는 말보다도 요한의 신조(Credo)를 잘 나타내는 것같이 생각된다(요일 4 : 15 ; 5 : 5). 만일 그렇다면 그의 충성을 다하느냐에 대해서는 그는 의심을 갖지 않았다. 이 에클레시아, 다시 말해서 교회에 있어서 성령은 부활하신 예수로 말미암아 주어지며(요 20 : 22), 그리스도를 따르는 자들 가운데 거하셔서 기억나게 하시는 분, 증언하시는 분 보혜사(요 14-16장에 있어서 다섯 번의 '보혜사' 라는 말을 참조)로서 일한다. 그리고 교회의 사명은 보편적이다. 그 이유는 '모든 사람을 내게로 이끌기' 위하여 예수는 십자가의 죽음을 개의치 아니하셨다(요 12 : 32). 예수에게는 "이 우리(유대인)에 들지 아니한 다른 양이 있기" 때문이다(요 10 : 16). 예수의 죽음은 다만 그 민족만이 아니라 또한 '흩어진 하나님의 자녀를 모아' 하나 되게 하기 위한 것이었다(요 11 : 52).

마지막으로, 밧모의 요한의 환상에 있어서도 우리는 교회의 본질과 역할에 관한 그의 견해를 발견할 수 있다. 성도들의 지배에 관한 그의 말들은(계 1 : 6 ; 5 : 9-10) 사실상 다니엘서 7장에 입각한 것인데, 교회가 하나님의 참 백성이라는 것을 말하려는 것이 그의 방법이다. 교회의 그리스도께 대한 충절은 '그리스도의 신부' 라는 교회의 비유 가운데에도(22 : 17), 또한 다스리는 어린 양에 대한 예배의 찬송 가운데도 들려지는 것 같다. 성령의 역사에 대하여 말하는 것을 요한은 잊을 수 없었다. 이 성령의 감동으로 말미암아 요한은 환상을 보았다(1 : 10 ; 21 : 10). 교회에 성령이 임재하는 것은 다음과 같은 초대말씀으로 증거를 세울 수 있다. "성령과 신부가 말씀하시기를 '오라' "(22 : 17). 교회의 미치는 범위는 얼마나 넓을까? 어린 양의 노래가 '만만이요, 천천' 의 사람들의 입으로 불리는 것같이(5 : 9, 11-12) 교회에는 '각 족속과 방언과 백성과 나라' 가 속하고 있다.

3. 하나의 구원

한 분의 주, 하나의 교회에 관하여 논하였으나 다음에 우리는 삼위일체적인 밧줄의 마지막 가닥인 '하나의 구원' 에 대하여 말해 보기로 하자.

여기서의 문제는 죄 많은 사람과 죄에 대한 하나님의 구원문제이다. 우리가 예수의 가르침과 바울의 가르침을 비교해 본다면, 우리는 두 분의 용어가 아주 다르기는 하지만-예수의 가르침은 상냥하게 인간적인 것에 비하여 바울은 종종 스콜라적이다 – 주 예수와 사도 바울은 하나님에게서 본다면 사람은 예외없이 다 죄인이며, 자기가 스스로 자기를 구원할 수 없다는 점에 있어서는 일치함을 알 수 있다.[7] 이와 같이 또한 베드로, 요한, 히브리서의 저자, 밧모의 선견자도 여러 가지 방법으로 서술하고 있으나 인간의 정신적인 불안의 원인은 인간과 하나님과의 사귐을 방해하는 죄라는 것에 일치한다.

베드로에게 있어서 "우리는 모두 양과 같이 길을 잃었다."는 것(벧전 2 : 25), 또 그리스도께서 죽으신 것은 '불의한 자들'을 대신한 것(벧전 3 : 18)은 자명한 것이다. 요한에게 있어서 그리스도는 '세상 죄를 지고 가는 하나님의 어린 양'이며(요 1 : 29), 요한은 '만일 우리가 죄없다면 스스로 속이고 있다."(요일 1 : 8)고 솔직하게 말하고 있다. 히브리서의 저자는 예수와 같이(막 7 : 14 – 23) 사람을 더럽히는 것은 사람 속에서 일어나고, 죄로 인하여 더러워진 양심이 깨끗해지기 위하여 구원을 찾아내야 한다고 인식하고 있다(히 9 : 9, 14). 밧모의 요한은 죄에서의 해방은 인간의 절실한 요구인 것을 인정하고 "우리를 사랑하사 그의 피로 우리 죄에서 우리를 해방하신 그에게 영광이 세세토록 있기를 원하노라."(계 1 : 5)고 외쳤다.

참된 축복이 주어지기 위하여 인간의 죄의 문제가 해결되지 않으면 안 될 것이라면 성서 저자들이 일치하고 있는 점은 그 해결은 그리스도와 그의 십자가에서 찾아볼 수 있다는 것이다. 사실상 신약성서의 저자들은 우리가 '속죄'(atonement)라고 부르는 것에 관하여 저희의 독자적인 각도를 가지고 있다. 그러나 저희는 모두 죄에 대한 하나님의 구원의 방법을 십자가에 못박히시고 부활하신 그리스도 안에서 발견한다는 점에서 일치하고 있다. 신약성서의 저자들의 표면적인 모든 상위의 보다 깊은 곳에서 우리는 십자가와 '그의 슬픔으로 말미암아 우리에게 쉼을 주시며, 또 그의 죽음으로 말미암아 우리에게 생명을 주시는 분'에게 접근방법의 일치를 찾아낼 수 있다.

바로 시초부터(고전 15 : 3 참조. 여기서 바울은 자기가 받은 '전승' 을 인용하고 있다.) '성경대로 그리스도께서 우리 죄를 위하여 죽으셨다' 는 것이 그리스도인의 신조의 불가결한 요소였다. 다시 말해서 그리스도의 죽음은 인간의 죄에 관계되며, 성서(이사야서에 언급하고 있음이 확실하다.)의 성취된 바의 대리적인 것이었다. 더 나아가 사도적인 저자들은 속죄는 하나님의 은혜로우신 의사에서 기원했으며, 그것이 인간의 죄로 말미암아 필수적인 것이 되었고, 그럼에도 불구하고 그 방법이 십자가의 죽음이었다고 하면 그 목적은 하나님과의 사귐을 회복하는 것이었다고 주장한다.

신약성서의 저자들은 그리스도가 십자가에 못박혀 죽은 것을 말하는데 그리스도의 행위는 단지 대리적인 것만이 아니고 **대표적인 것**이며(예수는 실제로 인자이며 여호와의 종이며, 우리의 대제사장이었다), 그러면서도 그리스도의 행위는 하나의 **희생**이었다고 한다(이런 것들은 모두 '그리스도의 피' , 다시 말해서 다른 사람들을 위하여 행하신 희생적인 죽음으로 말미암아 주어진 생명에 관계하고 있다). 그리고 신약성서의 저자들은 속죄의 영적인 목적은 죄인을 하나님에게 화해시키는 데 있었다고 하는 점에서 일치하고 있다. 화해는 바울과 같이 '하나님과의 화평' 이라고 부르거나 베드로나 히브리서의 저자와 같이 '하나님께 가까이 가는 것' 이라고 하거나 요한과 같이 '영원한 생명' , 즉 하나님과의 사귐 속에서 사는 생명이라고 부르거나 간에 모두 같은 것이다.[8]

속죄의 교리에 있어서 신약성서의 저자들 모두에게 단 하나의 획일적인 교리밖에 없다고 한다면 그것은 진실이 아닐 것이다. 틀리지 않은 것은 "신약성서의 전체에 걸쳐서 다음과 같은 하나의 강력한 사상이 흐르고 있다는 것이다. 그것은 그리스도는 우리의 죄를 대속하기 위하여 죽으셨다는 것, 그리스도는 우리가 짊어져야 할 십자가를 지셨다는 것, 그리스도는 우리를 위하여 우리가 스스로 하고 싶어도 할 수 없는 것을 행하신 것, 그리스도는 하나님을 위하여 하나님께서 기뻐하시는 것을 행하셨다는 것들이다."[9]

한마디 더 말해 보자. 신약성서에 있어서 속죄는 '완료한 사업' - 한 번에 결정적으로 이룩한 일 - 으로서 말하고 있지만, 인간을 도외시하고 행하신 것은 아니다. 인간은 그 은혜를 자기의 것으로 이해야 한다. 속죄는 사람이 십자가에서 나타내신 아주 놀랄 만한, 그리고 아주 신적이며 사랑에 응답하지 않으면 완전한 것이 되지 않는다. 그 응답은 사람이 다음의 세 가지 방법으로 행한다. 첫째는 '믿음' 으로 행한다. 믿음으로 말미암아 사람은 하나님과 영원을 위하여 자기 자신을 그리스도에게 바쳐야 한다. 둘째로 '성찬' 에 있어서이다. 성찬에 있어서 사람은 더욱 신앙에 있어서 찢긴 살과 부어진 포도주로 상징한 그리스도의 고난의 고유한 능력을 자기의 것으로 삼아야 한다. 셋째로 희생적인 생활로 실행한다. 그것으로 말미암아 사람은 그리스도께서 자기를 위하여 행하신 것을 상기하여 다른 사람들에 대한 희생적인 사랑을 가지고 자기를 내주어야 한다.

이상의 내용이 신약성서의 변함없는 기록인 구원에 관한 삼위일체적인 이야기이다. 이것이 바로 "우리 인간의 궁지에 대하여 저편에서 건네주는 말씀"이다. 이를 위하여 신약성서는 세계의 종교적인 문헌 중에서 특별한 위치를 차지하게 된다. 그리고 이 구원의 이야기는(성령이 그렇게 하지만) 옛날부터 있어 온 이야기이지만, 그럼에도 불구하고 항상 새로운 이야기이다. 그리고 이 구원의 이야기는 아주 건전한 그리스도교의 교리의 근거이며, 온전히 올바른 그리스도인의 생활에 영감을 주는 것이며, 영원한 생명의 바른 신앙의 기본이 되는 기초이다.

신약성서의 주요한 어구의 동의어에 대한 주

공관복음서는 '하나님 나라의 복음' 에 대하여 말하고 있다. 바울은 '그리스도의 복음' 에 대하여 말하고 있다(롬 15 : 19, 기타). 요한은 '생명의 말씀' 에 대하여 말하고 있다(요일 1 : 1). 말씀에 대한 다른 것을 논하고 있는 것처럼 느껴진다. 그러나 실제로는 그렇지 않다.

공관복음서에 대하여 생각해 보자. 공관복음서에 있어서는 하나님의 나라(혹은 구원의 지배)와 그리스도의 인격과는 불가분리적으로 서로 결부되고 있다. 예수는 하나님의 지배를 구현하고 있다. "내가 하나님의 손가락으로 악마를 쫓아낸다면 하나님의 나라가 이미 너희에게 임하였다"(눅 11 : 20). 또 예수의 제자가 되는 것은 '나라 안에 있다' 는 것이다. 왜냐하면 예수가 있는 곳에 하나님의 나라가 있기 때문이다. 이 개념으로 말미암아 오리게네스는 "그 자신이 천국"이라는 어구를 만들어 내게 되고, 마르키온은 "복음에 있어서 천국은 그리스도 자신이다."라고 말하게 되었다.

다음에는 바울에 대하여 생각해 보자. "하나님의 나라는 너희에게 가까웠다." (즉, 그것은 예수의 인격에 있어서이다.)라는 말로 나타내는 바울의 동의어는 '하나님의 의' (곧 하나님의 구원활동, 하나님이 사태를 바르게 하는 것)가 나타났다. 다시 말하면 그것은 그리스도에게 있어서이다(롬 3 : 21 이하)라는 것이다. 그 위에 바울에게 있어서 복음을 전파하는 것은 그리스도를 전파하는 것이다. (롬 1 : 16의 "복음은 구원을 주시는 하나님의 능력이다."라는 말과 고전 1 : 23-24의 "우리는 하나님의 능력이신 그리스도를 전파한다."는 말을 비교하라.) **"복음은 그리스도이다."**

자, 이제 요한에 대하여 생각해 보자. '생명' 또는 '영생' (이 두 가지 말은 교환 가능한 표현이다.)은 요한복음서에 있어서 중요한 개념이다. 공관복음서가 '하나님의 나라' 에 대하여 말하는 것에 비하여, 요한은 영생에 대하여 말한다. 그러나 요한에게 있어서 이 최고의 축복은 그리스도와 결부되어 있고, 요한은 복음서에 있어서 "나는 생명이다."(요 11 : 25 ; 14 : 6)라고 말할 정도이다. 또 요한 일서에 있어서 "이 생명은 아들 안에 있다.…… 아들을 가지는 자는 생명을 가졌다."(요일 5 : 11-12)고 말하고 있다. **"생명이 그리스도이다."**

우리는 성서를 읽을 때 다음과 같은 방정식에 따른다면 진리에서 멀리 떠나지 않을 것이다.

1. 하나님 나라의 복음=그리스도의 복음=생명의 말씀
2. 하나님 나라에 있는 것=그리스도 안에 있는 것, 생명을 가진 것

각 장에 대한 주

1. 왜 신약성서를 연구하는가?

1. E. V. Rieu, *The Four Gospels*, Penguin Books 1952, pp. xxxiif.
2. Joseph Klausner, *Jesus of Nazareth,* Allen and Unwin, 1943, p. 414.
3. 이것은 아마 가장 훌륭한 자유주의 신학자 하르낙(Adolf Harnack : 1851–1930)의 말일 것이다.

2. 신약성서의 언어와 본문, 그리고 정경

1. codex는 두루마리 형태의 사본과는 달리 책의 형태를 가진 사본이다. codex는 제2세기에 두루마리 형태의 사본으로 변하기 시작했다.
2. Chester Beatty는 아메리카 사람이고, Bodmer는 스위스 사람이다. 저희는 현대의 Maecenases(옛 편지보존의 후원자의 의미이다. Maecenases는 로마의 정치가로 시인 호라티우스와 베르끼우스의 후원자)이며 그 사본을 애굽의 상인에게서 구입하였다.
3. M. R. James, *The Apocryphal New Testament,* Oxford University Press, 1924 참조.
4. M. Black와 H. H. Rowley의 편집으로 *Peake's Commentary on the Bible,* Nelson, 1962, pp. 679ff의 신약성서 정경에 관한 J. N. Sanders의 논문 참조.
5. 이 증명에 대해서는 나의 저서 *Exploring the New Testament*, Saint Andrew Press, 1971, pp. 123–125 참조(헌터가 말한 '정경에 없는 말' 이라는 뜻은 '기록되지 않는 말', '알려지지 않는 말' 을 의미한다.).

3. 신약성서의 내용

1. 그중에 히브리서는 후에 말한 것과 같이 잘못하여 바울의 저작이라고 하였다.
2. 고린도 전서 15 : 10.

4. 복음서가 어떻게 기록되었는가?

1. C. H. Dodd, *The Apostolic Preaching and its Developments*, Hodder and Stoughton, 1936, "사도적 설교와 그 전개", 윤종은 역, 「교회신서」, No. 4, 1979 참조.
2. 사도들의 설교는 베드로와 기타 사도들이 설교한 것의 축자적인 보고가 아니고 아마 사도들의 본래의 설교를 개괄적으로 표현한 설교일 것이다. 베드로가 고넬료에게 말한 설교에 있어서 그 그레샤어는 셈족어적인 어음이 있는 고로 아람어의 자료를 기본으로 한 것이라고 생각할 정도이다(행 10 : 34 – 43).
3. 본장의 본문말의 주 참조.
4. 다음 장의 "공관복음서 문제"를 참조하라.

5. 공관복음서 문제 : 문학적인 수수께끼

1. 이 논의의 충분한 설명에 대해서는 T. W. Manson의 *The Sayings of Jesus*, SCM Press, 1949, pp. 15 – 20을 참조하라. Manson은 Q의 재구성과 그것에 관한 훌륭한 주해를 하고 있다.
2. 현대의 한두 학자는 'Q 가설'에 의문을 제기하고 있다. 그것에 관한 설득력 있는 옹호에 대해서는 *The Journal of Theological Studies,* April, 1953, pp. 27ff에 게재된 Vincent Taylor의 논설 "The Order of Q"를 참조할 것.
3. Q와 M, L의 영어본문은 나의 *Work and Words of Jesus*, SCM Press, 1950의 권말의 부록 「현대의 예수전」, 시교출판사에서 볼 수 있다.
4. 마지막 절은 'M과 L은 특수자료를 사용하였다.'로 표현할 수도 있다. 'Q' 자료는 이것을 꺼려하나 시의 파격상 기억을 돕기 위해 허용되었을 것이다.
5. Günther Bornkamm, *Jesus of Nazareth,* Hodder and Stoughton, 1960, p. 26.
6. E. V. Rieu, *The Four Gospels*, Penguin, 1952, p. xix. 독자는 다음과 같은 책에 있어서 양식비평에 관한 좋은 설명을 발견할 것이다. Vincent Taylor, *The Formation of the Gospel Tradition,* Macmillan, 1933 ; A. T. Hanson(ed.), *Vindications,* SCM Press, 1966 ; Stephen Neill, *The Interpretation of the New Testament, 1861 – 1961*, Oxford University Press, 1964, pp. 232 – 262. *The Birth of the New Testament,* A. and C. Black, 1962에 있어서 C. F. D. Moule은 양식비평은 어떻게 건설적으로 사용할 수 있었는가에 대하여 훌륭하게 나타내고 있다.

6. 최초에 쓰여진 복음서 : 마가복음

1. 제2세기의 전승에 의하면 마가는 '義指를 붙인 사람' 으로 알려졌다고 말하였다. 그것을 의심할 이유는 없다. 또 그는 '키가 크고 좀 검고 얼굴은 잘났다.' 고 말해 왔다. 그것도 의심할 이유는 없다.
2. Vincent Taylor, *The Gospel according to Saint Mark,* Macmillan, 1952, p. 148.
3. 이것은 예수의 제자들과 기타 사람들에게 자기가 메시야인 것을 사람에게 알리지 말라고 금했다는 것이 마가복음의 많은 구절 중의 하나이다. 예수가 메시야인 것을 알리지 말라고 금한 것은 예수 자신의 종으로서의 메시야의 생각이 일반 사람들의 생각과는 완전히 상충되기 때문이다. 소위 '메시야 비밀' 은 독일의 학자가 논한 것과 같이 나중에 예수의 이야기 안에 집어넣은 것이 아니고 예수 자신에게 소급하며 예수의 가르침이었다는 것이다.
4. 마가복음 13 : 5~37은 '소묵시록' 이라고 부르는 것으로 이 부분은 여러 가지 것으로 성립되고 있는 문서이다. 이 부분에 예수의 진정한 말씀이 포함하고 있다는 것에 대해서는 아무도 부정하지 않을 것이다. 그러나 이 부분이 그대로 미래에 일어날 일련의 사건에 관한 예수의 견해를 진정으로 묘사하고 있다고 믿는 학자는 거의 없다. Vincent Taylor, *The Gospel according to Saint Mark*, pp. 636 – 644 참조.
5. 'numinous' 에 관한 설명에 대하여 R. Otto, *The Idea of the Holy*, Oxford University Press, 1923을 참조할 것. 빈 무덤 앞에서의 여자의 무서움(16 : 8)은 'numinous' 의 두려움이다.

7. 이방인 그리스도인의 복음서 : 누가복음

1. 누가 – 행전의 저자와 일기기자는 전혀 다른 두 사람이라고 상상하는 자도 있다. 만일 그렇다면 누가 – 행전의 저자는 그 본래의 문체의 모든 흔적을 제거할 만큼 철저하게 타인의 일기를 다시 쓴 것이며, 동시에 '우리' 를 '저희' 로 바꾸는 것을 주의하지 않아 잊어버린 것이 된다. 그것은 아주 기묘한 것이다.
2. G. B. Caird, *Saint Luke,* Penguin Books, 1963, pp. 23 – 26. 만일 이 설이 참말이라면 '원본 누가' (L+Q)와 마가복음서는 예수의 이야기에 관하여 거의 같은 시대의 두 가지 독립된 권위가 될 것이다.
3. Caird, *op. cit.*, pp. 20f.
4. Sir William Ramsay, *The Bearing of Recent Discovery on the Trustworthiness of the New Testament,* Hodder and Stoughton, 1915 ; A. N. Sherwin-White, *Roman Society and Roman Law in the New Testament,* Oxford university Press, 1963.
5. 누가복음 1 – 2장의 탄생설화는 특별한 사례이다. 세 가지 사실이 탄생설화에 대하여

말해질 것이다. (1) 누가는 아마도 유다의 유대인 그리스도인 교회에서 얻었을 것이다. (2) 탄생설화에 있어서 사실은 시가와 경건한 언어로 장식되고 있다. (3) 탄생설화에는 누가의 신학의 중요한 주제가 포함되어 있다. 다시 말해서 그것은 그것에 계속되는 구원의 교향곡의 서곡을 구성하고 있다.

6. 일반 독자들에게 있어서 이 복음서의 가장 좋은 주해서는 페리칸 총서의 G. B. Caird' s, *Saint Luke*이다. 두 권으로 된 누가의 책에 관한 현대의 가장 좋은 해설은 I. H. Marshall, *Luke, Historian and Theologian,* Paternoster Press, 1971이다.

8. 유대인 그리스도인의 복음서 : 마태복음

1. 레위(막 2 : 14 ; 눅 5 : 27)와 마태(마 9 : 9 ; 10 : 3)는 일반적으로 같은 인물이다. '마태' (하나님의 〈선물〉을 의미한다.)는 열두 제자 중의 한 사람이 되었을 때에 붙인 이름이라고 생각할 수 있다.
2. T. W. Manson, *The Sayings of Jesus,* SCM Press, 1949, p. 19.
3. '이와 같은 설화는 불신앙자에게는 가장 강력한 공격의 무기를 주며, 세속적인 헐리우드에게는 가장 빛나는 영감을 주는 설화이다. Vincent Taylor, *The Life and Ministry of Jesus,* Macmillan, 1954, p. 20.
4. 마태복음서에서만 '교회' 라는 말이 있는 것(16 : 18 ; 18 : 16 - 17)뿐만 아니라 예수가 떡과 잔에 대하여 말씀한 말씀에 마태의 번역 가운데 교회의 '예배식문' 에 영향을 끼친 흔적을 볼 수가 있다(막 14 : 22 - 25과 함께 마 26 : 6 - 9을 참조). 또 예수께서 이혼에 관하여 말한 말씀에 대한 그의 설명 가운데(마 5 : 31 - 32 ; 19 : 9) '교회훈련' 에 영향이 된 흔적이 있다. 복음서 기자들 중에 '마태' 만이 "간음한 연고없이"라는 말을 했다. "여기서 예수의 교훈에 기인하여 교회법의 발전의 시작이 있다고 우리는 이해한다. 그러나 성령의 인도하심으로 어려운 경우에는 예외를 인정하고 있다" (A. W. Argyle, *Matthew,* Cambridge University Press, 1963, pp. 4 - 6).

9. 영적인 복음서 : 요한복음

1. A. M. Hunter, *According to John,* SCM Press, 1968 참조.
2. 아마도 70년보다는 그렇게 늦지 않은 시기일 것이다(R. M. Grant, *A Historical Introduction to the New Testament,* collins 1963, p. 159). F. C. Grant(그의 아버지)는 그 연대를 대개 120년경이라 하였다.
3. 여기에 결정적인 논의는 C. H. Dodd의 *Historical Tradition in the Fourth Gospel,* Cambridge University Press, 1963에 행한 것이다.
4. 공관복음서에 있어서 베드로와 요한은 사도행전 3~4장에 있어서 짝을 이루고 있는 것처럼 통상 함께 나타난다.
5. 누가복음 4장에 의하면, 예수는 1차 나사렛 회당에서 이사야 61장의 성서일과를 사

용하여 그 자신과 자신의 사명에 관하여 그것을 설명하였다. 요한복음서 6장에 의하면, 가버나움 회당에서(6 : 59), 유월절 때에(6 : 4) 예수는 떡에 대하여 말하였다. 지금 유월절 때에 회당에서 말한 두 개의 중요한 교훈은 만나에 관한 설화(출 12장, 민 11장)와 생명의 나무에 관한 설화(창 3장)였다는 것이 알려지고 있다. 요한복음서에 의하면, 예수는 만나에 대하여 말하며(6 : 31) 생명의 떡인 것을 주장한다(6 : 35). 만일 누가복음 4 : 16~21이 대체로 역사적이라고 인정한다면 요한복음 6 : 25~51도 마찬가지로 인정해야 하지 않겠는가?

요한의 예수의 말씀의 문제 전체에 대해서는 나의 *According to John,* SCM Press, 1968, 8장과 9장을 참조하라.

6. 요한은 '생명'과 '영생'이라는 말을 교환하여 사용하고 있다. 그의 복음서에 있어서 '생명'은 19회, '영생'은 17회 사용되었다. 17 : 3에서 단 한 번 요한은 그것을 정의하고 있다. '영생'이란 인간에 대한 하나님의 사자인 예수 그리스도로 인하여 유일한 참 하나님을 아는 것이다. 이러한 지식은 신학적인 학식도 아니고 신비적인 명상도 아니다. 그것은 아버지 하나님을 통해서 '유일한 참된 생명의 길'(요 14 : 6)인 그리스도로 인하여 하나님과 사귀는 것이다. 이 지식은 여기서 지금 시작한다. 그러나 그것은 많은 거할 장소가 있는 하늘 아버지의 집에서(14 : 3) 완성한다.
7. W. F. Howard, *The Fourth Gospel in Recent Criticism,* Epworth Press, 1955, p. 244.

10. 초기 교회와 성 바울이 복음을 어떻게 예루살렘에서 로마에까지 전달하였는가? : 사도행전

1. 베드로를 따로 하고는 최초의 사도들에 대하여 우리는 많은 것을 듣지 못한다. 사도행전에서 '중요한 여섯 인물' 베드로, 바나바, 스데반, 빌립, 주의 형제 야고보, 거기에 물론 바울이다.
2. 눅 23 : 4, 14, 22.
3. 행 18 : 14, 23 : 29 ; 26 : 31.
4. 예수의 제자 빌립과 혼동해서는 안 된다.
5. 170년대가 붙여지는 누가복음서의 '반말키온주의'의 서언은 누가가 수리아 안디옥의 출신자이며, 직업은 의사였다는 기사에서 시작된 것이다.
6. 여기에 있어서 중요한 문장은 사도행전 5 : 36 이하이다. 이 문장에 있어서 가말리엘은 드다라고 이름하는 유대인의 폭도에 대해 언급하고 그후 "호적할 때에 갈릴리 유다가 일어나 백성을 꾀어 폭동을 일으켰다."고 말하고 있다. 여기서 역사적인 순서는 드다, 그리고 그 후에 유다다. 요세푸스에 있어서는 그 순서가 유다(6년경), 그리고 그후 드다(46년경)로 되어 있다. 이 문제 전체에 대해서는 F. F. Bruce, *The Acts of the Apostles,* Tyndale Press, 1951, pp. 24f 참조.
7. 사도행전 1 : 1을 참조하라. '제1권'이라는 말로 인하여 반드시 누가는 3부작을 계획

한 것을 의미했다고 할 필요는 없다. 엄밀히 말해서 그레샤어의 '프로-토스'는 '제1의'를 의미하고 '프로테로스' '전의'를 의미하지 않는다. 그러나 그레샤인은 우리와 마찬가지로 종종 막연하게 '전의' 대신에 '제1의'를 사용한다.

8. 어떤 의미에서 저희는 전세기 중엽에 튜빙겐학파에서 주장한 누가에 관한 견해를 부활시키고 있다. Stephen Neill은 "독일 신학에 있어서는 정말로 언제나 유령이 나온다."고 교묘하게 말하고 있다.
9. Sir William Ramsay, *The Bearing of Recent Discovery on the Trustworthiness of the New Testament,* Hodder and Stoughton, 1915 참조.
10. H. J. Cadbury, *The Making of Luke-Acts,* SPCK, 1924.
11. Ronald Knox's translation.
12. Matthew Arnold, *Obermann Once More.*
13. James Denney, *Studies in Theology,* 1894, p. 154.

11. 바 울

1. 소위 '하나님을 공경하는 자' 곧 경건한 이방인들이다. 저희는 한 분 하나님을 고백하며 유대인의 도덕률을 받아들이지만 이해는 할 수 있으나 할례받는 것은 싫어하였다.
2. 로마 역사가 Suetonius는 "유대인이 Chrestus에게 홀려서 끊임없이 폭동을 일으켰을 때에 Claudius는 유대인을 로마에게 추방하였다."고 기록하고 있다. 그 해가 49년이었다. 이 언급은 아마도 누군가가 로마의 유대인에게 예수의 복음을 전한 결과 일어난 폭동일 것이다.
3. 바울이 출정하였던 베마(*bēma* ; 법정, 행 18 : 12)가 발견되었다. 그것은 백, 청의 대리석으로 만들어진 넓고 높은 단이다.
4. 로마의 크레멘스는 바울이 순교하기 전에 "서쪽 끝에까지 도착했다."고 말하고 있다 (I 크레멘스 6 : 4). 이것은 확실히 스페인을 가리켜 하는 말일 것이다.
5. 성서외전의 「바울과 *Thekla* 행전」의 저자.

12. 바울에 의한 복음 : 로마서

1. S. T. Coleridge, *Table Talk,* Oxford University Press, n.d., p. 232.
2. *The Interpreter's Bible*, Vol. 9, Abingdon Press, 1954, p. 355.
3. Quoted in ch. 11, p. 89.
4. C. H. Dodd, *The Epistle of Paul to the Romans,* Fontana Books, 1959, p. 161.
5. 여기에 있어서 우리는 인도주의자와 논쟁한다. 바울이 이해하는 것같이 종교와 도덕과는 높은 곳에서 보면 일치한다. 인간의 도덕, 또 사람들의 도덕은 무엇을 예배하느냐에 따라서 결정된다. 오늘 시대에 있어서 또 오늘 사회에 있어서 아주 많은 사람이 교회의 믿음을 버렸는 고로 우리가 도덕적인 기준에서 볼 때 붕괴가 널리 퍼지고 있는 것을 목격하고 있으나 이것은 우연한 것은 아니다.

6. Dundee 근처의 Linlathen의 Thomas Erskine(1778－1870)은 깊은 영적 통찰력 있는 신도이며, F. D. Maurice, Carlyle와 기타의 친구들이다.
7. Karl Barth, *The Epistle to the Romans,* Oxford University Press, 1933, p. 1.
8. Richard Crossman은 최근 오늘날 세계에는 마르크스의 계급사회의 원리의 증거보다는 그리스도교의 원죄의 원리의 증거가 많이 있다고 말하고 있다.
9. 고린도 전서 13장만큼 유명하지는 않지만 로마서 12장은 고린도 전서 13장과 함께 바울의 가장 위대한 장에 넣을 가치가 있다.

13. 허영의 도시(Vanity Fair)에 있는 하나님의 교회 : 고린도 전서

1. 고고학자들은 고린도의 폐허 속에서 makellon＝macellum＝meat-market, 곧 고기 시장에 언급한 비문을 발견하였다. 아마도 바울은 그것을 생각한 것이었을 것이다.
2. 고린도 전서 8 : 1에 있어서 바울은 "지식은 교만하게 하며 사랑은 덕을 세우나 만일 누구든지 무엇을 아는 줄로 생각하면 아직도 마땅히 알 것을 알지 못하는 것이라."고 말하고 있다. 바울은 여기서 그리스도교를 그노시스교와 혼동하고 있는 고린도 사람들을 언급하고 있다. 그노시스교는 비밀적인 계시(그노시스)를 가지고 있다고 자인하는 기묘한 신지학이며, 이 비밀적인 계시로 말미암아 그 신봉자들은 자기들은 특히 빛을 받고 있는 사람이며, 자기의 하고 싶은 대로 할 수 있다고 믿게 되었다.
3. '몸'(헬라어의 *σῶμα*)은 바울에게 있어서 '육'(헬라어의 *σάρξ*)과 동의어가 아니다. '소마'는 고멸적 존재의 소인으로서 전인, 자아, 인격을 의미한다. '소마'는 물질의 변화인 데도 불구하고 존속한다. 현재 시간 안에서는 '육'의 표현을 취하고, 사후에 있어서는 '영'의 표현을 취한다.
4. W. J. Hollenweger, *The Pentecostals*, SCM Press, 1972 참조.

14. 사도의 시련과 승리 : 고린도 후서

1. R. P. C. Hanson, *II Corinthians,* SCM Press, 1954, p. 7 참조.
2. Possibly a fragment of the 'previous letter' mentioned in I Cor. 5 : 9. 이 부분은 아마도 고린도 전서 5 : 9에 언급된 '내가 너희에게 전에 쓴 편지'의 단편.

15. 그리스도인의 자유 : 갈라디아서

1. '그리스도의 율법'이란 그리스도가 우리에게 가르쳐 주신 그리스도인의 삶의 디자인이다.

16. 교회에 있어서의 그리스도의 영광 : 에베소서

1. John Mackay, *God's Order*, Nisbet, 1948. 이 책 가운데서 그는 현대의 말로 에베소서의 사신을 해설하고 있다.

2. *New Testament Studies*, 5, 1959, pp. 91ff.
3. F. C. Eiselen, E. Lewis and D. G. Downey(eds.), *The Abingdon Bible Commentary*, Epworth Press, 1929, p. 1222.
4. 예루살렘 성전 경내에 안뜰과 이방인의 뜰로 구별해 놓고 약 1.5미터의 높이의 돌담이 쌓여져 있다. 그 돌담의 하나가 1871년에 발견되었는데 이 돌담에 새겨진 것에 의하면, 이방인이 이것을 넘다가는 죽임을 당한다고 경고되어 있다. 이 돌담은 유대인과 이방인 사이의 적개심을 상징하고 있다.

17. 옥중에서의 기쁨의 노래 : 빌립보서

1. 옥중 편지에 관한 에베소서에 대해서는 위에서 논의한 것을 참조하라. 이 편지에는 "사는 것이 그리스도니 죽는 것도 유익함이니라"(1 : 21), "너희의 믿음의 희생제물을 드리는 제단 위에 내 피를 붓는 일이 있다 하더라도"(2 : 17) 등이 기록되어 있고, 또 바울은 그리스도인으로서 자기의 생애를 회고하며(3 : 7－14), 또 자기의 경험에서 알게 된 것을 언급하고 있다(4 : 11－13). 이러한 모든 개인적인 언급에서 이 편지는 바울의 선교활동의 만년에 쓰여졌다는 암시를 받는다.
2. 현재 널리 주장되고 있는 빌립보서 2 : 6~11은 초기의 아마도 최초의 그리스도인들의 찬미가였으리라. 필자의 *Paul and His Predecessors*, SCM Press, 1961, pp. 39－44 참조.

18. 우주적인 그리스도 : 골로새서

1. 그레샤어의 'πλήρωμα' (plērōma)이며, 아마도 이단들로 사용되었던 말의 하나였을 것이다.
2. 그레샤어(ταρηγορία)인데, 이것은 의학적 용어이다. 아마도 바울이 의사 누가에게서 배운 용어가 아닌가 싶다.
3. Ephesians?

19. 데살로니가에 있는 성도들 : 데살로니가 전후서

1. 사도행전 18 : 5에 의하면 실라(실루아노)와 디모데는 고린도에 있어서 바울의 일에 참가하였다. 고린도 후서 1 : 19은 이 일을 확인한다. 그래서 데살로니가 전후서가 고린도에서 쓰여진 것은 확실하다(살전 1 : 1과 살후 1 : 1에 "바울과 실루아노와 디모데에게로부터"라고 되어 있다).
2. 데살로니가 후서의 신빙성에 관해서는 의심을 사고 있다. 그 이유는 여러 가지 점에서 데살로니가 후서가 데살로니가 전서와 많이 닮아 있기 때문이다. 또 데살로니가 후서의 종말론은 데살로니가 전서의 그것과는 다르기 때문이다(살후 2 : 1－12과 살전 5 : 1－11 참조). 그러나 어느 경우라도 납득이 갈 만한 것이 없다. Wikenhauser,

New Testament Introduction, Burns and Oates, 1967, 368ff 참조.

3. 데살로니가 후서 2 : 3에 '불법의 사람'(ὁ ἄνθρωπος τῆς ἀνομίας)은 적그리스도, 일종의 악마의 메시야이며, 종말 이전의 악한 시대이며, 하나님과 그 성도들과 싸우는 것을 예상하게 되었다. '막는 자' 혹은 '저지하는 자'(2 : 6-7)란 아마도 로마제국의 법과 질서일 것이다. 이 저지하고 있는 자는 실지로 바울 자신이라고 하는 의견(덴마크의 학자 문크가 제창)은 바울을 편집광(偏執狂 : 한 가지 일에만 열중하는 사람), 일종의 종말론적인 단독 악단으로 하는 의견일 것이다. W. Neil, *The Truth about the Early Church*, Hodder and Stoughton, 1970, pp. 48f 참조.

20. 사랑으로 진리를 말함 : 빌레몬서

1. 바울은 20절에 있어서 "나는 너에게서 무엇인가 유익한 것을 얻고자 한다."고 말하고 있다. 그레샤어의 'onaimēn'(유익을 받는다는 의미)라는 말은 오네시모라는 말의 동사형이다. 이것은 바울의 익살이다. 바울은 오네시모의 일로 '너에게서 유익을 얻을 수 있기를 바란다.'고 말하고 있다. 오네시모 자신이 후에 바울이 요구하는 것 이상으로 '유익'하게 될 때 바울이 말했던 의미가 더욱 분명해진다. 21절의 "내가 말한 이상으로 해줄 것"에 대해서도 마찬가지로 바울은 오네시모가 자기에게 보답할 것을 바란다고 명료하게 말하지 않는다 하더라도 폭이 넓은 암시를 던지고 있다. John Knox, *The Interpreter's Bible*, XI, Abingdon Press, 1955, p. 571 참조.

21. 목회 서신 : 디모데 전후서, 디도서

1. 동독일 남서부에 있는 도시이다.

22. 제사직에 관한 편지 : 히브리서

1. 루터는 이것을 암시한 최초의 사람이었다.
2. *The Epistle to the Hebrews*, Hodder and Stoughton, 1951.
3. ἡγούμενοι ἡγέομαι 길잡이가 된다. 지도한다. 인도한다. 다스린다.
4. C. F. D. Moule, *The Birth of the New Testament*, A. and C. Black 1962, pp. 74-76에 있어서 모울은 맨슨과 아주 같은 결론에 달하고 있다. 그는 "히브리서는 스데반의 시련에 관하여 행한 논의의 최종결말이다."라고 말하였다.
5. 그 일층은 그림자의 일시적인 것으로 이룩된 세계요, 이층은 현실적이며 영원한 것으로 이룩된 세계이다.
6. 따라서 Jeremias가 전에 나에게 말했던 바와 같이 "우리는 모두가 대제사장들이다."
7. Michael Bruce(1746-1767)는 Southey로 말미암아 '진짜 천재적 젊은이'라고 말하고 있다. 그의 시는 히브리서 4 : 14~16에 기인하고 있다.

8 . H. B. Swete, *The Ascended Christ,* Macmillan, 1910, p. 95.
9. I owe the substance of the closing paragraphs to F. F. Bruce's article on Hebrews in *Interpretation*, January 1969, pp. 16–19.

23. 실천적 서신 : 야고보서

24. 희망의 서신 : 베드로 전서

1. 이 전문 용어는 그레샤어의 파레–네이스(parēnesis)이며 사소한 권면을 포함한 도덕적 교훈이다.

25. 장로의 편지 : 요한 일서, 이서, 삼서

1. 제4복음서와 요한 일서가 공통 저자에 의한 것이라는 점을 짧고 적절하게 옹호하는 것으로서 Neil Alexander, *The Epistles of John,* SCM Press, 1962, pp. 23–26 참조.
2. 요한 문서에 있어서 종종 그러한 것처럼 '이 세상' 이란 '하나님에게서 떠나서 조직된 인간사회' 를 의미한다.
3. 영어흠정역성서 요한 일서 5 : 7의 "하늘에서 증거하는 것이 세 가지이다. 아버지와 말씀과 성령이다. 그리고 이 세 가지는 일치한다." 함은 후시대의 필기자의 주석이다. 이러한 말은 가장 초기의 사본에는 나타나지 않는다.
4. C. H. Dodd, *The Johannine Epistles,* Hodder and Stoughton, 1946, p. 110.
5. B. H. Streeter, *The Primitive Church,* Macmillan, 1929, p. 85.

26. 믿음을 옹호하여 : 유다서

1 . Jerusalem Bible translation.

27. 그리스도의 재림의 약속 : 베드로 후서

1. R. M. Grant, *op. cit.,* pp. 230f.

28. 하나님의 심판과 승리 : 요한 계시록

1. Blake의 '예루살렘' 에 대한 취미가 또 하나의 작은 증거다. 그 예루살렘에는 그 '캄캄한 사단의 방앗간' 그 '펼쳐진 구름덩이' 그 '불수레' 를 동반한 것이다.
2. '아마겟돈' 인데, 그 뜻과 그 단어의 철자는 확실하지 못하다. NIV에서는 Armageddon으로 되어 있다.

3. 18세기 이래 사용해 온 교회의 축제일, 성자의 기념일, 천체의 현상, 여러 가지 예언이 기록된 달력.
4. 그레샤인이나 히브리인은 알파벳의 글자를 숫자로 나타내는 것으로 사용하였다. 헬라어의 '네로 가이사'(황제 네로)를 히브리 문자로 번역하면 '666'이 된다. 이 수는 어디까지나 완전수 '7'에 부족하다.
5. 13 : 3과 17 : 8에 기록된 것은 68년에 자살한 네로가 황천에서 돌아와서 다시 잔인한 행위를 되풀이하리라는 소문이 널리 유포한 것에 기인한 내용이다.
6. G. B. Caird, *The Revelation of St John,* A. and C. Black, 1966, p. 12. 또 1962년 10월부터 1963년 1월까지의 *Expository Times*에 네 차례 걸쳐서 게재된 "계시록의 암호해설"에 관한 그의 논문 참조.
7. For the translation see A. C. Kennedy's essay on Robertson Smith in R. Selby Wright(ed.), *Fathers of the Kirk*, Oxford University Press, 1960, p. 250.
8. P. T. Forsyth, *The Justification of God,* Indepependent Press, 1948, p. 223.

29. 신약성서의 통일성

1. 본 장의 마지막의 '신약성서의 중요한 어구의 동의어에 대한 NOTE' 참조.
2. 이 상세한 증명에 대해서는 F. F. Bruce, *Interpretation,* Jan. 1969, pp. 3-19(Hebrews) ; A. M. Hunter, The *Interpreter's Bible,* XII, Abingdon Press, 1957, pp. 51-53(Ⅰ Peter) ; C. H. Dodd, *The Johannine, Epistles* Hodder and Stoughton, 1946, pp. xxvii-xxvii(John) and R. N. Flew, *Jesus and his Church,* Epworth Press, 1938, pp. 237(Revelation) 참조.
3. 윤종은 번역, 「사도적 설교와 그 전개」, 대한예수교장로회총회교육부 교회신서, No. 4 참조.
4. P. S. Forsyth, *The Principle of Authority*, Independent Press, 1952, p. 127.
5. James Denney, *The Death of Christ*, Tyndale Press, 1951, p. 101.
6. 오순절은 교회의 탄생이 아니고 성년에 이른 것을 의미한다.
7. 이것의 상세한 증명으로서는 나의 *Unity of the New Testament,* SCM Press, 1943, pp. 90-104 참조.
8. 이렇게 말하는 것의 상세한 설명으로서 Vincent Taylor, *The Atonement in New Testament Teaching,* Epworth Press, 1940 참조.
9. J. K. Mozley, *The Doctrine of the Atonement,* Duckworth, 1915, p. 93.

A. M. 헌터의

신약성서개론

초판발행 · 1997년 7월 20일
2쇄발행 · 2008년 3월 20일

저　　자 · A. M. 헌터
역　　자 · 윤 종 은
발 행 인 · 박 노 원
발 행 소 · **한국장로교출판사**
주　　소 · 110－470 | 서울특별시 종로구 연지동 135
　　　　　한국교회100주년기념관(별관)
전　　화 · (02)741－4381(~2) | (F)741－7886
홈페이지 · www.pckbook.co.kr
등록번호 · No. 1－84(1951. 8. 3.)

ISBN · 978－89－398－0160－8　　Printed in Korea

값 12,000원